utb 5754

Eine Arbeitsgemeinschaft der Verlage

Brill | Schöningh – Fink · Paderborn
Brill | Vandenhoeck & Ruprecht · Göttingen – Böhlau Verlag · Wien · Köln
Verlag Barbara Budrich · Opladen · Toronto
facultas · Wien
Haupt Verlag · Bern
Verlag Julius Klinkhardt · Bad Heilbrunn
Mohr Siebeck · Tübingen
Narr Francke Attempto Verlag – expert verlag · Tübingen
Ernst Reinhardt Verlag · München
transcript Verlag · Bielefeld
Verlag Eugen Ulmer · Stuttgart
UVK Verlag · München
Waxmann · Münster · New York
wbv Publikation · Bielefeld
Wochenschau Verlag · Frankfurt am Main

KLAUS VON STOSCH

Einführung in die Komparative Theologie

BRILL | SCHÖNINGH

Der Autor:

Klaus von Stosch, Dr. theol. habil, geb. 1971, Schlegel-Professor für „Systematische Theologie unter besonderer Berücksichtigung gesellschaftlicher Herausforderungen" an der Katholisch-Theologischen Fakultät der Universität Bonn, ebenda auch Vorsitzender des International Center for Comparative Theology and Social Issues; zahlreiche Veröffentlichungen zu den Themen Komparative Theologie, Theologie der Religionen, islamisch-christlicher Dialog und christliche Dogmatik.

Online-Angebote oder elektronische Ausgaben sind erhältlich unter **www.utb-shop.de**

Bibliografische Information Der Deutschen Nationalbibliothek

Die Deutsche Nationalbibliothek verzeichnet diese Publikation in der Deutschen Nationalbibliografie; detaillierte bibliografische Daten sind im Internet über http://dnb.d-nb.de abrufbar.

Internet: www.schoeningh.de

Printed in Germany.
Herstellung: Brill Deutschland GmbH, Paderborn
Einbandgestaltung: Atelier Reichert, Stuttgart

UTB-Band-Nr: 5754
ISBN 978-3-8252-5754-5

Inhalt

Heil

Einführung

Ich weiß noch gut, wie mir mit 19 Jahren während einer Nachtwache im Krankenhaus in voller Härte bewusst wurde, dass das Weltbild, mit dem ich groß geworden bin, nur eines unter vielen ist, und dass vieles, was mir selbstverständlich ist, anderen Menschen als abwegig erscheint. Ich hatte gerade voller Begeisterung die „Einführung ins Christentum" von Joseph Ratzinger und einige andere theologische Bücher gelesen und war von deren Stringenz und Klarheit überwältigt. Das Christentum erschloss sich mir erstmals in seiner ganzen inneren Kohärenz und Schönheit, und ich war restlos begeistert. Zugleich nagte der Zweifel an mir. Was wäre, wenn ich in Indien oder Marokko groß geworden wäre und jetzt ein Buch von Gandhi oder Ibn Arabi studieren würde? Würde ich dann nicht vielleicht genauso begeistert vom Hinduismus oder vom Islam durchdrungen sein wie jetzt vom Christentum? War es nicht Zufall, dass ich ausgerechnet im Christentum groß geworden bin und jetzt von dieser Religion fasziniert war? Wieso durfte ich meinen Einsichten und meiner Begeisterung trauen?

Viele meiner Leserinnen und Leser können vielleicht nachempfinden, wie mich angesichts solcher Fragen als junger Mann eine tiefe Skepsis gegenüber allen Wahrheits- und Absolutheitsansprüchen erfüllt hat. Zugleich war mir aber auch schnell klar, dass diese Skepsis selbst Kind unserer Zeit ist und in ihrer Vertrauenswürdigkeit nicht besser dasteht als die Ansprüche der Religionen selbst. Will man die Ansprüche der Religionen also nicht bereits fahren lassen, bevor man sie richtig kennengelernt hat, kommt es darauf an zu erproben, ob sich nicht aus der Perspektive einer bestimmten Religion auch die anderen in ihrer je eigenen Berechtigung einholen lassen.

Lernen von anderen Religionen

Das zumindest ist seit jeher der Anspruch katholischer Theologie. Katholisch meint ja wörtlich ‚allumfassend'. Gemeint ist, dass es keine Wirklichkeitserkenntnis gibt, die nicht aus katholischer Sicht umfasst werden kann. Es ist insofern im wahrsten Sinne des Wortes katholisch, wenn man nichtchristliche Perspektiven in die eigenen Denkbewegungen einzuholen versucht, um von ihnen zu lernen.

Es war immer schon ein Grundimpuls christlicher Theologien, dass sie von anderen Traditionen lernen wollten. Geschichte, Philosophie und die Naturwissenschaften sind seit jeher selbstverständliche Lernfelder für die Theologien; viele andere Wissenschaften kommen inzwischen dazu und werden von den einzelnen Disziplinen der Theologie virtuos für die Vertiefung der eigenen Perspektive genutzt. Nur die Weisheitstraditionen anderer Religionen bleiben in der traditionellen Theologie als Erkenntnisorte der eigenen Denkbewegungen ungenutzt. Hier dominiert immer noch ein Bedürfnis nach Abgrenzung und Selbstvergewisserung. Während christliche Theologinnen und Theologen ganz selbstverständlich Hegel, Nietzsche und Wittgenstein lesen, um deren Erkenntnisse in die eigene Theologie zu integrieren, machen sie immer noch vielfach einen Bogen um den Koran, den Talmud und die Bhagavad Gita.

Doch die Lage beginnt sich zu ändern. Das liegt zum einen daran, dass schon rein institutionell islamische und jüdische Theologie an deutschen Universitäten verankert wird, sodass es für die christlichen Theologien zunehmend schwieriger wird, die benachbarten Theologien zu ignorieren. Es liegt aber zum anderen auch einfach daran, dass immer mehr jüngere Theologinnen und Theologen neugierig auf die Welt der Religionen sind und mit unterschiedlichen Methoden und Zugängen in ihr zu lernen beginnen.

Dieses Lehrbuch will solche Lernerfahrungen unterstützen, indem es sie methodisch diszipliniert und anzuleiten versucht. Es geht ihm also darum, den christlichen Theologien zu helfen, von nichtchristlichen Theologien zu lernen. Sucht man nach einem passenden Begriff für diese Lernbewegungen bietet sich die Rede von einer Komparativen Theologie an. Denn es ist der Vergleich mit anderen religiösen Traditionen, der hier die Theologie prägen und weiten soll.

Was ist Komparative Theologie?

Das zentrale Erkennungsmerkmal Komparativer Theologie besteht also darin, dass sie von anderen religiösen Traditionen als der eigenen zu lernen sucht. Sie will damit einerseits einem wertschätzenden Umgang der Religionen untereinander Vorschub leisten, andererseits bleibt sie aber auch der Wahrheitssuche verpflichtet. Sie ist eben Theologie und fragt deswegen nach der letzten Wirklichkeit – der Wirklichkeit, die in den monotheistischen Religionen „Gott" genannt wird.

Dieses Lehrbuch ist aus christlicher Perspektive geschrieben, also geht es ihm darum, wie christliche Theologien von nichtchristlichen Impulsen lernen können. Zugleich geht es auch darum, christliche Theologie weiterzuentwickeln, sodass das Lehrbuch auch eine Einführung in den christlichen Glauben darstellt – nur eben eine Einführung, die den Glauben im Gespräch der Religionen profiliert. Komparative Theologie vergleicht religiöse Traditionen also nicht um des Vergleichens willen, sondern sie möchte die je eigene Theologie weiterentwickeln. Um trotz dieses Erkenntnisinteresses, Menschen anderer Traditionen und Religionen in ihrer Selbstzwecklichkeit anzuerkennen, bemüht sie sich, diese in ihrer Alterität zu würdigen. Doch bei aller Begeisterung, die Komparative Theologie für die Vielfalt der Welt der Religionen vermitteln will, und bei allem Eigenwert, den nichtchristliche religiöse Traditionen haben, geht es Komparativer Theologie eben am Ende vor allem um die heilshafte Erkenntnis letzter Wirklichkeit.

Sapere aude! Wage es Deine eigene Theologie zu entwickeln!

Das setzt voraus, dass diejenigen, die Komparative Theologie betreiben, auch eine eigene Theologie haben oder entwickeln möchten. In einer Zeit, in der sich konfessionelle Milieus immer mehr verflüchtigen, wird es sicherlich immer weniger Menschen geben, die sich in ihrer eigenen Theologie einer bestimmten konfessionellen Tradition zuordnen können oder wollen. Aber theologisches Arbeiten setzt voraus, dass man nach Erkenntnis der letzten Wirklichkeit strebt und diese Erkenntnis lässt sich nur gewinnen, wenn man einen bestimmten Weg geht. Welcher Weg das sein sollte, ist unter den Religionen umstritten. Aber dass es eigene Bewegungen braucht, mindestens Denkbewegungen, um theologische Erkenntnisse zu erreichen, ist in allen religiösen Traditionen klar. Von daher lade ich meine Leserinnen und Leser ein, einfach einmal den Versuch zu wagen, einen eigenen Weg auszuprobieren. Entsprechend dem Wahlspruch der Aufklärung, demzufolge es darum gehen soll, das Denken zu wagen, lade ich dazu ein, die je eigene Theologie zu entdecken oder über sie nachzudenken. Und ich lade dazu ein, diese Suchbewegungen im Gespräch unterschiedlicher Religionen zu entwickeln. Nur so lässt sich am Ende glaubwürdig für einen bestimmten Weg Zeugnis ablegen, der nicht nur zufällig meiner geworden ist, sondern auch aus guten, intersubjektiv nachvollziehbaren Gründen.

Theologische Vorentscheidungen

Um Komparative Theologie zu betreiben, braucht es bestimmte Haltungen und Methoden, die wir uns gleich näher ansehen werden. Es ist auch wichtig, darüber zu reflektieren, wie genau in der Komparativen Theologie eigentlich gelernt werden kann. All das soll gleich ausführlich vorgestellt werden. Was man für die Komparative Theologie nicht braucht, ist eine religionstheologische Vorentscheidung über den Wahrheitswert anderer Religionen. Wenn man Freude an religionstheologischen Reflexionen hat, kann man diese anstellen. Entsprechend findet sich am Ende dieser Einleitung ein kleiner Selbsttest, mit dem der Leser oder die Leserin die eigene religionstheologische Einstellung herausfinden kann. Eine bestimmte Hypothese im Bereich der Religionstheologie wird Folgen für die Komparative Theologie haben, sodass es hilfreich sein kann, sich der eigenen Prämissen an dieser Stelle bewusst zu sein. Allerdings braucht es keinerlei religionstheologische Vorentscheidungen, um von anderen religiösen Traditionen lernen zu wollen.

Notwendigkeit epistemischer Demut

Was es allerdings braucht, ist ein Bewusstsein von der Begrenztheit des eigenen Erkenntnisvermögens. Die Bostoner Vordenkerin Komparativer Theologie, Catherine Cornille, spricht hier von der Notwendigkeit einer Haltung epistemischer Demut, die wir noch im sechsten Kapitel eigens begründen werden. An dieser Stelle sei nur soviel gesagt: Es ist charakteristisch für jede mir bekannte Theologie, dass sie das eigene Erkenntnisvermögen von der Erkenntnis Gottes unterscheidet. D.h., menschliches Erkennen ist begrenzt und auch wenn der Mensch sich von der Wahrheit Gottes beansprucht glaubt und für sie Zeugnis ablegen will, ist dieses Zeugnis von der bezeugten Wahrheit zu unterscheiden. Das menschliche Zeugnis ist immer verbesserungswürdig und menschliche Erkenntnis nie am Ende, sodass jede Theologie noch unendlich viel lernen muss.

Es gibt an dieser Stelle keinen zwingenden Grund, die Welt der Religionen aus der eigenen Lernbereitschaft auszunehmen. D.h., die einzige theologische Vorentscheidung, die es für Komparative Theologie braucht, besteht in der Annahme, dass es nicht von vornherein ausgeschlossen ist, in der Begegnung mit anderen Religionen etwas zu lernen, das für die eigene Wahrheitssuche bedeutsam ist. Diese Vorentscheidung lässt sich ausführlich philosophisch begründen und braucht eigentlich gar keine eigene theologische Begründung.[1] Man kann auch einfach auf eine Erfahrung verweisen, die alle Menschen bestätigen, die einmal länger in einer anderen Kultur gelebt haben. Man lernt sich selbst erst in der Fremde richtig kennen. Oder noch vorsichtiger formuliert: Die Erfahrung der Fremde kann helfen, das Eigene besser zu sehen. D.h., selbst dann, wenn es in der Fremde eigentlich nichts Interessantes zu lernen gibt, so kann ich durch sie doch mindestens Aspekte des Eigenen kennenlernen, die mir vorher nicht bewusst waren.

---

1 Vgl. meinen eigenen Versuch einer solchen Begründung in Klaus von Stosch, Komparative Theologie als Wegweiser in der Welt der Religionen, Paderborn u.a. 2012 (Beiträge zur Komparativen Theologie; 6), 168-193.

Erkenntnisorte des Glaubens außerhalb der eigenen Religion

Wenn man wie die katholische Theologie generell bereit ist, Erkenntnisorte der eigenen Theologie auch außerhalb des bereits im Glauben Erkannten anzunehmen, wird man noch weitergehende Hoffnungen an das interreligiöse Gespräch herantragen und nicht nur annehmen, etwas über sich selbst zu lernen, sondern auch die Andersheit anderer Religionen als Bereicherung erleben wollen. Eine solche Haltung dürfte auch ausgesprochen hilfreich sein, wenn man Theologie als Wissenschaft betreiben will. Aber um das Erkenntnisinteresse Komparativer Theologie zu begründen, reicht bereits die Einsicht, dass ich mich selbst bzw. Jesus Christus besser kennenlerne, wenn ich das Leben einmal aus einem völlig neuen Blickwinkel anzusehen versuche.

Als meine älteste Tochter beispielsweise in der Jahrgangsstufe 11 für ein halbes Jahr nach Kanada ging, wurde sie von einer baptistischen Familie aufgenommen. Diese nahmen sie voller Herzlichkeit und Liebe an, hatten aber einige religiöse Überzeugungen, die meiner Tochter sehr fremd waren. So meinten sie zum Beispiel, dass meine Tochter keine Chance habe, in den Himmel zu kommen, weil sie leider nur katholisch sei und ihre schon im Säuglingsalter erfolgte Taufe deshalb keine Gültigkeit beanspruchen könne.

Auf diese Weise erfuhr meine Tochter etwas Wichtiges über ihren eigenen katholischen Glauben, das sie vorher nicht wusste. Katholiken glauben nämlich nicht, dass nur sie in den Himmel kommen. Ein solcher Glaube ist sogar lehramtlich verboten und es ist Katholiken geboten, voller Wertschätzung auf anderen Konfessionen und Religionen zu schauen.[2] Meine Tochter dachte vorher, dass alle Christen so denken und war sich nicht darüber bewusst, dass sie hier – im Vergleich zu dem baptistischen Glauben ihrer Gastfamilie – etwas unterscheidend Katholisches kennenlernte. Zugleich hat sie übrigens die baptistische Spiritualität als sehr lebendig und lebensbejahend erlebt. Gerne ging sie in den Jesus-Youth-Club und unterstützte die dortige Band. D.h., sie lernte auch richtig tolle Dinge am fremden und neuen Glauben kennen. Aber – und nur so viel brauche ich für meine These – sie lernte auch etwas über den eigenen Glauben, das sie theoretisch hätten wissen können, das ihr aber erst in der Fremde bewusst wurde und sich ihr in seiner existenziellen Relevanz erschloss. Denn es ist nicht schön, wenn Menschen, die man gerne hat, denken, dass man in der Hölle schmoren wird. Und

2 Vgl. zur Begründung ebd., 67-73. Dort werden auch die maßgeblichen lehramtlichen Texte zitiert.

fast unangenehmer ist es, wenn man so etwas selber zu denken beginnt.

Notwendigkeit einer religionstheologischen Vorentscheidung?

Von daher besteht die zweite theologische Vorentscheidung, die mindestens für meine Herangehensweise an die Komparative Theologie kennzeichnend ist, dass ich nicht glaube, dass ungetaufte Menschen automatisch in die Hölle kommen. Diese Idee ist aber wie gesagt nicht gerade avantgardistisch und kann wenigstens für die katholische Version als *opinio communis* gelten. Man kann sie sicher auch religionstheologisch begründen und ausdifferenzieren. Und wer das gerne tun möchte, hat wie gesagt am Ende dieser Einleitung Gelegenheit dazu. Aber eine solche Begründung ist nicht notwendig, um Komparative Theologie zu betreiben. Ja, es ist sogar dann möglich, sich selbst für die Komparative Theologie zu begeistern, wenn man alle Nichtchristinnen und Nichtchristen auf dem Weg zur Hölle wähnt. Denn selbst wenn meine Tochter den baptistischen Glauben nicht lieb gewonnen hätte, hätte sie durch sein Kennenlernen doch etwas Wichtiges über den eigenen Glauben gelernt. Und um das lernen zu können, braucht es keine religionstheologischen Vorentscheidungen.

Haltungen

Auch wenn es keine theologischen Vorentscheidungen braucht, um Komparative Theologie betreiben zu können, sollte man sich doch um das Einüben bestimmter Haltungen bemühen. Von der Notwendigkeit der Wahrheitssuche und der gleichzeitigen epistemischen Demut als erster wichtiger Haltung habe ich schon gesprochen. Vier weitere Haltungen scheinen mir essentiell zu sein – wie insbesondere Catherine Cornille und Marianne Moyaert herausgearbeitet haben, die beide viel zur Hermeneutik Komparativer Theologie gearbeitet haben und beide noch in eigenen Kapiteln vorgestellt werden.

Empathie

Will man Religionen verstehen, braucht es neben epistemischer Demut zweitens ein gewisses Maß an Empathie. Denn religiösen Menschen machen manchmal merkwürdige Dinge, die man nur verstehen kann, wenn man hermeneutisch ernsthaft bemüht und grundsätzlich bereit ist, sich von der Praxis religiöser Menschen berühren zu lassen. Diese Empathie braucht kein positives Vorurteil gegenüber einer anderen Religion, es reicht schon eine Urteilsenthaltung. Diese sollte nur eben mit liebevoller Aufmerksamkeit gepaart sein, weil man nur so die Geduld und Kreativität aufbringen kann, um religiöse Menschen zu verstehen.

Empathie versucht also, sich so sehr für die andere zu öffnen, dass ich mich von ihr und ihrer Religion berühren und affizieren lasse. Das bedeutet nicht, dass ich ihre Religion übernehme oder für wahr halte. Aber es bedeutet, dass ich sie und ihre religiöse Praxis an mich heranlasse, ohne mich zugleich innerlich davon zu distanzieren. Das kann dazu führen, dass ich die ein oder andere religiöse Praxis mitvollziehe bzw. sie teilnehmend beobachte. Natürlich darf man eine dabei möglicherweise entstehende Affizierung nicht zur Voraussetzung machen, um Komparative Theologie betreiben zu können und in den interreligiösen Dialog eintreten zu dürfen. Sie bleibt letztlich unverfügbar und kann nicht mittels einer Technik erlernt werden. Solange sie nicht theologisch durchdrungen ist, bleibt sie auch in besonderer Weise angefochten und verwirrend. Aber man wird schon erwarten dürfen, dass sich die Teilnehmenden im interreligiösen Dialog füreinander öffnen und empathisch für die Sehnsüchte und Hoffnungen der je anderen sind – auch und gerade wenn dabei eine spirituelle Ebene erreicht wird.

Gastfreundschaft

Als dritte wichtige Haltung für die Durchführung Komparativer Theologie und die Entstehung eines fruchtbaren interreligiösen Dialogs möchte ich die Gastfreundschaft nennen. Wenn wir bei uns zu Hause Gäste erwarten, räumen wir auf und versuchen es dem Gast so angenehm wie möglich zu machen. Gerne sagen wir, dass sich die Fremde bei uns wie zu Hause fühlen soll. Aber trotzdem bleibt es unser Heim, und wir werden auch nicht unsere ganze Einrichtung verändern, nur damit es dem Gast besser gefällt. D.h., wir präsentieren uns aufgeräumt und zugänglich, aber wir bleiben wir selbst. Genauso sollten wir auch in der Komparativen Theologie auf Menschen und Ideen aus anderen religiösen Traditionen zugehen. Wir sollten die eigene Theologie zugänglich und verständlich präsentieren und uns ehrlich bemühen, die eigene Wohnung zu zeigen – auch in ihrer Begrenztheit und Angreifbarkeit. Wir sollten den fremden Gedanken und Menschen die Chance geben, bei uns anzudocken und sich in ihren Eigenheiten in das eigene Denken einzubringen.

Nach Cornille stellt die Differenz und Fremdheit des Gastes die eigentliche Herausforderung für die Gastfreundschaft dar. Hier fordere die Gastfreundschaft dazu heraus, auch in dieser Fremdheit Elemente möglicher Wahrheit zu sehen, von der der Gastgeber bisher kein Wissen und auch noch keinen Verstehenszugang hat. Deshalb bedeutet Gastfreundschaft auch, dass mein Haus anders wird, damit eine Fremde darin sein kann, als die, die sie in ihrem eigenen Haus ist. Wir werden auf diesen schwierigen Punkt noch in der Auseinandersetzung mit der Methodologie der Komparativen Theologie zurückkommen.

Doch in der Komparativen Theologie geht es nicht nur darum, Gastfreundschaft zu gewähren, sondern sie auch zu empfangen. Es geht also darum, in die Welt anderer Religionen einzutauchen und von der Gastfreundschaft von Menschen anderer Religionen zu profitieren. Erst wenn ich voller Demut und Empathie in die Fremde gehe und mich gastfreundlich aufnehmen lasse und von der anderen Religion und Kultur zu lernen beginne – einfach im Fremden, ohne jede Verwertungsabsicht, nur in dem Versuch der Würdigung der Wirklichkeit der Anderen, erst dann werde ich auch im umfassenden Sinne Gastfreundschaft gewähren können. Denn durch die Erfahrung in der Fremde werde ich ganz viel lernen können, das mir hilft, die Fremde bei mir willkommen zu heißen und ihr eine Chance zu geben, bei mir sie selbst zu sein.

Verletzlichkeit

Eine vierte Haltung für die Hermeneutik des interreligiösen Dialogs und der Komparativen Theologie hat vor allem Marianne Moyaert immer wieder herausgearbeitet und ausgehend von der Philosophie Paul Ricœurs begründet. Ich meine eine Haltung der Verletzlichkeit, die bereit ist, eigene Erwartungen fahren und sich durcheinander bringen zu lassen. Denn oft sehen wir in interreligiösen Begegnungen nur, was wir sehen wollen und zu sehen gewohnt sind. Doch andere Religionen konfrontieren uns mit ganz anderen Perspektiven auf die Welt und haben nur eine Chance bei uns anzukommen, wenn wir uns durch sie irritieren und herausfordern lassen. Erst wenn wir zulassen, dass unsere Sehgewohnheiten erschüttert werden und dass alles auch ganz anders sein könnte, wird uns die Grammatik einer anderen Religion verständlich werden können. Gerade weil es bei Religionen um die tiefsten und innersten Sehnsüchte der Menschen geht, kann eine Offenheit an dieser Stelle wehtun.

Christologisch gesehen lässt sich die hermeneutisch geforderte Verletzlichkeit natürlich auch als Kreuzesnachfolge verstehen und von daher noch einmal eigens als christliche Haltung empfehlen. Wenn es stimmt, dass Gott sich selbst verletzlich zeigt, um unsere Sympathie zu gewinnen – das griechische Verb *sympathein* spielt ja auf gemeinsames Leiden an –, sollte es nachvollziehbar sein, dass es auch bei der interreligiösen Begegnung wichtig ist, sich in der eigenen Schwäche, Unsicherheit und Berührbarkeit zu zeigen. An dieser Stelle ist der Bruch mit der apologetischen Tradition interreligiöser Begegnungen wahrscheinlich besonders hart. Aber er verspricht eine größere Nähe zur performativen Weise, wie sich – zumindest aus christlicher Sicht – Gott dem Menschen nähert.

Alle vier bisher genannten Haltungen greifen ineinander und weisen in dieselbe Richtung. Verletzlichkeit, Gastfreundschaft, Empathie und Demut lassen sich alle als spirituelle Tugenden deuten, die der hermeneutischen Begegnung von Menschen insgesamt dienen und typisch religiöse Haltungen verkörpern, die in vielen Religionen in je ihrer Weise kultiviert werden. Damit sie insgesamt für die Komparative Theologie fruchtbar werden können, müssen sie verbunden werden mit dem typischen theologischen Vertrauen ins Verstehen. Denn Theologie traut schon vom Namen her dem Logos, der Vernunft und dem Verstehen etwas zu. Falls Gott existiert, wäre es ja auch seltsam, wenn Gott uns die Vernunft und ihren Verstehen wollenden Grundtrieb nur aus bloßer Gehässigkeit gegeben hätte. Bei aller Demut und aller Einsicht in die Begrenztheit des Verstehens sollten wir also auch in der Komparativen Theologie verstehen wollen und auch darauf vertrauen, dass wir verstehen können. Dieses hermeneutische Urvertrauen liegt auch diesem Buch zugrunde und lädt zu Erkundungsgängen in ganz unterschiedliche Religionen ein. Dieses Vertrauen ist letztlich auch der Grund dafür, dass wir in den Theologien nach der Wahrheit fragen und meinen, ihr auf die Spur kommen zu können, auch wenn wir sie nie besitzen werden.

Vertrauen ins Verstehen

Wie also lässt sich eine solche Spurensuche in der Welt der Religionen anleiten? Wie geht Komparative Theologie?

Methoden

mikrologische Wende

Komparative Theologie beginnt immer mit einem Einzelfall. Sie kann nicht die Welt der Religionen insgesamt betrachten, und sie kann auch nicht Religionen als Ganze vergleichen. Dafür sind Religionen viel zu komplex. Selbst das katholische Christentum, das ja durch Bindung an das römische Lehramt sehr stark reglementiert ist, kennt eine solche Vielfalt an oft gegensätzlichen theologischen Theorien und eine so große Dynamik liturgischer und spiritueller Traditionen, dass es völlig aussichtslos wäre, den katholischen Glauben an sich bestimmen zu wollen. Dies gilt umso mehr von allen anderen Religionen. Von daher kann der Vergleich nicht Religionen insgesamt gelten, sondern er muss konkrete theologische Theorien, liturgische Formen oder spirituelle Praktiken in den Blick nehmen. Die theologische religionsbezogene Forschung kann nur dann ein Mindestmaß an wissenschaftlicher Satisfaktionsfähigkeit gewinnen, wenn sie mikrologisch vorgeht und sich Einzelfällen zuwendet. Entsprechend ist auch dieses Lehrbuch eine Sammlung von Einzelfällen, eine Beispielsammlung.

problemorientierter Zugang

Die Wahl der Einzelfälle ist allerdings keinesfalls beliebig. Sie geht aus von Problemstellungen des eigenen theologischen Denkens. Auf diese Weise ist sichergestellt, dass wir wirklich etwas von anderen Religionen lernen wollen. Denn wenn wir nur ein ungelöstes Problem als Ausgangspunkt Komparativer Theologie zulassen, ist gewissermaßen definitorisch festgelegt, dass dieses theologische Unternehmen mit einer eigenen Schwäche beginnt und auf Hilfe angewiesen ist. Ganz davon abgesehen, dass Forschung immer problemorientiert sein sollte, wird auf diese Weise bereits in der Anlage der theologischen Arbeit sichergestellt, dass die Haltungen der Demut und Verwundbarkeit praktiziert werden. Denn wenn ich ein Problem habe, das ich gerne lösen will und deshalb auf eine andere Person oder Religion zugehe, ist sichergestellt, dass ich nicht auftrumpfend und großspurig vorgehen kann, sondern von der Natur der Sache her werde ich lernbereit und bescheiden sein. Und ungelöste theologische Probleme gibt es in allen Religionen genug – einfach schon deswegen, weil sie sich über etwas den Kopf zerbrechen, das größer ist, als gedacht werden kann.

Die Problemstellungen der Komparativen Theologie können auch religionsübergreifende Probleme sein, d.h., sie können sich auch abarbeiten an gesellschaftlichen Problemstellungen, von denen die religiösen Akteure genauso betroffen sind wie nichtreligiöse Akteure. Auch hier ist das Reservoir an Problemen unerschöpflich. An dieser Stelle geht es in den komparativ theologischen Bemühungen darum, dass die unterschiedlichen Theologien gemeinsam nach den besten Lösungen für Probleme suchen und dabei die Ressourcen der unterschiedlichen religiösen Traditionen auf ihr Lösungspotenzial hin befragen. Ziel ist es nicht, die beste Religion zu finden, sondern das gemeinsame Problem zu lösen. Diese Form Komparativer Theologie wird also besonders gut in der Kooperation unterschiedlicher Theologien gelingen. Aber auch sonst ist eine kooperative bzw. kollaborative Form von Theologie wahrscheinlich die beste Form Komparativer Theologie. Und die Etablierung nichtchristlicher Theologien in Deutschland liefert hier wunderbare neue Möglichkeiten der Weiterentwicklung theologischer Forschung.

Gesellschaftliche Probleme entstehen leider mitunter auch durch die Religionen selbst. An dieser Stelle ist es klar, dass Komparative Theologie ein besonderes Interesse haben muss, auch solche Probleme in den Griff zu bekommen und im Gespräch der Religionen zu bearbeiten. Ja, die eine kooperativ betriebene Komparative Theologie ist in ihrer Durchführung selbst bereits eine Antwort auf das gelegentlich konflikthafte Verhältnis religiöser Traditionen.

Lernen in der andersreligiösen Tradition

Ist erst einmal ein konkretes Problem bzw. eine konkrete Fragestellung definiert, besteht der dritte Methodenschritt darin, sich in den Horizont einer anderen religiösen Tradition zu begeben und das Problem im Horizont dieser fremden Tradition kennenzulernen und ggf. zu reformulieren. Dafür braucht es ein ernsthaftes theologisches Studium in der entsprechenden Tradition oder wenigstens Anleitung aus den nichtchristlichen Theologien heraus. Auch hier zeigt sich wieder der typischerweise kooperative Charakter der Komparativen Theologie. Forschungsprojekte werden deshalb in der Regel immer von Verantwortlichen aus mindestens zwei religiösen Traditionen betreut. Und auch das theologische Studium der Komparativen Theologie braucht ernsthafte Verstehensbemühungen über die Grenzen der eigenen theologischen Tradition hinaus. Dabei ist es nicht nötig, die Sprache einer nichtchristlichen Religion wie eine zweite Mutterspreche zu lernen. Aber es sollte schon versucht werden, in die fremde Welt der anderen Religion einzutauchen und zumindest Grundkenntnisse ihrer Grammatik kennenzulernen, bevor man versucht, das eigene Problem in dieser neuen Sprache zu artikulieren. D.h., die ersten drei Methodenschritte sollten parallel erfolgen. Während ein Problem der eigenen Theologie ausbuchstabiert wird, gilt es erst einmal unabhängig vom Problem Grundkenntnisse über die Zieltradition zu erlangen. Erst nach dem Erwerb der Grundkenntnisse sollte versucht werden, das theologische Problem in der fremden Tradition zu artikulieren.

Instanz des Dritten

Möglicherweise eröffnet diese neue Artikulation gleich verlockende Möglichkeiten der Anknüpfung. Gerade wenn mit Empathie und liebender Aufmerksamkeit auf eine andere religiöse Tradition zugegangen wird, ist es nicht unwahrscheinlich, dass das eigene Bemühen um Gastfreundschaft erfolgreich ist und man von dem Gast zu lernen beginnt. An dieser Stelle ist es aber um der Wissenschaftlichkeit Komparativer Theologie willen unerlässlich, die gefundenen Anknüpfungsmöglichkeiten und Problemlösungsperspektiven in der Instanz des Dritten zu überprüfen.

Die Instanz des Dritten kann in einer religions-, literatur- oder sprachwissenschaftlichen Außenbetrachtung liegen oder andere soziologische, politologische, kulturwissenschaftliche oder religionskritische Perspektiven zur Hilfe nehmen. Sie steht für die ideale Kommunikationsgemeinschaft, die in der *scientific community* gegeben sein sollte, und die einmal gefundenen Ergebnisse immer neuen Formen der Überprüfung aussetzt.

Auch Theologinnen und Theologen einer bisher nicht beteiligten Religion oder Konfession können in der Instanz des Dritten ein komparativ theologisches Projekt begleiten. Letztlich gibt es unendlich viele Perspektiven aus der Welt der Religionen und aus der religionsbezogenen Forschung, die prinzipiell alle gehört und einbezogen werden müssten. Aus pragmatischen Gründen ist es wichtig, wenigstens exemplarisch eine dritte Instanz einzubeziehen, die den gefundenen Ergebnissen skeptisch gegenübersteht, um auf diese Weise vor einer vorschnellen Problembeseitigung geschützt zu sein. Manchmal kann es in der Theologie ja nur darum gehen, Probleme zu stabilisieren oder Folgekosten zu minimieren. Von daher sollte man aus wissenschaftlicher Sicht erst einmal skeptisch sein, wenn das einmalige Eintauchen in eine andere religiöse Tradition allzu glatte Ergebnisse hervorbringt.

Komparativ theologische Synthese

Der fünfte und letzte Methodenschritt der Komparativen Theologie besteht darin, die gefundenen Anknüpfungsmöglichkeiten aus der nichtchristlichen religiösen Tradition in die eigene Weltsicht einzubeziehen und sich an einer Problemlösung zu versuchen. Dabei sollten die Bedenken aus der Instanz des Dritten bedacht und integriert werden. Betreibt man die eigene Theologie nicht nur für sich selbst, sondern im Rahmen einer Glaubensgemeinschaft, wäre es wichtig, bei diesem Methodenschritt auch zu zeigen, wie die Ergebnisse für die eigene Glaubensgemeinschaft gewinnbringend sein könnten. In jedem Fall sollte aber verständlich werden, auf welche Weise die eigene Theologie durch die andersreligiösen Traditionen gelernt hat.

Lernformen

Die Methodik Komparativer Theologie führt dazu, aus anderen Religionen wertvolle Einsichten für die eigene theologische Theoriebildung zu erhalten. Um das Feld solcher Lernmöglichkeiten ein wenig zu kartographieren und es leichter zu machen, die eigenen Lernerfolge zu kategorisieren, hat Catherine Cornille sechs verschiedene Lernformen unterschieden, die mir für die Klassifizierung komparativ theologischer Arbeit ausgesprochen hilfreich zu sein scheinen.

Intensivierung

Gerade im Gespräch mit Muslimen erlebe ich immer wieder, wie diese auf mich als Christen zukommen und sich über den gemeinsamen Glauben an den einen Gott freuen. Sie erkennen in Christinnen und Christen Verbündete im Glauben Abrahams und betonen immer wieder, wie viele Gemeinsamkeiten es zwischen unseren Religionen gibt. Anfangs hat mich das irritiert und ich wollte mich immer von diesen freundlichen Umarmungsversuchen abgrenzen, aber mittlerweile merke ich, dass es meinen Glauben tatsächlich stärkt, wenn ich wahrnehme, wie viele Menschen von muslimischer Seite den christlichen und jüdischen Glauben an den einen Gott unterstützen.[3] War ich es in meiner Jugend genauso wie in meiner theologischen Ausbildung immer gewohnt, meinen Glauben an Gott gegen atheistische Einsprüche verteidigen zu müssen, so verschiebt sich die Gesprächslage, wenn Christen sich mit Muslimen auseinander setzen. Muslime glauben ganz selbstverständlich an den einen Gott und verweisen auf zahlreiche biblische Figuren und biblische Geschichten, um diesen Glauben zu stärken. Sie können uns so die Sorge nehmen, als Theisten zu einer aussterbenden Spezies zu gehören. Und sie tragen in ihrer Weise auch das biblische Erbe weiter und erinnern uns so sehr präzise an viele Details der eigenen Tradition. Ihre Fortschreibungen unserer christlichen Tradition erlebe ich gerade bei meinen Studierenden immer wieder als Herausforderung, das Eigene genauer kennenzulernen und besser zu verstehen.

Eine erste Lernmöglichkeit Komparativer Theologie besteht also darin, Gemeinsamkeiten zwischen den Religionen wahrzunehmen und sie für eine Intensivierung des eigenen Glaubens zu nutzen. Eine gegenseitige Verstärkung des Glaubens durch Ähnlichkeiten über Religionsgrenzen hinweg gilt in der Komparativen Theologie als ein wenig als altmodisch, weil längst klar ist, dass es gerade die Unterschiede zwischen den Religionen und Konfessionen sind, die theologisch bearbeitet werden müssen. Aber wir sollten darüber nicht vergessen, wie wohltuend auch Gemeinsamkeiten sein können und wie sehr sie zur Intensivierung des Glaubens beitragen können. Von daher ist auch die

3 Zur Begründung der Aussage, dass aus katholischer Sicht Muslime und Christen wirklich gemeinsam an den einen Gott glauben vgl. Klaus von Stosch, Herausforderung Islam. Christliche Annäherungen, Paderborn [3]2018, 61-83; Felix Körner, Glauben Christen und Muslime an denselben Gott? In: Thomas Marschler/ Klaus von Stosch (Hg.), Verlorene Strahlkraft. Welches Glaubenszeugnis heute gefragt ist, Freiburg-Basel-Wien 2018, 41-51.

Intensivierung im eigenen Glauben und der eigenen Theologie eine legitime Lernform Komparativer Theologie.

Wiedergewinnung

Als eine weitere Lernmöglichkeit innerhalb der Komparativen Theologie verweist Cornille auf die Möglichkeit durch das Kennenlernen der anderen Religion eigene vergessene Traditionen wiederzubeleben. Hier geht es also darum, beim anderen etwas zu entdecken, das es auch bei mir gab, das ich aber vergessen hatte. Im Gespräch mit Muslimen war es vor allem Navid Kermani, der mir mit seinen Publikationen einen Zugang zu einer ästhetischen Koranhermeneutik erschloss. Deshalb habe ich dieses Beispiel auch in diesem Lehrbuch im fünften Kapitel verarbeitet.

Die Lernvorgänge über Religionsgrenzen hinweg erfolgen oft indirekt, weil ähnlich klingende Inhalte bei den Religionen oft sehr verschieden sind und dafür heterogen erscheinende Glaubensformen bei näherer Betrachtung aufeinander hin transparent werden können. So war es das muslimische Fastenritual, dass mir schon bei meiner allerersten Begegnung mit dem Islam einen neuen Zugang zum Geheimnis der Eucharistie ermöglicht hat, obwohl ein Zusammenhang von Ramadan und Eucharistie ja nicht auf den ersten Blick naheliegt. In ungeahnter Weise hat mir das gemeinsame Fasten mit Muslimen im Ramadan in Marokko schon als Jugendlichem erschlossen, was geistliche Gemeinschaft bedeuten kann. Das gemeinsame Fastenbrechen am Abend mit einer Dattel in der Hand zu den Klängen der Koranrezitation hat mir einen existenziell bedeutsamen Weg zum Verständnis von Eucharistie gebahnt und mir verständlich gemacht, wieso es in der Tradition so wichtig war, nüchtern zur Eucharistie zu gehen. Wenn ich mich auch körperlich nach Essen sehne, wird es leichter für mich auch die Sehnsucht nach dem himmlischen Brot Jesu Christi zu kultivieren. Und das gemeinsame Sehnen und Essen wurde für mich im Ramadan zum sinnenfälligen Ausdruck dessen, was Mahlgemeinschaft als Kraft enthalten kann.

All das ist dem Christentum nicht unbekannt. Auch hier kann Fasten Gemeinschaft ermöglichen und das gemeinsame Fastenbrechen zusammenführen. Aber dadurch, dass sich dieser Glaubensvollzug heute weitgehend individualisiert hat, kann die Begegnung mit dem Islam hier helfen, die Bedeutsamkeit gemeinsamer Rituale wieder neu in den Blick zu bekommen. Für mich jedenfalls ist die sonntägliche Eucharistie in ihrer sinnlichen Kraft durch die Erfahrung des Ramadans noch klarer vor Augen getreten, sodass ich hier von einer Wiedergewinnung vergessener eigener Traditionen sprechen möchte.

Neuinterpretation

Eine weitere von Cornille beleuchtete Lernmöglichkeit Komparativer Theologie besteht darin, im Licht der anderen religiösen Tradition die eigene neu zu interpretieren. Eine solche Neuinterpretation meine ich bei mir und vielen anderen Protagonisten des muslimisch-christlichen Dialogs im Blick auf die Trinitätslehre diagnostizieren zu können. Vertrat ich früher in einer gewissen Sorglosigkeit eine soziale Trinitätstheologie, merke ich heute nach jahrelangem Training in muslimisch geprägten Denkformen, wie deutlich eine soziale Trinitätstheologie vom biblischen Erbe wegführt.[4] Ich lese die klassischen Texte neu und sehe jetzt deutlich ihre monosubjektive Grundausrichtung. Die Trinitätslehre ist tatsächlich ein Versuch, den Glauben an den einen Gott angesichts der Vielfältigkeit seiner Erfahrungsmöglichkeiten zu schützen. Die islamische Philosophie kann hier helfen, diese monotheistische Grundierung in ihrer Bedeutsamkeit wieder klarer vor Augen zu haben. Im vorliegenden Lehrbuch erkunde ich im zweiten Kapitel, ob sich auch durch buddhistische Impulse eine Neuinterpretation der Trinitätstheologie entwickeln lässt.

Die bisher skizzierten Lernmöglichkeiten dürften weitgehend unkontrovers und allgemein nachvollziehbar sein. Wieso sollte man sich auch nicht über Gemeinsamkeiten über Religionsgrenzen hinweg freuen und welche Schwierigkeit könnte darin liegen, dass die andere Religion mir zum Anlass wird, verschüttete Stränge der eigenen Tradition neu wahrzunehmen? Auch Neuinterpretationen im Eigenen sind im Zuge der Entwicklungen und Interaktionen von Religionen im Laufe der Geschichte nicht zu übersehen – schon das erste Kapitel dieses Lehrbuchs wird Zeugnis davon geben. In der Komparativen Theologie werden diese Prozesse wechselseitiger Beeinflussung lediglich auf eine bewusste Ebene gehoben. Dagegen sind die nun folgenden drei Lernmöglichkeiten jeweils in ihrer Weise herausfordernd.

Aneignung

Cornille macht deutlich, dass es im Kontext Komparativer Theologie auch immer wieder zu Neuaneignungen von Traditionsbeständen kommt. Hier geht es also darum, dass eine bisher in der eigenen Religion nicht vorhandene Seite durch die Begegnung mit der anderen Religion oder Konfession neu eingeführt wird. Es geht also um neue Einsichten, Lehren und Praktiken, die z.B. im Zuge von Inkulturationsprozessen aufgenommen bzw. in Besitz genommen werden.

---

4 Vgl. zur Debatte um soziale Trinitätstheologien meine Auseinandersetzung in Klaus von Stosch, Trinität, Paderborn 2017 (Grundwissen Theologie), 112-136.

Dieser Gedanke der Neuaneignung ist gerade für das Christentum heikel, weil es zumindest im Verständnis der katholischen Kirche davon ausgeht, dass in Jesus Christus alles gesagt ist, worauf es ankommt.[5] Jesus Christus kann in diesem Verständnis nicht als unvollständig und erfüllungsbedürftig angesehen werden. Allerdings impliziert der Glaube daran, dass in Jesus Christus Gott vollständig ausgesagt ist, nicht, dass diese Aussage auch vom Menschen bzw. von der Kirche in all ihren Facetten verstanden wird. Die katholische Kirche, so drückt es der des Relativismus sicherlich unverdächtige amerikanische Theologe Paul J. Griffiths aus, „hat nicht den Anspruch, bereits alle religiöse Wahrheit zu lehren; sie hat nicht, um es noch etwas theologischer auszudrücken, bereits alle in der Offenbarung enthaltenen bedeutsamen Wahrheiten explizit formuliert, die sie bewahrt und überliefert."[6] Von daher kann ich durch die Begegnung mit anderen Religionen Entscheidendes über Gott und seine Offenbarung in Christus lernen. Gerade weil sich die Kirche der Wahrheit verpflichtet fühlt, kann sie nicht denken, die Wahrheit bereits zu besitzen. Denn – so völlig zu Recht Karl-Heinz Menke –: „Wer sich der Wahrheit verpflichtet fühlt, wird niemals behaupten, die Wahrheit zu ‚haben'. Wer sich der Wahrheit verpflichtet fühlt, ist nie am Ziel, sondern stets unterwegs; nie fertig, sondern stets im Aufbruch."[7] Von daher kann auch ein dem Lehramt in allem treuer Theologe bzw. eine entsprechende Theologin von anderen Religionen lernen wollen und neue Wege des Verstehens der Selbstkundgabe des Unbedingten auch außerhalb der christlichen Tradition suchen, selbst dann, wenn diese bisher kein Analogon im Christentum haben.

Sucht man zur Illustration dieses Gedankens nach Beispielen, so werden meistens Beispiele aus der Frömmigkeitspraxis genommen, um auf diese Weise den harten Themen der Dogmatik aus dem Weg zu gehen. Gerne wird etwa auf die Fruchtbarkeit von östlichen Meditationstechniken verwiesen, die dem Christen-

---

5 Zur Diskussion um die Frage, ob die in *Dominus Iesus* bemühte Rede von der Vollständigkeit der Offenbarung wirklich hilfreich ist vgl. Jürgen Werbick, Vergewisserungen im interreligiösen Feld, Münster 2011 (Religion – Geschichte – Gesellschaft; 49), 177.

6 Paul J. Griffiths, Problems of religious diversity, Maldan-Oxford 2001, 62: „The Church, however, does not think of herself as already explicitly teaching all religious truth; she has not, to put it a bit more theologically, given explicit formulation to all the religiously significant truths implied by the revelation she preserves and transmits."

7 Karl-Heinz Menke, Jesus ist Gott der Sohn. Denkformen und Brennpunkte der Christologie, Regensburg 2008, 24.

tum ja in der Tat nichts wegnehmen und gerade in der Gegenwart auch von vielen Christen als Bereicherung erlebt werden.

Heikler wird die Suche nach Aneignungen im Kontext dogmatischer Gehalte, gerade dann, wenn Religionen einander direkt zu widersprechen scheinen. Dass Komparative Theologie sich aber auch auf dieses verminte Terrain wagen sollte, wird im vorliegenden Lehrbuch besonders eindrucksvoll im vierten Kapitel exemplifiziert werden.

Richtigstellung

Damit will ich zum wahrscheinlich heikelsten Punkt komparativer Denkbewegungen kommen: der Korrektur bzw. Richtigstellung. Cornille denkt an dieser Stelle an die traditionellen Missverständnisse des religiös anderen, wie sie beispielsweise den jüdisch-christlichen Dialog so lange vergiftet haben. Ihr geht es bei der Einführung dieser Kategorie also darum, dass eine nichtchristliche Religion wie das Judentum falsche Bilder dieser Religion richtigstellen darf. Wenn Christen Juden pauschal als Gottesmörder diffamieren oder wenn Muslimen und Juden unterstellt wird, einen gewalttätigen und launischen Gott anzubeten, muss es den Angehörigen der anderen Religion erlaubt sein, diese Fehlwahrnehmungen zu korrigieren. Natürlich sind bereits solche Korrekturen alles andere als trivial und sie bedürfen der gründlichen theologischen Reflexion.

Ich möchte Cornilles Kategorie aber weiter fassen und überlegen, ob in der Komparativen Theologie nicht auch Momente der Korrektur in den dogmatischen Gehalten der jeweiligen Religion sichtbar werden können. Hier ist gerade im muslimisch-christlichen Gespräch die Schwelle zur Apologetik natürlich besonders nahe, weil es ja immer wieder der Anspruch des Islams war, christliche Irrtümer richtigzustellen und Christen auf den wahren Weg zurückzurufen. Umgekehrt ist auch der Islam von christlicher Seite eigentlich von Anfang an als Häresie wahrgenommen worden, die von Irrtümern nur so strotzt und gerade im Blick auf seine Aussagen über Jesus Christus, aber auch im Blick auf den prophetischen Anspruch Muhammads der apologetischen Zurückweisung und Richtigstellung bedarf.[8] Angesichts dieser Vorgeschichte ist es riskant, der anderen Religion Irrtümer im eigenen Glauben einzugestehen. Allzu leicht kann ein solches Vorgehen apologetisch missbraucht werden. Aber umgekehrt kann die offene Korrektur von Irrtümern und die Signalisierung von Lernbereitschaft auch Vertrauen schaffen und zu einem neu-

8 Vgl. ANJA MIDDELBECK-VARWICK, Cum aestimatione. Konturen einer christlichen Islamtheologie, Münster 2017, 181-192.

en Dialogklima beitragen. So will das vorliegende Lehrbuch im achten Kapitel versuchen, ein Beispiel aus dem Kern des christlichen Erlösungsglaubens zu entwickeln, das deutlich machen kann, wie der Koran christliche Irrtümer in der Dogmatik zu korrigieren vermag, ohne dass man durch dieses Eingeständnis die christliche Identität preisgeben würde.

Reaffirmation

Genauso heikel und begründungsbedürftig wie die Bereitschaft, sich vom anderen korrigieren zu lassen, ist die umgekehrte Reaktion, trotz der Einwände der anderen auf der eigenen Position zu beharren bzw. sie neu stark zu machen. Aber auch eine solche erneute Aneignung der eigenen Position, also eine erneute Affirmation des Eigenen, vielleicht ja auch ein tieferes Verstehen ihres Sinns kann Ergebnis der Komparativen Theologie sein. Hier ist der Grat zur klassischen Apologetik sehr schmal, wie auch Cornille in ihren Beschreibungen dieser sechsten Lernmöglichkeit deutlich macht. Es geht ihr bei dieser Lernmöglichkeit aber gerade nicht um das einfache Beharren auf der eigenen Position, sondern um eine erneute Affirmation in dem Sinne, dass einem bestimmte Aspekte des eigenen Glaubens wieder wichtig werden, die man vorher nicht so im Blick hatte oder nicht für wichtig hielt. In ihren Beispielen wird deutlich, dass auch ein Element der Reinigung in dieser erneuten Affirmation enthalten sein kann. Im vorliegenden Lehrbuch will ich diese Lernform vor allem im neunten Kapitel illustrieren.

Aber ein genaueres Hinschauen zeigt, dass alle Kapitel dieses Lehrbuchs gleich mehrere Lernformen aus sich heraus exemplifizieren und so ließen sich die genannten Lernformen noch viel gründlicher mit den Texten des Lehrbuchs verweben. Aber das würde zu viel vorwegnehmen, und es soll durchaus auch Teil der kreativen Anstrengung der Lesenden sein, die jeweiligen Lernformen in den einzelnen Kapiteln korrekt zu identifizieren.

Selbsttest zur eigenen religionstheologischen Einstellung

Der nachfolgende Selbsttest soll Ihnen helfen, etwaige religionstheologische Hypothesen in Ihrem Denken zu identifizieren, um diese im Blick auf die komparativ theologische Arbeit im Blick zu haben. Als Theologie der Religionen bezeichnet man eine theologische Disziplin, die sich aus Sicht der christlichen Theologien mit der Vielfalt der Religionen beschäftigt. Dabei leistet sie wertvolle hermeneutische, kriteriologische, apologetische und praktische Arbeit, die ganz ähnlich in der Komparativen

Theologie geleistet werden kann. Der Unterschied zur Komparativen Theologie besteht darin, dass die Theologie der Religion gerne auch herausfinden möchte, wie nichtchristliche Religionen hinsichtlich ihrer Fähigkeit zu bewerten sind, eine heilsrelevante Erkenntnis letzter Wirklichkeit zu vermitteln. Sie entwickelt hierzu unterschiedliche Modelle und hat einen eigenen theologischen Diskurs über die Adäquatheit dieser Modelle entwickelt. Wenn Sie diese Modellbildungsfragen interessieren, empfehle ich Ihnen den nachfolgenden Selbsttest zu machen, weil dieses Interesse Ihre komparativ theologische Arbeit beeinflussen könnte.

In meinen Literaturempfehlungen nach diesem Selbsttest finden Sie den Hinweis auf mein Buch zur Komparativen Theologie als Wegweiser in der Welt der Religionen. Darin finden Sie die verschiedenen religionstheologischen Modelle näher beschrieben. Wenn Sie also nach dem Ergebnis des Selbsttests noch mehr über Ihre Position wissen wollen, können Sie dort nachlesen.

1

Wenn Sie glauben, dass es heilsrelevante Erkenntnis letzter Wirklichkeit nur in der eigenen Religion gibt, lesen Sie weiter bei 2.

Wenn Sie glauben, dass es heilsrelevante Erkenntnis letzter Wirklichkeit in gar keiner Religion gibt, lesen Sie weiter bei 3.

Wenn Sie glauben, dass man nichts darüber sagen kann, ob es heilsrelevante Erkenntnis letzter Wirklichkeit gibt, lesen Sie weiter bei 4.

Wenn Sie den Ausdruck *heilsrelevante Erkenntnis letzter Wirklichkeit* nicht verstehen, lesen Sie weiter bei 5.

Wenn Sie glauben, dass es heilsrelevante Erkenntnis letzter Wirklichkeit möglicherweise auch außerhalb der eigenen Religion geben könnte, lesen Sie weiter bei 6.

Wenn Sie glauben, dass es heilsrelevante Erkenntnis letzter Wirklichkeit auch in anderen Religionen gibt, lesen Sie weiter bei 9. Wenn Sie sich keiner dieser Möglichkeiten anschließen können, lesen Sie weiter bei 23.

2

umfassender Exklusivismus

In der religionstheologischen Debatte wird Ihre Position dem umfassenden Exklusivismus zugeordnet. Ihre Position macht es Ihnen nicht gerade leichter, von anderen Religionen zu lernen.

Denn über Heil und Wahrheit werden Sie aus den Religionen nichts lernen können. Aber vergessen Sie nicht, dass es ja auch indirekt möglich ist, aus der Welt der Religionen zu lernen. Von daher können Sie immer noch eine grandiose komparative Theologin oder ein entsprechender Theologe werden. Falls Sie katholisch sind, sollten Sie allerdings wissen, dass Ihre Position keine mögliche Position innerhalb der katholischen Kirche ist. Möglicherweise wäre es also besser, zu einer Form des Christentums zu konvertieren, die nur in der eigenen Glaubensgemeinschaft Heil sieht. Sonst riskieren sie am Ende noch exkommuniziert zu werden und verlieren dann ja Ihrer eigenen Überzeugung nach jede Chance, Heil und Wahrheit zu erlangen. Und das wäre ausgesprochen schade.

3

Ihre Position bezeichnet man als Atheismus. Es ist nicht gerade häufig, dass Atheistinnen und Atheisten Komparative Theologie betreiben, weil ihre Position Empathie und Wertschätzung gegenüber Religionen nicht gerade leichter macht. Aber wenn Sie zugeben, dass Sie sich möglicherweise irren oder wenn Sie einfach neugierig auf die Welt der Religionen sind, sind Sie als Leserin oder Leser herzlich willkommen.

4

Ihre Position bezeichnet man als erkenntnistheoretischen Agnostizismus. Ihre Haltung ist ausgesprochen bescheiden und sympathisch. Von daher sind Sie mir als Leserin oder Leser natürlich herzlich willkommen. Allerdings hat Ihre Position rein philosophisch betrachtet einen Haken. Wenn Sie sagen, dass man über Gott und die Wahrheit nichts wissen kann, beanspruchen Sie ja Wahrheit für den Satz, dass man die Wahrheit nicht wissen kann. Zumindest diese Wahrheit wäre dann also etwas, das man wissen kann, und sie widerspricht also Ihrer Haltung, dass Sie nichts zu wissen meinen. Wenn Sie deswegen sagen, dass man die Wahrheit nur möglicherweise nicht wissen kann, sind sie eigentlich schon mitten in der Theologie. Denn die Theologie prüft Argumente auf ihre Plausibilität und Überzeugungskraft; sie beansprucht kein sicheres Wissen. In jedem Fall also herzlich willkommen zur Komparativen Theologie!

5

Das Lehrbuch ist aus christlicher Perspektive geschrieben, versucht aber eine Sprache zu verwenden, die gerade jetzt in diesem einleitenden Teil auch für nichtchristliche Menschen verstehbar ist. Deswegen spreche ich nicht direkt von Gott, sondern von der letzten Wirklichkeit. Im Buddhismus oder Taoismus beispielsweise wird manchmal gar nicht von Gott geredet. Von daher versuche ich hier möglichst inklusiv zu sprechen.

Als Heil bezeichnet man im Christentum die Gemeinschaft mit Gott. Christlich gesprochen geht es bei einer heilsrelevanten Erkenntnis also um eine Erkenntnis Gottes, die uns in Beziehung zu Gott bringt. Den Beziehungsabbruch zu Gott nennt man in der christlichen Tradition Sünde, d.h., es geht bei der heilsrelevanten Erkenntnis also um eine die Sünde überwindende Gemeinschaft mit Gott.

Heil- und Ganzsein ist aber auch umgangssprachlich ein Grund, warum Menschen sich für Spiritualität oder Religion interessieren. Heilsrelevante Erkenntnis der letzten Wirklichkeit meint also einfach eine Antwort auf unsere grundlegenden Fragen an die menschliche Existenz, die uns in unserer Humanität und Ganzheitlichkeit stärken.

Wenn Sie meinen Punkt jetzt verstanden haben, können Sie zu 1 zurückkehren. Wenn nicht, schreiben Sie mir eine E-Mail.

6

Wenn Sie glauben, dass es heilsrelevante Erkenntnis der letzten Wirklichkeit zwar außerhalb der eigenen Religion geben könnte, aber sicher nicht in den anderen Religionen, dann lesen Sie weiter bei 7. Wenn Sie glauben, dass es heilsrelevante Erkenntnis der letzten Wirklichkeit auch in anderen Religionen geben könnte, lesen Sie weiter bei 8.

7

offener Exklusivismus

Ihre Position bezeichnet man als offenen Exklusivismus. Sie beharren darauf, dass Jesus Christus der Weg, die Wahrheit und das Leben für alle Menschen aller Zeiten ist, geben aber zu, dass Jesus Christus auch außerhalb des Christentums wirkt. Seltsamerweise nehmen Sie von dieser Wirkungsmöglichkeit ausdrücklich andere Religionen aus. Ich verstehe nicht genau warum. Jedenfalls wird es auf diese Weise natürlich nicht einfacher, anderen Religionen mit Wertschätzung zu begegnen. Denn über Heil und Wahrheit werden Sie aus anderen Religionen nichts lernen können. Aber vergessen Sie nicht, dass es ja auch indirekt möglich ist, aus der Welt der Religionen zu lernen. Von daher können Sie immer noch eine grandiose komparative Theologin oder ein entsprechender Theologe werden.

8

Sie halten es für möglich, dass es heilsrelevante Erkenntnis letzter Wirklichkeit auch in anderen Religionen geben könnte. Wenn Sie bei näherem Nachdenken auch die Hypothese aufstellen wollen, dass es diese heilshafte Erkenntnis tatsächlich in anderen Religionen gibt, lesen Sie weiter bei 9. Wenn Sie diese Hypothese vermeiden möchten, lesen Sie weiter bei 10.

9

Sie vertreten die Hypothese, dass es heilsrelevante Erkenntnis letzter Wirklichkeit auch in anderen Religionen gibt. Wenn Sie dazu tendieren, in anderen Religionen in gleichem Maße heilsrelevante Erkenntnis letzter Wirklichkeit wie im Christentum zu vermuten, lesen Sie weiter bei 11. Wenn Sie dazu tendieren, in anderen Religionen weniger heilsrelevante Erkenntnis letzter Wirklichkeit als im Christentum zu vermuten – beispielsweise einfach deswegen, weil das Christentum Jesus Christus als einzigen Sohn Gottes bezeugt –, lesen Sie weiter bei 12. Wenn Sie die Frage offenlassen wollen, lesen Sie weiter bei 15.

10

Sie halten es für möglich, dass es heilsrelevante Erkenntnis letzter Wirklichkeit auch in anderen Religionen geben könnte, möchten das aber nicht positiv als Hypothese behaupten. Halten Sie es denn auch für möglich, dass es heilsrelevante Erkenntnis letzter Wirklichkeit in anderen Religionen in gleichem Umfang wie im Christentum geben könnte? Dann lesen Sie weiter bei 11. Wenn Sie es dagegen nur für möglich halten, dass es heilsrelevante Erkenntnis letzter Wirklichkeit in anderen Religionen in geringerem Umfang als im Christentum geben kann – beispielsweise einfach deswegen, weil das Christentum Jesus Christus als einzigen Sohn Gottes bezeugt –, dann lesen Sie weiter bei 12. Wenn Sie die Frage offenlassen wollen, lesen Sie weiter bei 15.

11

Sie halten es für möglich, dass es in anderen Religionen in gleichem Maße heilsrelevante Erkenntnis letzter Wirklichkeit wie im Christentum gibt. Wenn Sie diese Möglichkeit als Hypothese vertreten wollen, lesen Sie weiter bei 13. Wenn Sie diese Möglichkeit einfach nur als Möglichkeit weiter durchdenken wollen, lesen Sie weiter bei 14. Wenn Sie die Möglichkeit zwar sehen, aber nicht glauben, dass man hier durch Hypothesen irgendwie weiterkommt, lesen Sie weiter bei 15.

12

Ihre Position ist dem Superiorismus zuzuordnen, weil sie davon ausgehen, dass im Christentum mehr heilsrelevante Erkenntnis letzter Wirklichkeit zu finden ist als in anderen Religionen, d.h., Sie sehen das Christentum als überlegene Religion an (superior = überlegen). Man kann Ihre Position auch als religionstheologischen Inklusivismus bezeichnen, weil Sie anderen Religionen nur von dem einen Retter Jesus Christus her heilsrelevante Erkenntnis letzter Wirklichkeit zusprechen wollen. Wenn Sie es dennoch für möglich halten, von anderen Religionen zu lernen, lesen Sie weiter bei 16. Wenn Sie solche Lernmöglichkeiten ausschließen, weil alles Entscheidende bereits und ausschließlich in Jesus Christus gesagt ist, lesen Sie weiter bei 17.

13

religionstheologischer Pluralismus

Sie vertreten eine pluralistische Theologie der Religionen. Sie gehen davon aus, dass es in anderen Religionen in gleichem Maße heilsrelevante Erkenntnis letzter Wirklichkeit wie im Christentum gibt. Damit vertreten Sie eine ausgesprochen sympathische Position, die es sehr leicht macht, in das Gespräch mit anderen Religionen zu treten und von ihnen zu lernen. Allerdings ist es unter pluralistischen Vorzeichen schwierig, die dem Christentum eingeschriebene Besonderheit Jesu Christi ernst zu nehmen. Von daher besteht eine Spannung zwischen Ihrer Position und dem traditionellen Verständnis des Christentums, die es insbesondere katholischen Theologinnen und Theologen schwer macht, Ihre Position mitzutragen.

Zudem müssen Sie aufpassen, dass Ihre Position angesichts der vielen Widersprüche zwischen den Religionen nicht in einen Relativismus oder einen erkenntnistheoretischen Agnostizismus umschlägt (siehe 4). Von daher ist es sehr wichtig, dass Sie Ihren Pluralismus überzeugend auf der kriterialen Ebene begründen. Welches sind also Ihre Kriterien und Maßstäbe bei der Beurteilung anderer Religionen? Wenn Sie sagen, dass diese Kriterien einfach aus Ihrem eigenen christlichen Glauben kommen, lesen Sie weiter bei 18. Wenn Ihnen wichtig ist, Kriterien zu finden, die vom christlichen Glauben unabhängig sind, lesen Sie weiter bei 21.

14

potenzieller Pluralismus

Ihre Position kann man als potenziellen Pluralismus bezeichnen. Solange Sie zugeben, dass es genauso gut sein könnte, dass es auch anders ist und das Christentum mehr heilsrelevante Wirklichkeitserkenntnis vermittelt als andere Religionen, ist an Ihrer Position nichts zu beanstanden. Sie wären dann potenziell eben alles Mögliche und Sie können bei 15 weiterlesen. Wenn Sie aber darauf beharren, dass alle potenziellen Superioritätselemente aus dem christlichen Glauben getilgt werden müssen, privilegieren Sie die pluralistische Hypothese, und es fragt sich, wieso Sie das nicht zugeben. Wenn Sie es zugeben wollen, lesen Sie weiter bei 13. Wenn Sie es nicht zugeben wollen, lesen Sie trotzdem bei 13 weiter, damit Sie meine Ratschläge für pluralistisch gesonnene Menschen wenigstens einmal gehört haben. Sie dürfen dann beim Lesen der ersten Sätze den Kopf schütteln.

15

Sie sind nicht gerade hypothesenfreudig. Nun gut, ich kann sie gut verstehen. Dann steigen Sie eben ohne religionstheologische Positionsbestimmung in die komparativ-theologische Arbeit ein. Ich hatte ja schon gesagt, dass ich eine solche Positionsbestimmung auch für überflüssig halte. Wenn sich Ihre Position nach Ende der Lektüre des Buches geändert hat, können Sie den Test ja noch einmal machen.

16

Sie vertreten einen lernoffenen Superiorismus oder auch einen lernoffenen Inklusivismus. Wie erfolgreich Sie Komparative Theologie betreiben können, hängt davon ab, wie groß Ihre Lernbereitschaft ist. Schön wäre es, wenn Sie zugeben könnten, dass andere Religionen Ihnen helfen können, auch Jesus Christus besser zu erkennen. Vielleicht geben Sie ja sogar zu, dass Sie durch die Komparative Theologie Seiten an Jesus Christus kennenlernen können, die Sie noch nicht kennen. Probieren Sie es doch einfach einmal aus. Sie sind jedenfalls herzlich willkommen in der Komparativen Theologie.

lernoffener Superiorismus

17

Sie vertreten einen umfassenden Inklusivismus. Sie beharren darauf, dass aus christlicher Sicht nur Jesus Christus der Weg, die Wahrheit und das Leben für alle Menschen aller Zeiten ist und Sie wollen deswegen auch nichts von anderen Religionen lernen. Sie geben zwar zu, dass es heilsrelevante Erkenntnis letzter Wirklichkeit auch in anderen Religionen geben kann, aber eben in geringerem Ausmaß als im Christentum und da bleiben Sie eben lieber beim Original. Diese Position macht Sie natürlich nicht gerade neugierig auf Komparative Theologie. Eigentlich können Sie sich ja nur über Dinge in anderen Religionen freuen, die dort genauso sind wie in der eigenen Religion. Aber vielleicht hat Sie ja die Geschichte meiner Tochter nachdenklich gemacht und Sie geben zu, noch viel über Jesus Christus lernen zu müssen. Dann probieren Sie doch einfach mal aus, ob das nicht auch in der Welt der Religionen geht. Herzlich willkommen in der Komparativen Theologie!

umfassender Inklusivismus

18

Wenn Sie nur das an anderen Religionen wertschätzen, was Ihnen schon aus Ihrem eigenen Glauben her einleuchtet, ist Ihr religionstheologischer Pluralismus gekoppelt mit einem hermeneutischen Inklusivismus. Für mich ist es etwas überraschend, dass Sie tatsächlich meinen, so den Pluralismus begründen zu können, weil es ja eigentlich naheliegend ist zu erwarten, dass die Anwendung christentumsinterner Kriterien zur Privilegierung des

Christentums führen. Wenn Sie das wirklich leisten wollen, werden Sie am Ende eine recht avantgardistische Interpretation des Christentums vorlegen müssen, mit der Sie sich im Christentum nicht sehr viele Freunde machen. Ich bin nicht sicher, ob ich Ihnen zu einem solchen Weg raten würde. Vielleicht wäre es also besser, einfach nur einen hermeneutischen Inklusivismus zu vertreten, ohne sich zusätzlich die Bürde aufzuladen, die pluralistische Hypothese zu verteidigen. Wenn das für Sie in Frage kommt, lesen Sie weiter bei 19. Wenn Sie unbedingt auch Pluralistin bzw. Pluralist sein wollen, lesen Sie weiter bei 20.

19

hermeneutischer Inklusivismus

Sie vertreten einen rein hermeneutischen Inklusivismus, d.h., Sie geben zu, dass Sie in der Welt der Religionen nur mit Ihren eigenen Maßstäben und Kriterien hantieren können, weil Sie eben nicht anders als von Ihrer Perspektive her denken und handeln können. Sie wollen daraus aber keine hierarchisierenden Schlussfolgerungen ziehen und also weder einen religionstheologischen Inklusivismus noch einen religionstheologischen Pluralismus vertreten. An dieser Stelle vertreten Sie eigentlich die ideale Position für eine Komparative Theologie, die derartige religionstheologische Festlegungen ebenfalls vermeiden will. Allerdings sollten Sie überlegen, ob Sie wirklich auch den eigenen Glauben kriterial in Ihren hermeneutischen Inklusivismus einbeziehen wollen. Wenn Sie versuchen wollen, bei der Bewertung anderer Religion methodisch von Ihrem Glauben zu abstrahieren, lesen Sie weiter bei 21. Wenn Sie meinen, dass das unmöglich ist und dass auch Ihr Glaube Grundlage der Bewertungen anderer Religionen sein wird, lesen Sie weiter bei 22.

20

Natürlich sind Sie auch als Pluralistin bzw. Pluralist herzlich in der Komparativen Theologie willkommen. Sie müssen nur aufpassen, dass Ihre Hypothese Sie nicht dazu bringt, an anderen Religionen nur noch das wertzuschätzen und ernstzunehmen, das zu Ihrer pluralistischen Hypothese passt. Manchmal führt die Sehnsucht nach der Verifizierung einer weltanschaulich aufgeladenen Hypothese dazu, empirische Daten nur selektiv wahrzunehmen. Achten Sie also darauf, dass Sie sich selbst gegenüber ehrlich bleiben und nicht weltanschauliche Streitigkeiten mit theologischem Suchbewegungen verwechseln.

21

Ihr Anliegen ist sehr lobenswert, aber sicher auch sehr kompliziert. Sie können Ihren Glauben ja nicht einfach an der Garderobe abgeben. Aber katholische Theologie versucht von alters her, den christlichen Glauben auf dem Forum der Vernunft zu verantworten und also einem christentumsexternen Urteil zu unterwerfen. Von daher sollte es mindestens katholischerseits selbstverständlich sein, auch im Blick auf andere Religionen eine christentumsexterne Kriteriologie zu entwickeln. Wichtig ist, dass Sie sich darüber Rechenschaft geben, wie Sie Ihre Kriterien begründen und die Kriterien selbst auch noch einmal mit Menschen aus anderen Kulturen und Religionen besprechen. Idealerweise gelingt es Ihnen vor einer kooperativ durchgeführten komparativ theologischen Unternehmung gemeinsame Standards festzulegen, an denen sich die gemeinsame Arbeit orientiert. Wenn Sie Komparative Theologie im Rahmen universitärer Theologie betreiben, sind eine Reihe von Kriterien, Standards und epistemischen Normen ja bereits durch das universitäre Setting gegeben. Daran lässt sich anknüpfen. Beobachten Sie am besten bei der Arbeit mit dem Lehrbuch, auf welcher Grundlage Sie jeweils die Transfer- und Bewertungsfragen am Ende der Kapitel beantworten. Vielleicht können Sie auf diese Weise ja schon ein paar Eckpunkte für eine Kriteriologie interreligiöser Urteilsbildung entwickeln.

22

Wenn Sie wirklich auf christentumsinterne Kriterien zur Bewertung anderer Religionen setzen, wird es schwer sein, das an anderen Religionen wertzuschätzen, das in ihnen neu und anders ist. Sie werden Kernbestände des christlichen Glaubens sehr liberal auslegen müssen, wenn Sie vermeiden wollen, dass Ihr hermeneutischer Inklusivismus auch zu einem religionstheologischen Inklusivismus und Superiorismus führt. Aber Sie können es gerne ausprobieren und mit diesem Lehrbuch Komparative Theologie betreiben. Achten Sie doch besonders darauf, ob Sie bei den Bewertungsfragen am Ende der Kapitel wirklich immer christentumsintern argumentieren. Wenn Sie merken, dass das nicht der Fall ist, lesen Sie weiter bei 21.

23

Entweder Sie haben etwas Grundlegendes nicht verstanden oder Sie wollen nicht mitspielen. Wenn Sie die Frage gestellt bekommen, ob Sie einer Aussage zustimmen, ihr nur möglicherweise zustimmen oder sie ablehnen, gibt es nicht noch eine andere Alternative. Ich habe noch die Alternativen angeboten, dass die Aussage unverständlich ist oder Sie die grundlegenden Kategorien ablehnen. Was soll ich noch tun? Kehren Sie bitte zu 1 zurück. Oder brechen Sie den Selbsttest ab, falls Sie wirklich nicht mitspielen wollen. Der Test ist absolut freiwillig.

Vorgehensweise des Buches

Aufbau des Buches

Wie bereits erwähnt bildet jedes einzelne Kapitel eine Einzelfallstudie, die exemplarisch ein theologisches Problem zu lösen und dabei die soeben genannten Methoden und Haltungen anzuwenden und einige der genannten Lernformen zu realisieren versucht. Die Kapitel sind so aufgebaut, dass sie in einem ersten Schritt das jeweilige theologische Problem entfalten bzw. die theologische Debattenlage zum Problem schildern. Diese Problematisierung versucht so präzise in den Problemstand christlicher Theologie hineinzuführen, dass auch für Studierende ohne vertiefte Kenntnisse der christlichen Theologie die Problemlage verständlich werden kann. Bei manchen Themen werden angesichts der Komplexität der theologischen Diskussionslage recht facettenreiche Problembeschreibungen notwendig.

Im zweiten Schritt erfolgt in jedem Kapitel ein Einblick in eine nichtchristliche theologische Tradition, um das im ersten Schritt beschriebene Problem im Licht dieser Tradition ansehen zu können. Dieser zweite Abschnitt kann jeweils auch für sich gelesen werden und vermittelt einführende Informationen über die jeweilige Religion, die auch unabhängig von dem genauen Erkenntnisziel des Kapitels hilfreich sein kann. Gründlichkeit und Gewichtung der Darstellung richten sich aber nach dem theologischen Erkenntnisinteresse des jeweiligen Kapitels.

In der komparativ theologischen Synthese versuche ich dann den Impuls aus der nichtchristlichen religiösen Tradition zu nutzen, um eine eigene, weiterführende theologische Behandlung des zu Beginn vorgestellten Problems zu ermöglichen. Dabei nehme ich meistens Impulse von komparativ theologisch arbeitenden Kolleginnen und Kollegen auf. Diese werden in einem je eigenen Abschnitt dann jeweils in dem Kapitel vorgestellt, zu dem sie durch ihre Forschung faktisch am meisten beigetragen haben. Oft sind ihre Vorstellungen mit biografischen Details ausgeschmückt, die Lust auf das komparativ theologische Arbeiten machen sollen und zugleich zeigen, wie die betreffenden Personen arbeiten.

Abgerundet werden die Kapitel dann von einigen kommentierten Literaturhinweisen, die das Weiterlesen ermöglich sollen, sowie Fragen, die die theologische Auseinandersetzung mit den Kapiteln vertiefen wollen.

Mein herzlicher Dank gilt Frau Dr. Nadine Albert für die Unterstützung des Projekts von Verlagsseite und die wie immer unkomplizierte Zusammenarbeit! Frau Katharina Holtmann danke ich für die Durcharbeit des Manuskripts und Rückmeldungen aus Studierendensicht. Frau Julia van der Wal danke ich für die Erstellung der Register. Widmen möchte ich das Buch meinem fünften Kind Amos, den ich dank des nun seit mehr als einem Jahr andauernden Lockdowns so intensiv erleben durfte, wie schon lange keines meiner Kinder mehr und der insofern sehr intensiv am Entstehungsprozess dieses Buches beteiligt war.

Paderborn im Mai 2021 Klaus von Stosch

Literatur zur Einführung in die Komparative Theologie

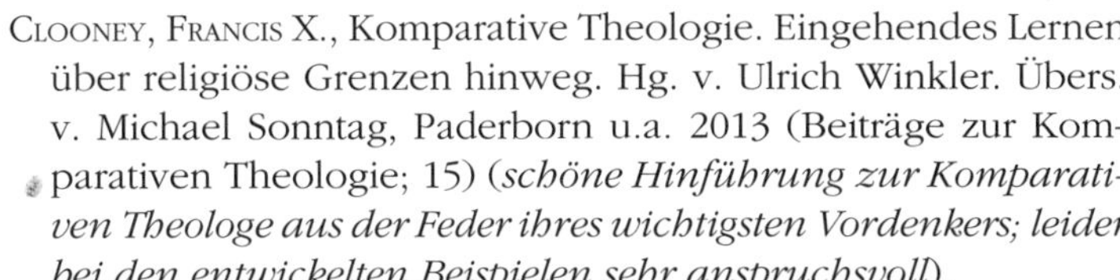

CLOONEY, FRANCIS X., Komparative Theologie. Eingehendes Lernen über religiöse Grenzen hinweg. Hg. v. Ulrich Winkler. Übers. v. Michael Sonntag, Paderborn u.a. 2013 (Beiträge zur Komparativen Theologie; 15) (*schöne Hinführung zur Komparativen Theologe aus der Feder ihres wichtigsten Vordenkers; leider bei den entwickelten Beispielen sehr anspruchsvoll*).

DERS./ VON STOSCH, KLAUS (Hg.), How to do Comparative Theology, New York 2018 (*vorzügliche Fallstudien zur Vorgehensweise Komparativer Theologie; leider mitunter sehr anspruchsvoll geschrieben*).

CORNILLE, CATHERINE, Meaning and Method in Comparative Theology, Hoboken 2019 (*profunder Überblick über das Feld der Komparativen Theologie mit zahllosen Literaturhinweisen*).

MOYAERT, MARIANNE, In response to the religious other. Ricoeur and the fragility of interreligious encounters, Lanham et alia 2014, bes. 143-151, 156-170 (*vorzügliche Begründung der Verwundbarkeit als hermeneutischer Kategorie*).

STOSCH, KLAUS VON, Komparative Theologie als Wegweiser in der Welt der Religionen, Paderborn u.a. 2012 (Beiträge zur Komparativen Theologie; 6) (*Profilierung Komparativer Theologie in Auseinandersetzung mit religionstheologischer Modellbildung*).

Voss Roberts, Michelle (Hg.), Comparing faithfully. Insights for systematic theological reflection, New York 2016 (*systematisch ausgerichtete, lehrbuchartige Beispielsammlung von unterschiedlicher Qualität*).

Gott

1 Gott als Schöpfer denken

Zu Denkschwierigkeiten im christlichen Schöpfungsglauben

→←

Der Glaube an Gott als Schöpfer der Welt ist eines der wichtigsten Grundelemente des christlichen Glaubens, das in sehr prominenter Weise gleich im ersten Teil des Glaubensbekenntnisses formuliert wird. Gott als der „Schöpfer des Himmels und der Erde" ist aus dem christlichen Glauben nicht wegzudenken. Zugleich ist der Glaube an den Schöpfergott eine der offensichtlichsten Gemeinsamkeiten von Judentum, Christentum und Islam. Dabei eint alle drei Religionen die Annahme, dass Schöpfung den freien Ausgang der Welt aus Gott bezeichnet. Schöpfung wird dadurch als ein spontaner, ungeschuldeter und freier Akt der Zuwendung konzipiert und nicht als Erfüllung eines göttlichen Bedürfnisses oder einer übergeordneten Notwendigkeit.[1] Diese Auffassung von Schöpfung ist in allen drei Glaubenstraditionen fest verankert – und doch wirft sie Denkprobleme auf.

Wenn wir Gott als Akteur denken, der Freiheit in dem Sinne besitzt, dass er Alternativen zur Auswahl hat, so muss sich Gott zum Zeitpunkt der Erschaffung der Welt entscheiden, ob und wie er die Welt entstehen lässt. Er ist also zum einen frei, überhaupt zu schaffen oder das Schaffen bleiben zu lassen. Und er hat unterschiedliche Möglichkeiten, welche Art von Welt er hervorbringt – so zumindest würden wahrscheinlich die meisten Menschen sagen, die zum ersten Mal über diese Frage nachdenken.

Gottes Verhältnis zur Zeit

Damit entstehen gleich mehrere Probleme. Das erste Problem liegt in Gottes Verhältnis zur Zeit. Durch die Relativitätstheorie wissen wir, dass Zeit nichts Absolutes ist, sondern in Korrelation mit Materie besteht. Wenn Gott also Erschaffer der Welt und damit aller Materie ist, muss er auch als Erschaffer der Zeit gelten. Dann gibt es vor der Erschaffung der Welt aber keine Zeit. Ohne Zeit kann kein Entscheidungsprozess in Gott stattfinden. Daraus scheint zu folgen, dass Gott zwar als Schöpfer gedacht werden kann, der die zum Handeln notwendige Zeit und Materie aus sich hervorbringt. Aber der Entschluss, der ihn zum Schöpfer macht, kann nicht noch einmal als frei gedacht werden, wenn Freiheit etwas mit einem Entscheidungsprozess zu tun hat und selbst eine Handlung darstellt. Gott scheint buchstäblich die Zeit zu fehlen, um sich für oder gegen die Schöpfung entscheiden zu

---

[1] Vgl. BURRELL, Freedom and creation, 8f.

können – einfach weil es vor der Erschaffung der Welt keine Zeit gibt. Gott scheint damit notwendigerweise Schöpfer zu sein, die Schöpfung scheint nicht als frei gedacht werden zu können.

Warum hat Gott die Welt geschaffen?

Ein zweites Problem besteht darin, welche Gründe Gott zur Erschaffung der Welt bewogen haben könnten. Denn für alle drei Religionen ist zentral, dass Gott immer schon vollkommen ist und damit die Erschaffung der Welt nichts ist, das Gott vollkommener macht. Gott darf die Schöpfung nicht benötigen, um sein Wesen zu realisieren. Schon die Charakterisierung als Schöpfer darf damit nicht als notwendig gedacht werden, weil Gott auch ohne Schöpfung existieren können muss. Sonst ist Gott zur Realisierung seines Wesens von etwas abhängig, das nicht Gott ist, und das widerspricht seiner Vollkommenheit.

Folgt man der Logik dieses Gedankengangs, wird es sehr kompliziert, einen guten Grund zur Erschaffung der Welt bei Gott zu denken. Denn ein guter Grund für eine Handlung ist ja normalerweise ein Grund, der mir oder anderen Vorteile verschafft. Ein guter Grund verspricht mir, dass die Welt besser wird als sie vorher war, wenn ich die jeweilige Handlung realisiere. Eben dieses Besserwerden der Welt ist in unserem Fall ausgeschlossen, weil es ja gar keine Welt gibt und weil es für Gott ausgeschlossen ist, dass er besser wird. Es scheint also ausgeschlossen zu sein, dass Gott auch nur einen guten Grund hat, um die Welt zu erschaffen, sodass die Erschaffung der Welt als willkürlich und grundlos erscheint. Damit stellt sich die Frage, ob die Schöpfung unter diesen Umständen als freie Tat Gottes gedacht werden kann. Denn Freiheit ist eigentlich nur durch das Abwägen und Befolgen von Gründen von Willkür zu unterscheiden.

Zur Vermittelbarkeit von Unbegrenztheit und Begrenztheit

Ein drittes Problem besteht schließlich darin, dass Gott als unbedingte, unendliche und unbegrenzte Wirklichkeit nichts neben sich erschaffen kann, ohne seine Unbegrenztheit zu verlieren. Dieses Problem wurde insbesondere in der frühen Neuzeit im Anschluss an Baruch de Spinoza (1632-1677) intensiv diskutiert und führte dazu, dass sich monistische oder panentheistische Vermittlungsmodelle mit den monotheistischen Religionen verbanden.[2] Das Problem kann man sich am besten am Begriff der Unbegrenztheit Gottes klarmachen. Wenn ich etwas Begrenztes neben etwas Unbegrenztem zu denken versuche, so wird das Unbegrenzte durch das Begrenzte begrenzt und verliert damit seinen Charakter als unbegrenzt. Auch wenn das Begrenzte

2 Vgl. zur ausführlichen Darstellung der Problematik MÜLLER, In der Endlosschleife von Vernunft und Glaube, 71-88.

durch das Unbegrenzte umschlossen wird, begrenzt es das Unbegrenzte. Man denke nur an eine von den scheinbar endlosen Weiten des Ozeans umspülte Insel. Schon allein durch die Grenzen der Insel ist der Ozean begrenzt. Das Gleiche scheint für Gottes Unendlichkeit und Unbedingtheit zu gelten, sodass die Erschaffung von etwas von Gott Verschiedenem, das die Eigenschaften der Bedingtheit, Endlichkeit und Begrenztheit besitzt, Gottes Einheit, Einfachheit und Vollkommenheit zu zerstören scheint.

Wir stehen also philosophisch betrachtet vor der Aufgabe, wie man Gott in seiner Vollkommenheit von seiner Schöpfung unterscheiden kann. Zudem fragt sich, wie man Schöpfung überhaupt als Tat Gottes denken kann. Vor allem aber stehen wir theologisch vor der Herausforderung, diese Tat als frei und ungeschuldet zu denken. Alle drei Probleme machen den theistischen Schöpfungsglauben spätestens seit der Neuzeit fragwürdig.

Das Lösungsangebot des klassischen Theismus als Ergebnis komparativ theologischer Arbeit

Schöpfung als notwendige Emanation aus Gott?

Doch natürlich waren die hier beschriebenen grundlegenden Probleme auch in der spätantiken und mittelalterlichen Zeit der Formierung der großen scholastischen Denksysteme in den monotheistischen Religionen bekannt. Die klassische, in diesem Zusammenhang religionsübergreifend diskutierte, philosophische Lösungsstrategie für unser Problem bestand darin, die Idee einer freien Schöpfung zurückzuweisen und von einer notwendigen Emanation der Schöpfung aus dem Wesen Gottes auszugehen. Durch diese Annahme verschwinden alle drei oben genannten Probleme. Denn wenn Welt und Gott beide als ewig gedacht werden, gibt es nicht mehr einen Entscheidungsprozess vor der Zeit. Auch nach Gottes guten Gründen für die Schöpfung muss man nicht mehr fragen, weil es die Welt einfach immer schon gibt und sie immer schon notwendig aus Gott heraus entsteht. Zugleich ist die logische Abhängigkeit der Welt von Gott und damit die Vollkommenheit Gottes gewahrt, weil alles aus ihm entsteht. Und auch das Problem der Begrenzung Gottes durch die Schöpfung wird durch die Konzeption von Schöpfung als Emanation gelöst. Es gibt allerdings einen gewichtigen Kollateralschaden dieser klassischen Lösung: die Freiheit Gottes verschwindet, und Schöpfung erscheint nicht mehr als freie Tat Gottes, sondern als ewiger notwendiger Prozess.

Synthese griechischer Philosophie im Islam

Diese philosophische Lösung wird zuerst in der islamischen Tradition konsequent zu Ende gedacht. Denn es waren Muslime, die im frühen Mittelalter eine erste umfassende Synthese griechischer Philosophie leisten. Durch die rege Übersetzungstätigkeit zur Zeit der Abbasiden ab dem 9. Jahrhundert, bei der auch christliche Theologen ihre Expertise einbrachten, werden die klassischen Werke griechischer Philosophie umfassend für das theistische Denken erschlossen und neu durchdacht. Zu nennen ist hier zunächst einmal al-Kindi (800-870), der die erste große Kompilation und Adaption griechischen Denkens im islamischen Kontext bietet. Eigenständig durchdacht und systematisiert wird dieser Zugang dann von al-Farabi (875-930) und vor allem durch den überragenden Gelehrten seiner Zeit Ibn Sina/ Avicenna (980-1037).

Allerdings bezogen sich alle philosophischen Bemühungen dieser Zeit auf ein Amalgam der Philosophie von Platon, Aristoteles und Plotin, das die Metaphysik des Aristoteles nur unvollständig rezipierte[3] und dadurch eine neuplatonisch inspirierte Metaphysik in das abendländische Denken einbrachte. Zentrales Anliegen ihres Denkens ist die Souveränität, Einfachheit und Vollkommenheit Gottes,[4] die sie meinten nur wahren zu können, wenn sie die Schöpfung als Emanation Gottes verstanden. Für Ibn Sina gibt es nur ein notwendiges Sein: Gott. Aus diesem notwenigen Sein tilgt er alle Kontingenz und damit auch alle Zeitlichkeit und Freiheit. Die Erschaffung der Welt kann für ihn schon deswegen keinen Grund haben, weil sonst die Einfachheit Gottes zerstört wäre. Denn diese Einfachheit und Einheit Gottes lässt es nicht zu, dass es etwas anderes als Gott selbst ist, das Gott zu Entscheidungen veranlasst. Nur Gott ist hier der Grund für Gottes Tun. Und da es in Gott keine Zufälligkeit und Kontingenz gibt, kann die Erschaffung der Welt nur notwendig erfolgen.[5] Sie muss notwendiger Ausfluss aus Gottes Wesen sein.

Gott ist im Denken Ibn Sinas das einzige Wesen, bei dem Wesen und Existenz in eins fallen, d.h., Gottes Wesen besteht darin zu sein und dieses Sein ist dadurch charakterisiert, dass es nicht nicht sein könnte. Normalerweise ist dieser Konzeption zufolge die Washeit von der Existenz unterschieden, aber Gott

3 Grund für diese selektive Rezeption war die „Theologie des Aristoteles", die sich erst später als eine Enneade des Plotin erwies und so die neuplatonische Rezeption des Aristoteles begünstigte (BURRELL, Freedom and creation, 54).

4 Vgl. BURRELL, Freedom and creation, 60.

5 Vgl. ebd., 166.

hat keine andere Washeit als die zu sein.[6] Durch die Identität von Existenz und Wesen in Gott ist Gott reine Einfachheit. Alle anderen Seienden sind dagegen aus Wesen und Sein zusammengesetzt[7] und schon deswegen nicht schlechterdings einfach; sie sind zunächst einmal mögliche Seiende, also potenzielle Entitäten.[8] Sie sind von Gott abhängig und sind nur durch ihn und aus ihm existierend. Ihr Wesen ist nicht identisch mit ihrer Existenz, sondern muss von dieser unterschieden werden. D.h., sie können gedacht werden, ohne zu existieren, während man bei Gott seine Nichtexistenz nicht einmal denken kann, weil in seinem Wesen nichts ist als notwendige Existenz.

Schöpfung als freie ungeschuldete Tat Gottes

So bestechend das Denken Ibn Sinas auch auf rein philosophischer Ebene war, so sehr widersprach es doch der grundlegenden Intuition aller drei monotheistischen Religionen. Denn Schöpfung wird in den Heiligen Schriften aller drei Religionen eben nicht als notwendige Emanation aus Gott gedacht, sondern als freie, ungeschuldete Tat Gottes.[9] Die Grundidee aller drei Religionen war, dass die Welt nicht einfach etwas Gegebenes ist, sondern ein Geschenk. Hinzu kommt, dass auch die Geschöpfe kaum als frei gedacht werden können, wenn sie als Emanationen Gottes gedacht werden. Wie kann die menschliche Handlung wirklich eigenständig menschlich sein, wenn der Mensch nichts ist als notwendig entstehender Ausfluss göttlicher Wirklichkeit?[10]

Entsprechend kritisiert bereits der einflussreiche muslimische Theologe al-Ghazali (1059-1111) Ibn Sinas Philosophie und verwahrt sich gegen die Idee der Notwendigkeit der Schöpfung. Denn keine Notwendigkeit und kein logisches System könne über Gott stehen, sodass Ghazali Gott als freien Akteur verteidigt.[11] Die Freiheit des Geschöpfs ist für Ghazali weniger wichtig, aber bei Gott besteht er darauf, dass dieser frei handelt, seine Absichten realisiert und die Schöpfung buchstäblich aus dem Nichts beginnt.[12] *Ähnlich wie später Ibn Taymiyya (1263-1328) sieht Ghazali in der Liebe Gottes den Grund der Schöpfung.*[13] Gott will die Welt also nicht, weil er sie braucht, sondern weil er seine Liebe weitergeben will. Auch wenn seine Liebe auch ohne Welt vollkommen ist, weil Gott ja alles liebt, wenn er sich selber

6 Vgl. Burrell, Knowing the unknowable God, 26.
7 Vgl. ebd., 94.
8 Vgl. Burrell, Freedom and creation, 33.
9 Vgl. Burrell, Towards a Jewish-Christian-Muslim theology, 11.
10 Vgl. ebd., 17.
11 Vgl. Burrell, Freedom and creation, 54.
12 Vgl. Burrell, Towards a Jewish-Christian-Muslim theology, 14.
13 Vgl. Burrell, Freedom and creation, 134f.

liebt und dadurch seine Liebe keinen Mangel hat, will er grundlos diese Liebe weiterschenken und erschafft aus dieser Dynamik der Liebe heraus die Welt. Doch Ghazalis Liebesmystik bleibt innerislamisch umstritten und auch seine Verteidigung der Schöpfung aus dem Nichts wird von aristotelisch orientierten Philosophen der muslimischen Tradition wie vor allem Ibn Rushd/ Averroes (1126-1198) stark kritisiert. Hier rächt sich, dass weder Ibn Sina noch al-Ghazali die Metaphysik des Aristoteles verarbeiten und dadurch einem aristotelischen Denken, dass die Welt als ewigen prozessualen Hervorgang aus dem einen unbewegten Beweger sieht, keine hinreichend komplexe philosophische Antwort entgegensetzen können.

Maimonides

David Burrell macht uns an dieser Stelle auf die gemeinsamen Denkanstrengungen von muslimischen, jüdischen und christlichen Theologen im Mittelalter aufmerksam, die hier zu einer komplexeren Antwort führen. Moses Maimonides (gest. 1204), der vielleicht wichtigste jüdische Philosoph des Mittelalters, der in engem Austausch mit muslimischen Denkern stand, kritisiert wie al Ghazali die Idee eines ewigen notwendigen Ausgangs der Schöpfung aus Gott und versteht die Schöpfung als absoluten Anfang durch die Freiheit Gottes.[14] Dabei gibt Maimonides ganz offen zu, dass auf metaphysischer Ebene nicht entscheidbar ist, ob die Schöpfung frei aus Gott hervorgeht oder notwendigerweise, weil es für beide Positionen gute Gründe gibt. Überhaupt ist Maimonides im Blick auf die metaphysische Gotteslehre skeptisch eingestellt und wird deswegen immer wieder als Kronzeuge einer negativen Theologie ins Feld geführt.[15]

Der entscheidende Beweggrund für Maimonides' Option für die Freiheit der Schöpfung ist das an dieser Stelle eindeutige Zeugnis der Heiligen Schrift.[16] Es führt ihn dazu, auch einen absoluten Anfang der Welt anzunehmen und durch den Gedanken einer buchstäblichen Schöpfung aus dem Nichts die Freiheit Gottes zu unterstreichen. Für Maimonides ist vor allem die Verschiedenheit Gottes von der Welt wichtig.[17] Gott als derjenige, durch den alles ist, versteht er genau wie schon Ibn Sina in seiner Natur als reine Existenz. Denn Gott werde ja durch nichts in Existenz gebracht als durch sich selbst und er sei immer schon,

---

14 Vgl. ebd., 7, 56.

15 Vgl. Hilary Putnam, On negative theology. In: Faith and Philosophy 14 (1997) 407-422.

16 Vgl. Burrell, Towards a Jewish-Christian-Muslim theology, 15.

17 Vgl. Burrell, Freedom and creation, 60.

d.h., er sei immer schon notwendig da.[18] D.h., Maimonides übernimmt den Begriff der notwendigen Existenz, aber er löst den Begriff aus dem neuplatonischen Emanationsschema und verknüpft ihn mit dem Gedanken der Freiheit. Erst diese Loslösung und Neuverknüpfung erlaubt es ihm auch Prophetie und damit Offenbarung zu denken. Nur so wird auch die Tora als freie Gabe Gottes denkbar.[19]

Gott als Liebe

Vom Gedanken der Freiheit der Schöpfung abgesehen ist Maimonides genauso stark vom Neuplatonismus geprägt wie vor ihm schon Ibn Sina. Entsprechend versucht er, anders als die Rabbinen, alle Emotionen von Gott fernzuhalten und widerspricht damit – anders als Ghazali und Ibn Taymiyya – der Idee, Gott als Liebe zu denken. In der Tat wird auch im rabbinischen Denken Gott als

Liebe konzipiert. Gott ist es demzufolge, der erwählt und treu ist und der die Hingabe aus ganzem Herzen von Israel erwartet – wie bei Abraham.[20] Innerjüdisch umstritten ist auch die Behauptung des Maimonides, dass die Welt einen zeitlichen Anfang haben müsse. So konzipieren Narboni und Crescas Gott als frei handelnden Akteur, der dennoch die Welt ohne Anfang erschafft[21] – eine kritische Anknüpfung, die schon deswegen erwähnt sei, weil ja auch Thomas an dieser Stelle einhakt.

Thomas von Aquin

Der christliche Theologe Thomas von Aquin (ca. 1225-1274) übernimmt die Unterscheidung von Existenz und Wesen von Ibn Sina und bestimmt wie Ibn Sina Gott als reines Sein bzw. reine Existenz, *ipsum esse*. Gott ist für Thomas Quelle und Ziel allen Seins[22] und in einem ontologischen Sinne notwendiges Sein.[23] Auch dem Emanationsgedanken kann Thomas etwas abgewinnen, solange nur die Freiheit der Erschaffung der Welt gewahrt bleibt. Während Gott bei Thomas als reines Sein unveränderlich und unbewegt im Sinne der aristotelischen Metaphysik konzipiert wird, erscheinen die Geschöpfe als Seiende, die am Sein Anteil haben, sofern sie sind. Geschöpfliche Existenz ist nach Thomas also durch Partizipation am Sein möglich, von dem es vollständig abhängt.[24]

18 Vgl. ebd., 30.
19 Vgl. ebd., 57.
20 Vgl. ebd., 130.
21 Vgl. ebd., 57.
22 Vgl. ebd., 62.
23 Vgl. ebd., 35.
24 Vgl. Burrell, Freedom and creation, 36.

Machen wir uns den Kerngedanken des Thomas' noch einmal in anderer Weise klar. Alles, was ist, bezeichnet Thomas als etwas Seiendes. Es ist nur, insofern es am Sein Anteil hat. Dadurch kann das Seiende sein Wesen nur realisieren, wenn es das in ihm befindliche Sein realisiert. Partizipation am Sein ist die entscheidende Grundlage für das Sein des Seienden. Je mehr es seine jeweilige Eigenheit realisiert und dadurch ist, desto mehr realisiert es auch sein Sein, sodass die je größere Intensität an Individualität und Besonderheit auch ein höheres Maß an Sein zur Folge hat.

Während Thomas also stark vom neuplatonischen Schöpfungsdenken des Ibn Sina geprägt ist, übernimmt er doch auch von Maimonides den Gedanken der Freiheit des Schöpfers und der Ungeschuldetheit seines Schöpfungsaktes. Anders als Maimonides sieht Thomas aber keine Notwendigkeit, deshalb einen zeitlichen Anfang des Universums zu denken. Für ihn ist nur wichtig, dass die Schöpfung ontologisch gesehen von Gott abhängig ist. Er besteht also darauf, dass es die Schöpfung nur gibt, weil Gott es will. Aber da Gott in seiner Konzeption von Ewigkeit her die Schöpfung will, sieht er kein Problem in der Annahme einer ewig existierenden Schöpfung. Zwar gibt Thomas zu, dass die Idee eines zeitlichen Anfangs der Schöpfung die Freiheit und Souveränität Gottes schön illustriert.[25] Aber logisch gesehen ist es auch möglich, eine ewige Schöpfung zu denken, die in jedem Augenblick von Gott abhängig und gewollt ist, sodass es nicht an der Zeitlichkeit der Schöpfung hängt, ob man sie in Abhängigkeit zu Gott sieht oder nicht.

Schöpfung meint bei Thomas also wie bei Ibn Sina die Emanation alles Seienden aus dem Sein.[26] Das einzelne Seiende ist aus Gott, insofern es ist. Gott ist sein inneres Ziel und sein Urgrund. Das Seiende kommt aus Gott und kehrt zu ihm zurück und durch sein Sein ist es mit Gott verbunden. Je intensiver es ist, desto mehr ist Gott in ihm präsent. Auf der anderen Seite ist das Seiende nur da, weil Gott es will. Damit nimmt Thomas eine Mittelposition ein zwischen Ibn Sina und seinen muslimischen, jüdischen und franziskanischen Kritikern.[27]

Die zentrale Intuition des Thomas besteht darin, dass sich göttliches und menschliches Handeln nicht in einem Konkurrenzverhältnis befinden, sondern auf unterschiedlichen Ebenen anzusiedeln sind.[28] Thomas unterscheidet zu diesem Zweck Erst-

---

25 Vgl. ebd., 57.
26 Vgl. BURRELL, Knowing the unknowable God, 94.
27 Vgl. ebd., 108.
28 Vgl. BURRELL, Freedom and creation, 60.

und Zweitursachen – eine Terminologie die helfen soll, auch die Dignität und Eigenständigkeit der Schöpfung zu wahren.[29] Gott ist als Erstursache der Urgrund, aus dem alles entsteht, ohne dass man eine mentale Verursachung der Welt durch Gott behaupten müsste. Gott ist einfach nur der Grund alles Seienden, weil das Seiende, sofern es ist, vom Sein herkommt. Gott ist aber als Erstursache im aristotelischen Sinne auch die formgebende Kraft der Geschöpfe und ihr inneres Ziel. Er liegt ihnen also nicht nur zugrunde, sondern ist auch ihr Ziel und bestimmt so ihre Gestalt, ihr Streben und ihre Sehnsucht.

Als Erstursache und erstes Ziel ist Gott aber zu unterscheiden von den konkreten Zielen, auf die wir uns zubewegen und von den vielen sekundären Ursachen, die unser Handeln prägen und bestimmen. Gott darf in der Konzeption des Thomas' als reines Sein nicht wie ein Seiendes als Glied innerhalb der Kausalkette der Schöpfung gedacht werden, sondern liegt all diesen Ketten ermöglichend zugrunde und orientiert sie auf ein letztes Ziel.

Gott als actus purus

Wenn man von Gott behauptet, dass Gott handelt, so ist das ein deutlich analoger Begriff, d.h., die Unähnlichkeit ist hier größer als die Ähnlichkeit.[30] Für Thomas ist Gott kein handelnder Akteur, der nach und nach Ziele zu verwirklichen sucht, sondern er ist *actus purus*, reines Sein, das im höchsten Sinne realisiert ist und allen Realisierungen des Seins zugrunde liegt. Da Sein in der Ontologie des Thomas *per definitionem* gut ist, handelt Gott also durch die Menschen, die Gutes tun. Damit ist aber nicht gemeint, dass er sie zu guten Taten motiviert oder sie nur Marionetten sind, die seinen Willen tun müssen. Vielmehr geht es darum, dass der Mensch, insofern er ist und also Seiendes realisiert, restlos von Gott abhängt. Je mehr der Mensch also sein wahres Sein realisiert, indem er Gutes tut, desto präsenter wird durch diesen Menschen Gott als Urgrund von Wahrheit, Schönheit und Gutheit. Gott ist bei Thomas nicht durch ihm äußere ethische Prinzipien gebunden (er handelt nicht gut, weil er das Gute tun muss), sondern er handelt einfach als der, der Quelle alles Guten ist und realisiert also sein Wesen als Existenz, indem er Gutes ermöglicht.[31]

Wie bei Ibn Sina wird die Schöpfung auch bei Thomas ohne Bewegung gedacht und sie impliziert damit auch keine Veränderung. Wie bei Ibn Sina wird Schöpfung als ewig konzipiert und wie bei Ibn Sina geschieht bei der Erschaffung der Welt gar nichts

[29] Vgl. ebd., 97.
[30] Vgl. ebd., 69.
[31] Vgl. ebd., 63.

Besonderes.[32] Denn in all seinem Handeln realisiert und ermöglicht Gott das Sein, weil er ja nichts anderes als notwendiges Sein und damit Grund des Seins ist. Aber anders als Ibn Sina besteht Thomas darauf, dass eben dieser ewige Hervorgang der Schöpfung aus Gott eine souveräne, nicht notwendige Tat Gottes ist. Das bedeutet allerdings nicht, dass Gott hier alternative Möglichkeiten abgewogen hätte. Ein solcher intramentaler Abwägungsprozess widerspricht der Metaphysik des Thomas. Denn Gott ist bei ihm jenseits der Zeit und reine Einfachheit, sodass er nicht unterschiedliche Modelle gegeneinander abwägen muss. Die Rede von der Freiheit Gottes soll einfach nur deutlich machen, dass die Schöpfung nicht notwendigerweise aus Gott hervorgeht und nicht zur Realisierung seines Wesens gebraucht wird. Gott ist als Sein auch dann vollständig, wenn kein Seiendes aus ihm hervorgeht. Das Sein braucht nicht das Seiende, um zu sein. Nur umgekehrt gilt, dass das Seiende nicht ohne das Sein sein kann. Denn nur das Seiende ist, indem es am Sein Anteil hat und also ist. Dagegen ist das Sein allein durch sich selbst. Auch die Beschreibung der Eigenschaften des Seienden ist abhängig von dem Sein selbst, das als reine Einfachheit weder Wesen noch Eigenschaften besitzt, außer der Eigenschaft zu sein und damit Seiendes zu ermöglichen, das per Partizipation aus dem Sein entsteht.

Problemlösung

Burrell ist überzeugt, dass diese Konzeption des Thomas' unsere eingangs benannten Probleme zu lösen vermag – und zwar genauso gut wie die oben referierte neuplatonische Philosophie. Die Schöpfung erscheint nicht als Gegenüber Gottes, das ihn begrenzt, sondern sie wird als Seiendes als Partizipation am Sein Gottes gedacht. Schöpfung wird nicht vor der Zeit gedacht und Gott wird nicht als handelnder Akteur konzipiert, der zwischen Alternativen zu wählen hat und gute Gründe für sein Tun braucht. Vielmehr ist Gott Urgrund und Ziel der Schöpfung und ermöglicht als das Sein selbst alles, was ist. Er tut dies immer schon von Ewigkeit her. Allerdings beantwortet dieses Konzept noch nicht, warum Gott die Welt erschafft. Wollte man hier auf Intentionen Gottes zu sprechen kommen, hätte man in der Perspektive des Thomas' den Begriff Gott falsch verstanden. Er könnte sicher sagen, dass es dem Sein entspricht, sich zu realisieren und auf diese Weise Seiendes zu ermöglichen. Thomas schreibt einmal, dass das Gute danach strebt, sich mitzuteilen. So wie wir gute Nachrichten gerne weitererzählen, so will auch das Gute selbst gerne mitgeteilt sein. Diese Mitteilung geschieht schon in Gott

32 Vgl. ebd., 40.

innerhalb der Trinität, sodass Schöpfung nicht notwendig ist. Auch das Streben nach Gemeinschaft ist im Geist immer schon realisiert, sodass alles, was in Gott schon da ist, in der Schöpfung einfach nur grundlos wiederholt wird.[33]

Zugleich ist Burrell davon überzeugt, dass die geniale Syntheseleistung des Thomas nur möglich war, weil sie auf den Vorarbeiten der genannten muslimischen und jüdischen Denker aufruhte. Von daher leistet Thomas so etwas wie eine komparative bzw. kollaborative Theologie *avant la lettre*. Sie bleibt auch in der Folge nicht für das Christentum reserviert, sondern wird von der Sache her beispielsweise im schiitschen Islam durch Mulla Sadra (1572-1641) aufgegriffen und fortgeführt.[34]

Zur Debatte zwischen klassischem und personalem Theismus

So schulbildend und einflussreich das thomistische Denken auch im Christentum war und ist – insbesondere in seiner katholischen Ausprägung –, so umstritten ist es in der Gegenwart. Häufig wird dem klassischen Theismus des Thomas' ein personaler Theismus entgegengesetzt, der Gott eben doch als handelnden Akteur denkt. Dabei setzt der personale Theismus an der Frage an, warum Gott die Welt erschafft. Gerne wird an dieser Stelle der franziskanische Vordenker Johannes Duns Scotus (ca. 1266-1308) zitiert, der Gottes Schöpfung dadurch begründet, dass Gott andere Mitliebende will.[35] Gott wird hier also als Liebe gedacht, der aus keinem anderen Grund die Welt erschafft und in ihre freie Wesen ermöglicht, weil Gott liebende Wesen erschaffen will, die Gottes Liebe frei zu erwidern vermögen.

die Alternative des personalen Theismus

Auch in diesem personalen Theismus muss kein Anfang der Zeit gedacht werden, sondern man könnte ganz im Sinne der grundlegenden Verhältnisbestimmung des Thomas' sagen, dass es die Welt immer schon gibt, weil Gott Mitliebende will. Aber Gott wäre dann eben nicht das Sein, das Seiendes aus sich entlässt, sondern ein freier Akteur, der freie Mitliebende will und deshalb geschöpfliche Autonomie ermöglicht.

In der modernen Philosophie spricht man an dieser Stelle von libertarischer Freiheit, also einer Freiheit, die in der autonomen

---

33 Vgl. ebd., 171-184. Quelle, Wort und Gemeinschaft werden hier als Instanzen in der Trinitätstheologie des Thomas stark gemacht.

34 Vgl. Burrell, Towards a Jewish-Christian-Muslim theology, 23.

35 Vgl. Johannes Duns Scotus, Opus Oxoniense III d.32 q.1 n.6.

Selbstbestimmung des Menschen gründet.[36] Und das Gott-Welt-Verhältnis wird als wechselseitiges Bestimmungsverhältnis gedacht.[37] Gott bestimmt sich in diesem Denken dazu, sich vom Menschen bestimmen zu lassen. Gott würdigt den Menschen dazu, seinen guten Willen nicht anders zu tun als mit dem Menschen zusammen. Und er würde den Menschen dabei niemals bloß als Zweck zur Realisierung seiner Ziele verwenden, sondern immer in seiner Autonomie anerkennen und für sich zu gewinnen trachten.

Es kann nicht verwundern, dass Burrell, diese Idee libertarischer geschöpflicher Autonomie ablehnt.[38] Denn in der Tat widerspricht sie der ganzen Architektur des klassischen Theismus. Sie verändert grundlegend die Lehre von den Eigenschaften Gottes und die Vorsehungslehre und sie zwingt eben auch zu einer Neubestimmung der Schöpfungstheologie. Gehen wir diese drei Punkte kurz durch. Sie sollen hier nicht entschieden werden, sondern es soll lediglich die Komplexität der Debattenlage angedeutet werden. Die Veränderung bei den Eigenschaften Gottes lässt sich besonders gut an dem Attribut der Allwissenheit illustrieren.

Streit um Gottes Allwissenheit

Nach Thomas weiß Gott die zukünftigen Dinge, weil Gott sie in seinem schöpferischen Wissen kennt.[39] Gottes Erkennen und Wollen ist bei Thomas nicht abhängig von den Dingen, sondern voraussetzungslos und frei. Gott kennt dieser Interpretation zufolge die Dinge aufgrund des Begriffs, den Gott von ihnen immer schon in sich hat. Thomas spricht hier von einem *praktischen Wissen (scientia practica)* und vergleicht es mit dem Wissen eines Künstlers oder Handwerkers von der von ihm zu schaffenden Wirklichkeit.[40] Dadurch wird die Offenheit der Zukunft gesichert, weil ja auch der Handelnde trotz des praktischen Wissens um seine künftige Tat weiterhin frei ist und in eine offene Zukunft schaut.[41]

---

36 Vgl. Klaus von Stosch u.a. (Hg.), Streit um die Freiheit. Philosophische und theologische Perspektiven, Paderborn 2019.

37 Vgl. Thomas Pröpper, Theologische Anthropologie. 2 Bde., Freiburg-Basel-Wien 2011.

38 Vgl. Burrell, Freedom and creation, 76.

39 Vgl. Thomas von Aquin, Summa contra Gentiles. Summe gegen die Heiden. 4 Bde. Hrsg. und übers. v. K. Allgaier u.a., Darmstadt 1974, Bd.1, 66. Im Folgenden übernehme ich einige Formulierungen aus von Stosch, Gott – Macht – Geschichte, 52.

40 Vgl. Thomas von Aquin, Summa theologica I-III. Deutsche Thomas-Ausgabe. Lat.-dt., Salzburg-Leipzig 1934, I, 14, 8; Burrell, Freedom and creation, 105.

41 Gott weiß die Zukunft also nicht, weil er sie vorhersieht, sondern weil er sie hervorbringt und kontrolliert: „God's knowledge of the future is like

Allerdings ist die Frage, ob im Rahmen dieser Konzeption noch die Freiheit des Menschen zureichend gewahrt wird. Wenn nämlich Gott in seiner ewigen Zeitlosigkeit die gesamte Geschichte sieht, dann steht in seiner Perspektive zu jedem Zeitpunkt t_1 bereits fest, was zum Zeitpunkt t_2 geschehen wird. Wie kann aber ein Mensch zum Zeitpunkt t_2 noch frei sein, eine Handlung a auszuführen, wenn schon zum Zeitpunkt t_1 feststand, ob er a ausführen wird oder nicht? Oder mit einem viel diskutierten Beispiel der neueren Debatte ausgedrückt: Cuthbert kauft zum Zeitpunkt t_2 einen Leguan. Wenn Gott das mit unfehlbarem Wissen zum Zeitpunkt t_1 weiß, ist Cuthbert an t_2 nicht mehr frei, den Leguan nicht zu kaufen.[42]

Die Lösung des klassischen Theismus scheint den entscheidenden Punkt des Problems zu verfehlen. Denn die Aussage, dass Gott gegenwärtig weiß, wie sich Cuthbert in Zukunft entscheiden wird, lässt sich umformen in die Aussage, dass es gegenwärtig wahr ist, dass Gott weiß, wie sich Cuthbert in Zukunft entscheiden wird. In der zweiten Fassung wird darauf geachtet, dass Gott als jenseits der Zeit zu denken ist und entsprechend das göttliche Wissen ohne zeitlichen Index gedacht. Dennoch besteht bei beiden Formulierungen dasselbe, in dem Beispiel des Leguankaufes angerissene Problem: Auch wenn es sich bei dem göttlichen Wissen nicht mehr um ein *Vorher*wissen handelt, so scheint die Tatsache, dass Gott ein gegenwärtiges Wissen von Cuthberts zukünftiger Entscheidung hat, immer noch der menschlichen Willensfreiheit zu widersprechen. Denn wenn Gottes Wissen aufgrund seiner Gleichzeitigkeit zu jedem Augenblick der Geschichte gegenwärtig wahr ist, folgen aus seiner Allwissenheit die gleichen, Freiheit verunmöglichenden Konsequenzen wie aus seinem Vorauswissen.[43] Insofern kann es nicht verwundern, dass viele Theologen und Philosophen vor allem im Diskussionskontext der analytischen Philosophie die Rede von der Zeitlosigkeit Gottes im klassischen Theismus und Gottes praktisches Wissen um die kontingente Zukunft für unvereinbar mit der menschlichen Willensfreiheit halten.[44]

---

man's knowledge of his own intentional actions" (Peter Geach, Providence and evil. The Stanton lectures 1971/72, Cambridge u.a. 1977, 57).

42 Vgl. William Hasker, The foreknowledge conundrum. In: IJPR 50 (2001) 97-114, hier 98.

43 Vgl. Armin Kreiner, Gott im Leid. Zur Stichhaltigkeit der Theodizee-Argumente, Freiburg-Basel-Wien 1997 (QD 168), 292f.

44 Vgl. Peter Vardy, Das Gottesrätsel. Antworten auf die Frage nach Gott, München 1998, 104.

Vorsehung und libertarische Freiheit

Auch die klassische Vorsehungslehre ist kaum mit dem Gedanken libertarischer Freiheit auf der Seite des Menschen vereinbar. Wenn Thomas schreibt: „So ist auch die Begegnung zweier Diener zufällig, von ihnen aus gesehen; vom Herrn jedoch, der sie wissentlich so an denselben Ort schickt, daß keiner vom anderen weiß, ist sie vorgesehen",[45] wird dadurch ein sehr weitgehendes, zumindest auf den ersten Blick nur schwer mit der Behauptung menschlicher Willensfreiheit in Einklang zu bringendes, Handeln Gottes in der Welt vorausgesetzt. Synchronismen, wie der von Thomas geschilderte,[46] stellen auch in der gegenwärtigen Verteidigung der Vorsehungslehre ein immer wieder genanntes Argument für den Vorsehungsglauben dar.[47]

Gleichwohl bereitet es nicht geringe theologische Schwierigkeiten, das Zustandekommen derartiger Begegnungen mit der Existenz libertarischer Freiheit zu vermitteln. Denn die Lebensgeschichten der zusammentreffenden Menschen und die jeweiligen Ereignisketten folgen jeweils eigenen Gesetzmäßigkeiten. Insbesondere darf der freie Wille des Menschen als freier Wille nicht von Gott manipuliert werden, wenn Freiheit als libertarische gedacht und in ihrer Selbstzwecklichkeit respektiert werden soll. Eine allzu starke Betonung von Synchronismen und Fügungen könnte also leicht den Ruch einer Einschränkung der Wirklichkeit von Freiheit und eines magischen Verständnisses der Wirklichkeit vermitteln. Dann erscheinen die beiden Diener bei dem Beispiel des Thomas' als Marionetten in der Hand Gottes, der sie jeweils nur benutzt, um seine Vorsehung zu realisieren.

Nimmt man dagegen die libertarische Freiheit des Menschen ernst und versteht Gott als handelnden Akteur, der mit Mitteln der Liebe um den Menschen wirbt, so kann der gute Ausgang der Geschichte nicht mehr im klassischen Sinne garantiert werden. Begegnungen und Ereignisse des Alltags müssen erst einmal nichts mit Gott zu tun haben, sondern sie können auch negative Folge geschöpflicher Autonomie oder einfach Zufall sein. Dadurch entstehen neue Freiheitsräume, aber es lässt auch

---

45 Thomas von Aquin, Summa theologica I, 22,1, ad 1.

46 Als Synchronismus bezeichne ich im Anschluss an K. Berger ein Zusammentreffen von Menschen, das unbeabsichtigt und unvorhersehbar ist und dessen Wahrscheinlichkeit gleich null ist, das sich aber im weiteren Verlauf des Lebens der beiden als höchst bedeutungsvoll erweist (vgl. Klaus Berger, Wer bestimmt unser Leben? Schicksal – Zufall – Fügung, Stuttgart 2002, 14).

47 Vgl. Hans Christian Schmidbaur, Gottes Handeln in Welt und Geschichte. Eine trinitarische Theologie der Vorsehung, St. Ottilien 2003, 580.

die Sicherheit nach, mit der man sich in Gott aufgehoben wissen kann.

Wie gesagt will ich an dieser Stelle nicht entscheiden, ob der klassische Theismus in Richtung des personalen Theismus geändert werden sollte. Ich will nur darauf hinweisen, dass die klassische Syntheseleitung des Thomas', die in intensiver Rezeption von Ibn Sina und Maimonides erreicht wurde, derzeit umstritten ist und es erschiene mir lohnend, auch angesichts dieser Debattenlage wieder neu auf jüdische und muslimische Stimmen zuzugehen und damit die oben erwähnten Intuitionen eines Ibn Taymiyya oder al Ghazali oder der genannten rabbinischen Denker starkzumachen. Soweit ich weiß, ist das bisher aber nicht geschehen, sodass hier nur die entsprechende Aufgabe benannt werden kann. Spannend wird es sein, in diesem Kontext auch zu überlegen, ob man wirklich einen personalen Theismus starkmachen will oder lieber panentheistische oder monistische Modelle verfolgt. An dieser Stelle hat die interreligiöse und komparative Debatte gerade erst begonnen.[48]

Revision traditioneller Gottesprädikate im personalen Theismus

Transformiert man den klassischen zum personalen Theismus, so kehrt wenigstens eines der durch Thomas gelösten Probleme der Schöpfungstheologie auf die Tagesordnung zurück. Denn Schöpfung ist jetzt nicht mehr reine Emanation aus Gott, sondern freies Gegenüber. Der Mensch ist zwar als Ebenbild oder Statthalter Gottes konzipiert, aber in seiner Freiheit als Gegenüber Gottes scheint der Mensch Gottes Unveränderlichkeit und Unbegrenztheit in Frage zu stellen. Die Unveränderlichkeit wird fraglich, weil Gott auf kreative und unvorhersehbare Handlungen des Menschen reagieren muss. Die Unbegrenztheit muss neu gedacht werden, weil Gott sich hier durch die Ermöglichung von geschöpflichem Freiheitsraum selbst begrenzt. In der jüdischen Mystik wird hier gerne von einer göttlichen Selbstbegrenzung gesprochen und hierin wird wahre Vollkommenheit gesehen. Von christlicher Seite werden trinitätstheologische Szenarien entwickelt, um die Vollkommenheit Gottes zu bestimmen. Die Trinitätstheologie stellt also in der christlichen Glaubensreflexion der Gegenwart das übliche Mittel dar, um Gott als Liebe zu denken und zugleich die Freiheit und Ungeschuldetheit der Schöpfung zu wahren. Diese Lösungsstrategie wollen wir im nächsten Kapitel auf den Prüfstand stellen.

---

48 Vgl. Nitsche/ von Stosch/ Tatari (Hg.), Gott – jenseits von Monismus und Theismus?

David B. Burrell

David B. Burrell hat durch seinen schottischen Vater viel protestantische Weite und ökumenische Offenheit mitbekommen, sodass er immer schon am Dialog des ihm durch seine englische Mutter vermittelten katholischen Christentums mit anderen Christentümern interessiert war. Sein Studium in Rom weitete nicht nur seinen Blick auf die Weltkirche, sondern half ihm vor allem ein mediterranes Lebensgefühl zu entwickeln und etwas Distanz zu seinen amerikanischen Wurzeln zu gewinnen. Viele Auslandsjahre in Israel verstärken dieses Lebensgefühl. Besonders seine Arbeit in Tantur prägt ihn während dieser Zeit. Tantur ist ein von der amerikanischen Eliteuniversität Notre Dame aus betriebenes ökumenisches Institut auf einem Hügel zwischen Jerusalem und Betlehem. Erst in dieser Umgebung, als christliche Minderheit umgeben von Muslimen und Juden, wurde es ihm möglich zu erkennen, wie stark das Werk des Thomas von Aquin, mit dem er sich schon bei seiner Dissertation in Yale beschäftigt hatte, von Judentum und Islam geprägt wurde, ohne dass das in der Forschung vor ihm zureichend wahrgenommen wurde. Zusätzliche Inspirationen für seine interreligiöse Arbeit erhielt er durch seinen Aufenthalt am L'institut Dominicain d'etudes Orientales in Kairo und das Kennenlernen von Georges Anawati OP, einem der großen französischen Vordenker Komparativer Theologie im 20. Jahrhundert, der ihn endgültig von der komparativen Arbeit zur mittelalterlichen Philosophie begeisterte.

Doch die Initialzündung zur Komparativen Theologie entstand anders. Durch ein Auslandssemester 1975 in Bangladesch wurde Burrell neugierig auf den Islam. Er erlebte aber auch sehr eindrücklich durch die Arbeit seiner eigenen Kongregation vom Heiligen Kreuz in diesem Land, wie gut Männer und Frauen auch in ihrer geistlichen Arbeit kooperieren können. Die abstrakte Idee des Ordensgründers von einem Zusammenleben nach dem Vorbild der Heiligen Familie wurde konkret erfahrbare Realität in einem muslimisch geprägten Kontext.

Immer wieder lehrte Burrell in Bangladesch wie auch in Uganda und Kenia und ließ sich von diesen interreligiösen und interkulturellen Erfahrungen in seiner komparativen Arbeit beflügeln. Sein Lebensmittelpunkt war und ist aber Notre Dame, wo er auch schon sehr früh institutionell in die Etablierung Komparativer Theologie verwickelt wurde. Denn bereits 1980 entschied sich die katholisch-theologische Fakultät, rabbinische Studien im Rahmen der Fakultät anzusiedeln. Burrell machte es sich zur Lebensaufgabe, diese enge Verflechtung mit dem Judentum auch theologisch aufzuarbeiten. Die Integration einer jüdischen Professur in der katholischen Theologie war systematisch zu begründen und zu begleiten. Er fing an zu verstehen, dass man kein Christ werden kann, ohne sich zuallererst zu erlauben, ein Jude zu sein – wie er das später ausdrückte. Christliche Identität kann in dieser Perspektive nur richtig verstanden werden, wenn die tiefen Beziehungen zum Judentum angemessen gewürdigt werden.

Erst nach und nach gelang es Burrell auch die dritte abrahamische Schwesterreligion auf Augenhöhe in seine komparative Theologie einzubeziehen. Er übersetzte Bücher von al Ghazali aus dem Arabischen ins Englische und wurde immer mehr zum Experten für das Gespräch der drei monotheistischen Religionen. In der Gegenwart gibt es wahrscheinlich niemanden sonst, der ihre Verflechtungen in der mittelalterlichen Philosophie so gründlich aufgearbeitet hat wie Burrell. Meine Bitte, sich für dieses Lehrbuch ein wenig vorzustellen, beantwortete er durch einen langen Brief, der mit der Feststellung begann, dass Komparative Theologie jetzt überall auf der Welt zu entstehen beginne und dass ihn das sehr glücklich mache.

Aufgaben

1. Welche drei Probleme stellen sich jeder monotheistisch konzipierten Schöpfungstheologie?
2. Wie denkt Thomas Schöpfung? Was lernt er von Ibn Sina, was lernt er von Maimonides? Halten Sie seine Konzeption für überzeugend? Gelingt ihm die Lösung der drei Probleme aus 1?
3. Unser Kapitel stellt Thomas sehr stark in der Wahrnehmung von David Burrell dar. Kann man Burrells Thomasrezeption eigentlich als Komparative Theologie bezeichnen? Überlegen Sie, welche Methoden und Lernformen bei Burrell verwendet werden!
4. Vergleichen Sie den klassischen und den personalen Theismus! Welche Konzeption favorisieren Sie?

Literatur

Burrell, David B., Knowing the Unknowable God: Ibn-Sina, Maimonides, Aquinas, Notre Dame 1986 *(Burrells Erstlingswerk zur Komparativen Theologie mit ersten wichtigen Probebohrungen).*

Ders., Freedom and creation in three traditions, Notre Dame 1993 *(Hauptquelle für die in diesem Kapitel entwickelten Einsichten).*

Ders., Towards a Jewish-Christian-Muslim theology, Malden-Oxford 2011 *(reifes Spätwerk von Burrell, mit dem er in der amerikanischen Komparativen Theologie regelrecht Furore machte und seine zentralen Einsichten weit ausgreifend in gut verständlicher Sprache zu einzelnen Themen verdichtet).*

CLAYTON, PHILIP, Adventures in the Spirit. God, World, Divine Action, Minneapolis 2008 *(prominentes amerikanisches Beispiel für einen panentheistischen Diskussionsbeitrag).*

LEGENHAUSEN, MUHAMMAD, Is God a person? In: Religious Studies 22 (1986) 307-323 (*Verteidigung des klassischen Theismus aus muslimischer Sicht*).

MÜLLER, KLAUS, In der Endlosschleife von Vernunft und Glaube. Einmal mehr Athen versus Jerusalem (via Jena und Oxford), Münster 2012 (pontes; 50) *(Beispiel für monistischen Diskussionsbeitrag aus der deutschsprachigen Debatte, besonders interessant ist hier der Bezug zu Spinoza).*

NITSCHE, BERNHARD/ KLAUS VON STOSCH/ MUNA TATARI (Hg.), Gott – jenseits von Monismus und Theismus?, Paderborn 2017 (Beiträge zur Komparativen Theologie; 23) *(Diskussionsbeiträge zur Monismusdebatte; darin empfehlenswert vor allem die Beiträge von Müller, Tatari, Legenhausen, Krochmalnik und mir).*

STOSCH, KLAUS VON, Gott – Macht – Geschichte. Versuch einer theodizeesensiblen Rede von Gottes Handeln in der Welt, Freiburg-Basel-Wien 2006 *(Versuch einer trinitätstheologischen Vermittlung von personalem und klassischem Theismus).*

2 Gott als Liebe denken

Problemstellungen in der Trinitätstheologie der Gegenwart

Inkarnation durch ein Märchen erklärt

Um die Grundidee christlichen Inkarnationsdenkens anschaulich zu machen, wird gerne im Anschluss an Sören Kierkegaard folgende Geschichte erzählt:[1] Es war einmal ein König, der die Liebe eines armen Mädchens gewinnen wollte. Der König war so mächtig, dass er sich und ihr jeden Wunsch erfüllen konnte. Jeder Staatsmann und jeder Wirtschaftsboss fürchtete seinen Zorn, und jeder fremde Staat zitterte vor seiner Macht. Alle Menschen unterstützten ihn deshalb in seiner Absicht, und er konnte das Mädchen problemlos zwingen, ihn zu heiraten. Solcher Zwang war bei dem Mädchen allerdings vollkommen überflüssig, weil es begeistert die Nähe seiner Macht und Herrlichkeit suchte und nichts lieber wollte, als an der Seite des Königs zu sein.

Doch trotz dieser Machtfülle und trotz der Bereitschaft des Mädchens gibt es für den König unter den beschriebenen Voraussetzungen als König keine Möglichkeit, die Liebe des armen Mädchens zu gewinnen. Denn die wahre Liebe des Mädchens kann er nur gewinnen, wenn er sich auf die gleiche Ebene mit ihm begibt. Erhebt er das Mädchen aber zu sich und macht es zur Königin, so können weder er noch das Mädchen sicher sein, ob es wirklich ihn liebt oder nicht nur vom Glanz der neu gewonnenen Möglichkeiten geblendet ist. Die einzige Chance, seine Liebe zu gewinnen, ist die, Knecht zu werden und so an (fehlender) Machtfülle ganz und gar ihm gleich zu sein.

Gott wird Knecht

Diese Notwendigkeit besteht nach Kierkegaard in gleicher Weise für Gott in seiner schlechthin grundlosen und unableitbaren Liebe zum Menschen. Wenn Gott unsere Liebe gewinnen will, muss er ein Mensch werden, Knechtsgestalt annehmen und auf alle Machtfülle verzichten.

> Denn das ist die Unergründlichkeit der Liebe, nicht zum Spaß, sondern in Ernst und Wahrheit von gleicher Art wie der Geliebte sein zu wollen, und dies ist die Allmacht der entschlossenen Liebe,

---

[1] Vgl. Sören Kierkegaard, Philosophische Brocken. Übers. u. hrsg. v. L. Richter, Hamburg 1992 (= Werke; 5), 27-33. Die Schilderung des Märchens wiederhole ich fast wörtlich aus Klaus von Stosch, Einführung in die Systematische Theologie. 4., aktualisierte Auflage, Paderborn 2019, 152f.

> das zu können, was weder der König noch Sokrates vermochten, weshalb ihre angenommene Gestalt doch eine Art Betrug war.[2]

Es ist also klar, dass der König keine Möglichkeit hat, *als König* die Liebe des Mädchens zu gewinnen, weil er das Königtum ganz aufgeben muss, um die für die Liebe notwendige Augenhöhe herzustellen. Hört er aber auf, König zu sein, ist die Liebe des Mädchens zu ihm keine Liebe zum König mehr. Also kann er nicht anders, als sich nur zum Schein zum Knecht zu machen und dadurch das Mädchen zu betrügen.

Anders als der König in der Geschichte nimmt Gott die Knechtsgestalt nicht nur zum Schein an, sondern gibt sich ganz und gar dem von ihm aus Freiheit gewählten Gegenüber in dieser Gestalt hin. Gott kehrt – wie bereits Schelling deutlich macht – sein Innerstes nach außen, setzt sich dem Menschen aus und offenbart sich so in seiner Schwäche für den Menschen. Denn Gott will nichts als die Liebe des Menschen und ist bereit, dafür alle Auswirkungen der von ihm umworbenen Freiheit auf sich zu nehmen und den Menschen also nur mit den Mitteln der Liebe für sich zu gewinnen. Deshalb gilt:

> Aber die Knechtsgestalt war nicht bloß angenommen, deshalb muß der Gott alles leiden, alles dulden, alles versuchen, in der Wüste hungern, in Qualen dürsten, im Tode verlassen sein, absolut gleich dem Geringsten – sehet, welch ein Mensch! ... Jede andere Offenbarung wäre für die Liebe ein Betrug, weil sie entweder zuerst eine Veränderung mit dem Lernenden vorgenommen haben müßte ... und vor ihm verborgen hielte, daß dies notwendig war, oder leichtsinnig darüber unwissend geblieben sein müßte, daß das ganze Verständnis eine Täuschung war.[3]

Die einzige Möglichkeit für den vom Christentum verkündigten Gott der Liebe, unsere Liebe zu gewinnen, besteht dieser Logik zufolge also darin, dass er Knechtsgestalt annimmt und uns so in der Preisgabe seiner Macht und Herrlichkeit auf der Ebene unseres Seins von gleich zu gleich umwirbt. Denn die Zusage von Liebe ist ohne demütige Selbsterniedrigung hin zur Ebene des Anderen nicht möglich. In diesem Sinne zeigt sich auch Gottes Souveränität und Freiheit darin, dass er auf seine Unabhängigkeit vom Menschen verzichtet und sich von ihm bestimmen lassen will, indem er Knecht wird und um die Liebe des Menschen wirbt.

---

2 Kierkegaard, Philosophische Brocken, 32.
3 Ebd., 32f.

Diese Grundidee hat allerdings einen Haken. Wenn es stimmt, dass Gott Knechtsgestalt annimmt, um so den Menschen für sich zu gewinnen, ist es entweder so, dass diese Knechtsgestalt so radikal ist, dass in keiner Weise mehr verständlich expliziert werden kann, warum die Liebe zum Knecht den König meint. In diesem Fall würde das arme Mädchen zwar den Knecht wirklich und allein wegen seiner Knechtsgestalt lieben, aber der König hätte nichts davon. Es fragt sich also, wie es noch Gott selbst sein kann, der hier den Menschen für sich gewinnt, wenn er sich so radikal entäußert. Wenn man deswegen die Radikalität des Gedankens der Kenosis relativiert und dafür sorgt, dass Gott im Knecht erkennbar bleibt, fragt sich, ob es nicht doch wieder die Attraktivität und Macht des Königs ist, die hier zur Liebe motiviert. Ist es dann nicht doch wieder Gott und die Aussicht auf die von ihm verheißene Herrlichkeit, die den Menschen anzieht? Auch die Zwei-Naturen-Lehre vermag dieses Grunddilemma nicht zu lösen. Denn wenn im Knecht auch der König präsent ist, besteht immer die Gefahr, dass die Attribute des Königs die Hingabe des Mädchens provozieren und nicht seine Person. Um hier sicher zu sein, dass es wirklich die Person ist, die das Mädchen liebt, müsste der König seine königlichen Attribute ein für alle Mal aufgeben, oder genauer: noch die königlichen Attribute müssten radikal so neu gedacht werden, dass es gar nicht mehr die Herrlichkeit Gottes sein kann, die den Menschen für Gott gewinnt. Die Herrlichkeit müsste gerade in der Niedrigkeitsgestalt liegen und nicht noch etwas anderes sein.

Grunddilemma der Zwei-Naturen-Lehre

Sicher ist es genau diese radikale Identifizierung von Gottes Logos mit der Niedrigkeit des Knechts, die die moderne Kenosischristologie anzielt. Sie beruft sich dabei gerne auf den Philipperhymnus, in dem es ja ausdrücklich heißt, dass Christus Gott gleich war, aber nicht daran festhielt, wie Gott zu sein, „sondern er entäußerte sich und wurde wie ein Sklave und den Menschen gleich. Sein Leben war das eines Menschen; er erniedrigte sich und war gehorsam bis zum Tod, bis zum Tod am Kreuz. Darum hat Gott ihn über alle erhöht“ (Phil 2,7-9a). Für Paulus liegt diese Erhöhung gerade im Kreuz begründet und ist dialektisch mit ihm verbunden. Allerdings besteht hier je nach Auslegung des Hymnus wieder die Gefahr, dass es der erhöhte, auferstandene Christus ist, der es uns erlaubt, die Knechtsgestalt am Kreuz mit Gottes Herrlichkeit zu identifizieren. Damit wäre es dann wieder nicht der Knecht selbst, der als Knecht die Liebe des armen Mädchens gewinnt. Wenn man allerdings darauf besteht, dass die Knechtsgestalt gerade die Hoheit begründet und in ihr Gott er-

Kenosis

kannt wird, dann wäre die Liebe des Mädchens zum Knecht wirkliche Liebe zu Gott.

Das hat dann allerdings Folgen für die Gotteslehre. Gott müsste in seinem Logos, also in der göttlichen Christusgestalt selbst, als Erniedrigter gedacht werden, der gerade in der Ohnmacht des Kreuzes seine Identität offenbart und nicht später dann wieder zur Herrschaft eingesetzt wird. Auch in die Trinitätstheologie wird durch diese Gestalt der Christologie eine Spannung hineingebracht, weil damit die am Kreuz sichtbar werdende Ohnmacht des Sohnes Teil der göttlichen Identität ist und die hier liegende Unterschiedenheit erst einmal trinitarisch vermittelt werden muss.

Abgrund der Verschiedenheit von Vater und Sohn in der Trinität

Seit Hegel und von Balthasar hat sich die christliche Trinitätstheologie der Moderne aber gerade daran gemacht, den Abgrund der Verschiedenheit zwischen Vater und Sohn zum Schlüssel für die Trinitätstheologie zu machen.[4] Beide bestehen darauf, dass es keine größere Verschiedenheit gibt als die zwischen den trinitarischen Personen. Um das zu verstehen, ist es wichtig, Vater und Sohn nicht in unserem alltagssprachlichen Sinn zu verstehen. Denn alltagssprachlich würden wir ja immer denken, dass Vater und Sohn auch viele Gemeinsamkeiten haben. In der Trinitätstheologie sind die beiden Begriffe aber als reine Beziehungsbegriffe gemeint. Der Vater ist also die Instanz, die nichts anderes ist, als Hervorbringen des Sohnes. Und der Sohn ist derjenige, der ganz und gar darin aufgeht, durch den Vater hervorgebracht zu sein. Gerade dadurch verweist er auch auf den Vater; er ist nichts für sich und restlos von ihm her und auf ihn hin. Die Verschiedenheit ist hier also eine Kategorie, die Beziehung schafft. Am Sohn ist nichts, was nicht auf den Vater verweist.

An dieser Stelle könnte man einwenden, dass ein Sohn immer auch eine Mutter hat. Aber in der christlichen Trintitätstheologie ist immer vom Gezeugtsein die Rede und damit geklärt, dass es um ein spezifisches Hervorbringen geht, das nur als Zeugen gedacht werden kann. Zeugen ist hier natürlich nicht im biologischen Sinne gemeint, sondern soll als Begriff eine eindeutige Beziehung zwischen Vater und Sohn herstellen. Der Sohn soll also restlos definiert werden als der, der vom Vater her und auf ihn hin ist. Aber auch der Vater ist nur Vater, insofern er den Sohn hervorbringt. Beide sind also voneinander her und aufeinander hin. Ihre Verschiedenheit ist restlos, weil der Zeugende, insofern er Zeugender ist, ganz und gar nicht gezeugt ist. Und der Ge-

---

4 Vgl. Klaus von Stosch, Trinität, Paderborn 2017 (UTB: Grundwissen Theologie), 83-89.

zeugte ist, insofern er gezeugt ist, ganz und gar nicht Zeugender. Die restlos verschieden konzipierten Begriffe verweisen also ebenso restlos aufeinander, sodass hier Verschiedenheit Beziehung konstituiert.[5]

Es ist hier nicht der Ort, um die Trinitätstheologie zu entfalten. Dafür müsste jetzt noch die Relation des Hauchens eingeführt und die Einheit in Verschiedenheit erläutert werden, die gerade dadurch entsteht, dass sich Vater und Sohn gemeinsam auf einen Dritten hin verstehen.[6] Der Heilige Geist wäre dann als Öffnung der Beziehung von Vater und Sohn auf jede Andersheit zu profilieren.[7] Für unsere Fragestellung in diesem Kapitel kommt es mir erst einmal aber nur auf die Verschiedenheit an, die Vater und Sohn trennt – und zugleich aufeinander bezieht. Wie gesagt sehen viele in der modernen Trinitätstheologie hier die größte nur denkbare Verschiedenheit.

Probleme des modernen Personenbegriffs in der Trinitätslehre

Begründet wird das gerne mit der Selbstunterscheidung Jesu vom Vater, die den Gedanken nahelegt, dass es sich bei Vater und Sohn auch auf personaler Ebene um unterschiedene Entitäten handelt. Wenn man aber eine personale Verschiedenheit in Gott denkt, kommt man schnell zu der Frage, wie unterschiedliche Personen den einen Gott konstituieren können. Gerade der moderne Personenbegriff bringt hier ernste Probleme mit sich, weil er den Personenbegriff mit den Kategorien der Subjektivität und Freiheit assoziiert. Wenn Vater und Sohn aber als unterschiedliche Personen auch unterschiedliche Subjekte mit je eigenen Freiheiten sind, so ist die Einheit Gottes ernsthaft gefährdet. Denn so gut sich zwei Personen auch kennen; die eine Person kann nie wissen, was es für eine andere Person bedeutet, sie selbst zu sein. Wir sprechen an dieser Stelle in der modernen Subjektphilosophie auch von der Unhintergehbarkeit des Subjekts, die eben darin besteht, dass das eine Subjekt nicht wissen kann, was es für das andere Subjekt bedeutet, es selbst zu sein.

---

5 Schon bei Rahner ist diese Denkfigur restloser bzw. radikaler Verschiedenheit als restlose Beziehungsgestalt bzw. Abhängigkeit zentral (vgl. KARL RAHNER, Grundkurs des Glaubens. Einführung in den Begriff des Christentums, Freiburg-Basel-Wien [5]1984, 85f.). Knauer nimmt diesen Gedanken auf und formalisiert ihn anschaulich. Vgl. PETER KNAUER, Der Glaube kommt vom Hören. Ökumenische Fundamentaltheologie. 6., neubearb. und erw. Aufl., Freiburg-Basel-Wien 1991, 28f.

6 Vgl. VON STOSCH, Trinität, 114f.

7 Vgl. einstweilen JON PAUL SYDNOR, The dance of emptiness. A constructive comparative theology of the social Trinity. In: MICHELLE VOSS ROBERTS (ed.), Comparing faithfully. Insights for Systematic theological reflection, New York 2016, 23-45, hier 41.

Der Begriff des Ichs birgt also Sprengstoff für die Einheit Gottes, wenn er multipliziert wird.[8]

Auch der Begriff der Freiheit ist in multipler Anwendung auf Gott kaum theologisch in den Griff zu bekommen, weil er alltagssprachlich Anderskönnen voraussetzt und so die Denkmöglichkeit nahelegt, dass die eine trinitarische Person auch gegen den Willen der anderen trinitarischen Person handeln könnte. Auch durch eine solche Konzeption wird die Einheit Gottes zerstört, ja die Gefahr eines Götterstreits beschworen. Viel spricht also für eine monosubjektive Trinitätstheologie, die nur ein Subjekt und eine Freiheit in Gott verortet. Wie kann dann aber der Personenbegriff in der Trinität gefasst werden? Wie kann er die Verschiedenheit zum Ausdruck bringen, die wir in der Trinitätstheologie brauchen, wenn Gott in der Niedrigkeitsgestalt des Knechts er selbst sein soll? Lässt sich ein Personenbegriff ohne Anbindung an das neuzeitliche Freiheits- und Subjektdenken so bilden, dass durch ihn Verschiedenheit in Einheit gedacht wird?

Herausforderungen der modernen Trinitätstheologie

Die moderne Trinitätstheologie sieht sich also zwei Herausforderungen ausgesetzt, die in der Gegenwart kontrovers diskutiert werden. Zum einen stellt sich die Frage, wie konkret gedacht werden kann, dass Gott in der Niedrigkeitsgestalt des Kreuzes seine Herrlichkeit erfahrbar macht. Und zum anderen stellt sich die Frage, wie die reale Verschiedenheit der Personen innertrinitarisch gedacht werden kann, ohne die Einheit Gottes zu zerstören. Beide Probleme sind Kernprobleme einer Theologie, die Gott als Liebe denken will. Denn als Liebe will sich Gott gerade in der Niedrigkeitsgestalt des Knechts zugänglich machen. Und Liebe ist nur dann allumfassend und damit göttlich, wenn sie alle Verschiedenheit zu unterfassen in der Lage ist.

Impulse aus dem Buddhismus: Liebe als Leerheit, Person als Gabe

Masao Abe gehört zur Kyoto-Schule, einer zen-buddhistischen Strömung aus dem 20. Jahrhundert, die systematisch die Auseinandersetzung mit dem westlichen Denken sucht und dabei nicht selten apologetische Absichten verfolgt, die gerade im Zusammenhang mit dem japanischen Nationalismus Irritationen hervorgerufen haben. Entsprechend wird der hier zu skizzierende Gedankengang auch gerne als buddhistischer Inklusivismus kritisiert.[9] Wir wollen aber nicht die innerbuddhistische Motivation

[8] Vgl. zur ausführlichen Entfaltung des Problems von Stosch, Trinität, 127f.

[9] Vgl. Hüttenhoff, Der religiöse Pluralismus als Orientierungsproblem, 264.

zu seinen Überlegungen diskutieren, sondern Abe erst einmal als Gesprächspartner für eine konstruktive christliche Theoriebildung ernst nehmen. Als solcher bietet er sich offensiv an und als solcher bietet er anregende Gedanken, gerade in seinen Gedankengängen zur Kenosis. James L. Fredericks, der weiter unten noch eigens porträtiert wird, zumindest sieht hier ein Beispiel dafür, wie Buddhisten Christen helfen können, ihre eigene Lehre besser zu verstehen.[10]

Kenosis und Shunyata bei Masao Abe

Abes Denken knüpft am oben zitierten Philipperhymnus an und er versucht, die dort entwickelte Idee der Kenosis ernst zu nehmen. Er bietet an dieser Stelle eine buddhistische Denkfigur an, um mit ihrer Hilfe das oben beschriebene christologische und trinitätstheologische Problem zu lösen. Das von ihm angebotene Konzept ist das Konzept der Leerheit bzw. des *Shunyata* (Śūnyatā). Diese Leerheit ist in seiner Interpretation dynamisch zu verstehen, also als Prozess des Sich-Leerens, um es nicht substantialistisch oder verdinglichend festzulegen.[11] Eine solche verdinglichende Festlegung des Leerens würde auch gleich in die im ersten Kapitel vorgestellte Aporie eines dualistischen Theismus führen.

Herrlichkeit in der Niedrigkeit

Damit ist die Dynamik des Shunyata genau die Dynamik, die es in einer Kenosischristologie braucht. Kenosis wird bei ihm also nicht als temporale Entäußerung gedacht, die nur zeitweise den Logos prägt, sondern als dauerndes Sich-Geben und Sich-leer-Machen. Christus ist für ihn wesentlich und fundamental das Entleeren des Selbst und Selbstnegierung.[12] Dadurch, dass der Sohn restlos nicht Sohn Gottes sein will und sich also restlos selbst negiert und entleert, ist er der Sohn.[13] Oder mit Fredericks gesprochen: „Precisely because the Son does not cling to transcendent divinity and has become a human being, the Son is truly God."[14] Seine Göttlichkeit und Herrlichkeit ist also nicht jenseits seiner Niedrigkeit begründet, sondern ist nichts anderes als die Dynamik der Selbsterniedrigung und des Leerwerdens. Der Sohn ist also deswegen derjenige, der Gott für uns erfahrbare Wirklichkeit werden lässt, weil er nichts für sich behalten will – auch nichts Göttliches. Gerade weil er ganz der Gebende ist, kann er als die Gabe der Liebe identifiziert werden.

10 Vgl. Fredericks, Buddhists and Christians, 92.
11 Vgl. Hüttenhoff, Der religiöse Pluralismus als Orientierungsproblem, 239.
12 Vgl. Abe, Kenotic God and dynamic Sunyata, 10f.
13 Vgl. ebd., 11.
14 Fredericks, Buddhists and Christians, 93.

Kenosis ist dabei für Abe nicht nur ein Geschehen der zweiten trinitarischen Person, sondern sie prägt Gott insgesamt. Die Kenosis Jesu Christi ist für ihn also in der Selbstentleerung des Vaters begründet; Selbstentleerung wird so deutlich als die fundamentale Natur Gottes.[15] In seinen Augen macht das Christentum also nicht ernst genug mit der eigenen Intuition, wenn es den Vater als unbeteiligt denkt. Wenn der Vater nicht auch in den kenotischen Prozess involviert werde, bleibe das Christentum im Dualismus gefangen und Gott werde immer noch als Objekt unserer Wünsche und Begierden gedacht[16] – dem Projektionsgedanken werde so Tür und Tor geöffnet. Damit führen Kenosisgedanke und Philipperhymnus für Abe zur zentralen buddhistischen Kategorie der Selbstentleerung als letzter Wirklichkeit, die ebenfalls die letzte Wirklichkeit (also christlich gesprochen: Gott) als Liebe denken will. Denn Liebe will nichts für sich selbst und ist in Abes Zugang als reines Geben charakterisiert, das alles loszulassen vermag. Liebe werde deshalb erst in ihrer letzten Radikalität gedacht, wenn auch noch die Selbst-Entleerung des absolut Liebenden um der Liebe willen gedacht wird.

Kreuz als Höhepunkt des Sich-Gebens und Sich-Leerens

Das Kreuz ist bei Abe der Höhepunkt der Selbstentleerung der Gottheit und führt also zum Kern des Christentums. Auf unser Märchen vom König und dem armen Mädchen angewandt, würde die von Abe empfohlene Lösung also lauten, dass der König als reine Knechtwerdung gedacht werden muss. Eben weil er nichts ist als die Dynamik des Leerwerdens bzw. der liebenden Hingabe, sei die Hingabe des Mädchens zum Knecht eine Hingabe zur Hingabe, ein Sich-Entleeren in die Dynamik des Sich-Entleerens hinein. Nach Abe muss man also aufhören, Gott als Gegenüber zu denken, weil der König nicht im Knecht erkannt werden kann, sondern nur das Einstimmen mit der Selbstentleerung des Knechts in der eigenen Hingabe dahin führt, den Knecht zu bejahen. Also muss der erste Impuls sein, Liebe als Leerheit zu denken und Denken in Dualismen zu überwinden.

Logik der Prajñāpāramitā – als Überwindung aller Dualismen

Will man verstehen, was Leerheit mit der Überwindung des Denkens in Dualismen zu tun hat, hilft es sich die Logik einer der wichtigsten Mahayana-buddhistischen Lehren klarzumachen, der *Prajñāpāramitā*. Bei diesem bereits in sehr frühen Sutren entwickelten Zugang zum Leerheitsbegriff geht es wörtlich um das Hinüberwechseln auf eine andere Seite bzw. ein anderes

15 Vgl. ABE, Kenotic God and dynamic Sunyata, 16.
16 Vgl. FREDERICKS, Buddhists and Christians, 94.

Ufer.[17] Das rettende andere Ufer, das es in diesem Denken zu erreichen gilt, besteht in der Überwindung aller Dualismen. Da aber auch die Andersheit des anderen Ufers selbst den Dualismus zwischen hier und dort konstituiert, muss hier das Betreten des anderen Ufers gleichgesetzt werden mit seinem Verschwinden. Nur wenn es aufhört, anders zu sein und also leer wird, kann es wirklich anders zu unserem in Dualismen verfangenen Denken und damit es selbst als anderes sein. Will man also konsequent alle Dualität überwinden, muss auch der Wunsch nach Überwindung der Dualität überwunden werden, weil der Wunsch selbst noch einmal Dualität schafft. Und wem es gelungen ist, alle Dualität zu überwinden, wie das von einem Bodhisattva angenommen wird, darf sich selbst niemals als Bodhisattva (im Unterschied zu mir als seinem noch nicht erwachten Schüler) bezeichnen, weil er sonst wieder eine Dualität einziehen würde.

Entsprechend wäre es eben auch für unser Märchen vom König und dem armen Mädchen wichtig, die Dualität von König und Mädchen zu überwinden und in der Hingabe an den anderen nichts Transzendentes zu suchen, sondern zu erkennen, dass gerade im Knecht alles schon da ist, worauf es ankommt. Im Streben nach Erkenntnis des Knechts als Gott oder der Liebe als rettender unsterblicher Kraft oder auch jedem anderen Streben muss aus Sicht des *Prajñāpāramitā* das Streben nach Erkenntnis selbst überwunden werden, weil es als Streben wieder Differenzen setzt, die Dualität stabilisieren. In einer fast protestantisch anmutenden Wort-Gottes-Theologie kommt es dann im Reine-Land-Buddhismus allein darauf an, sich in die Bewegung hineinzustellen, in der der Buddha von sich her und auf uns zukommend in die Hölle absteigt und alle einsammelt in die Bewegung der Liebe. Gerade indem ich nichts mehr selbst leisten will und leer werde, kann die sich hingebende Leere selbst, die im Buddha Gestalt findet, mich formen und aufnehmen. Die dabei erreichte Liebe ist aber keine Hinterwelt am anderen Ufer, „sondern sie ist die eigentliche Wirklichkeit, die mich hier und jetzt ergreifen kann.

Leerwerden als Gnade

Schon der wichtigste klassische mahayanabuddhistische Denker Nagarjuna (2. Jh.) macht deswegen klar, dass man nicht durch das Meditieren zur Leere kommt. Andernfalls entwickle sich Anhaftung an das Meditieren und damit werde Leere unmöglich. Fredericks fasst den Punkt so zusammen: „Meditation, therefore,

[17] Vgl. als zusammenfassende Darstellung Rumel, Liebe und Leerheit, 240-244.

cannot be a means to an end."[18] Das Erwachen zum Bewusstsein der Leere ereignet sich plötzlich und nicht als Resultat von Meditation oder philosophischem Nachdenken. Noch mehr wird die Gnadenhaftigkeit der Entleerung beim Buddhismus des reinen Landes betont. So bezeichnet einer der wichtigsten Vordenker dieser buddhistischen Strömung Shinran (1173-1262) die Leere sogar als Anderskraft (*tariki*).[19]

Es sollte damit hinreichend klar geworden sein, dass die ungeschaffene Gnade, die uns aus christlicher Sicht in der Liebe Gottes begegnet und mit ihr verbindet, durchaus ihre Entsprechung im buddhistischen Konzept der Leere hat. Kommen wir also zum zweiten oben beschriebenen Problem, dem Personenbegriff in der Trinitätslehre. Kann auch hier das buddhistische Denken weiterhelfen, um die christlichen Intuitionen neu zu verstehen? Denn in der Tat gibt es den Vater ja nicht jenseits der Beziehung zum Sohn (und umgekehrt!), sodass das Ganz-voneinander-her-und-aufeinander-hin-Sein der trinitarischen Personen an die Dynamik des *pratītyasamutpāda* erinnert. Diese gleich noch genauer zu explizierende Kategorie verweist im Buddhismus darauf, dass alles gegenseitig voneinander abhängig ist.

Fredericks hat an dieser Stelle ein interessantes Lösungsangebot durch einen Dialog mit buddhistischem Denken vorgelegt.[20] Sein Ausweg für den aporetisch gewordenen Personenbegriff in der Trinitätstheologie basiert auf einer relationalen Ontologie, die den Personenbegriff in der Tradition der Lehren des Zen-Meisters Dōgen aus dem 13. Jahrhundert bestimmt. Dōgen entwickelt in seinem Denken den Begriff eines ursprünglichen Personseins (*Honbun-nin*), das als „ursprüngliche Teilhabe der Person (an der Buddha-Natur)" verstanden wird (211).[21] Es geht hier also um eine Form der Personalität, die nichts für sich ist, sondern alles vom Buddha her hat. Ein *Honbun-nin* ist also „ein empfindungsfähiges Wesen, das von Beginn an Teil an der Erleuchtung des Buddhas hat" (211). Es erkennt das ursprüngliche Durchdrungensein aller Dinge, das in der Buddha-Natur zum Vorschein kommt. Von daher

ursprüngliches Personsein bei Dōgen

18 FREDERICKS, Buddhists and Christians, 90.

19 Ebd., 91. Vgl. einführend HEE-SUNG KEEL, Understanding Shinran. A dialectical approach, Fremont/ CA 1995.

20 Im Folgenden wiederhole ich Überlegungen aus VON STOSCH, Trinität, 166-168.

21 Vgl. FREDERICKS, Das Selbst vergessen, 203-223. Die eingeklammerten Seitenzahlen im Fließtext der folgenden beiden Seiten beziehen sich alle auf diesen Aufsatz. Bei den nachfolgenden Formulierungen bin ich Anne Weber für viele Korrekturen meiner buddhologischen Überlegungen dankbar.

kann man das ursprüngliche Personsein selbst als eine Buddha-Natur ansehen. Als eine solche Buddha-Natur ist sie aber „ohne Substanz: Die absolute Wirklichkeit der Dinge hat keine transzendente, metaphysische Existenz außer in der Unbeständigkeit der Phänomene selbst." (214)

Dieser Gedanke ist im Buddhismus recht weit verbreitet und fußt auf dem eben genannten Gedanken der Dynamik des *pratītyasamutpāda*. Für Dōgen ist klar: „Wenn nichts von sich behaupten kann, autonom aus sich selbst heraus zu existieren, dann ist alles radikal kontingent, voneinander durchdrungen und verbunden." (214f.) Damit sind alle Phänomene Illusionen, wenn sie sich von den anderen isolieren; sie „entstehen nur in Beziehung zu anderen Phänomenen im Sinne des Prinzips der gegenseitigen Abhängigkeit (*pratītya samutpāda*)." (213) Statt an seinem Personsein und seinen Leidenschaften anzuhaften, gilt es also in eine Existenzform zu finden, in der wir radikal allen Durst hinter uns gelassen haben. Denn Durst erzeugt in seiner Sehnsuchtsstruktur gerade die Illusion der Zweiheit, die es eigentlich zu überwinden gilt. Personsein ist hier eigentlich reines Hineinfinden in die Dynamik des Sich-Entleerens, die alle Wirklichkeit ist – wobei dieses Sich-Entleeren erst einmal nicht mehr meint als die Annahme des Hineingestelltseins in die gegenseitige Abhängigkeit aller Dinge. Wenn man einmal verstanden hat, dass alles leer im Sinne dieser gegenseitigen Abhängigkeit ist und also alles miteinander zusammenhängt, kann es nichts geben, woran ich mich absolut festmache – so wie es auch nichts mehr geben kann, das mir absolut gleichgültig ist.

Das ursprüngliche Personsein ist in diesem Zugang in keiner Weise Zentrum der Subjektivität, aber eben auch nicht „Auslöschung der persönlichen Existenz" (215). In biblischer Terminologie könnte man vielleicht sagen, dass nur der sein Leben gewinnen wird, der es verliert (Mt 16,25). Erst in der Hingabe, im Sich-Entleeren bin ich Person – und dieses Personsein ist dann kein Personsein mehr, das mich von den anderen entfremdet, sondern das alles mit allem verbindet, abhängig macht, vernetzt. Im Buddhismus ist also „Relation, nicht Substanz, die primäre ontologische Kategorie" (217). Folgt man diesem Gedanken mit unseren trinitätstheologischen Fragestellungen, so ist besonders interessant, dass dieses Denken Relation auch ohne Relata zu denken vermag – im Sinne einer allumfassenden Dynamik des Sich-Entleerens. Könnten also die drei Hypostasen als ursprüngliche Personen und das Wesen Gottes als Buddha-Natur verstanden werden (217)? Natürlich wären die ursprünglichen Personen

Relation ohne Relata

ganz Buddha-Natur und rein aus ihrer Dynamik des Sich-Entleerens Wirklichkeit, d.h. keine Illusion. Sie könnten also nicht substanzhaft festgestellt, sondern nur in ihrer Relationalität erfasst werden. So wie die Buddha-Natur nur „in der ungehinderten Durchdringung aller Phänomene existiert" (219), könnte man annehmen, dass auch die Trinität perichoretisch existiert und alle Phänomene dieser Welt eschatologisch in sich einholt.

Fredericks selbst sieht das Hauptproblem dieses Übersetzungsversuchs darin, dass er die Monarchie des Vaters nicht einzuholen vermag, weil Kausalität im buddhistischen Denken immer wechselseitig zu verstehen ist (220). Allerdings gilt für immer mehr Ansätze in der jüngeren westlichen Tradition, dass sie sich von einer monarchianischen Verhältnisbestimmung der Personen lösen, weil sie hier einen latenten Subordinatianismus am Werk sehen. Sie gehen also – wie Christiane Tietz völlig zu Recht festhält – „von asymmetrischen Ursprungsrelationen weg und hin zu reziproken, sich gegenseitig begründenden Relationen." Entsprechend steht auch für sie fest: „Die Beziehung zwischen Vater und Sohn besteht in einer reziproken, wechselseitigen Abhängigkeit."[22] Von daher muss dieser Einwand kein Hinderungsgrund sein, den von Fredericks angedeuteten Weg weiterzugehen.

Man kann feststellen, dass es in letzter Zeit fast modern geworden ist, Motive aus dem östlichen Denken für die Reformulierung der christlichen Trinitätstheologie zu verwenden. Seit Panikkars Vorschlag zu dem Thema, wird das buddhistische Denken gerne verwendet, um einen apophatischen Zugang zur Dimension des Vaters in der Trinität zu finden.[23] Aber jüngst versuchen sich komparative Theologen wie S. Mark Heim,[24] Jon Paul Sydnor[25] oder John J. Thatamanil auch an trinitätstheologischen

---

22 Beide Zitate Christiane Tietz, Systematisch-theologische Perspektiven zur Trinitätslehre. In: Volker H. Drecoll (Hg.), Trinität, Tübingen 2011 (Themen der Theologie 2), 163-194, hier 182.

23 Vgl. Raimon Panikkar, Trinität. Über das Zentrum menschlicher Erfahrung, München 1993; Gisbert Greshake, Der dreieine Gott. Eine trinitarische Theologie, Freiburg-Basel-Wien 1997, 506-513.

24 Vgl. S. Mark Heim, The depth of the riches. A Trinitarian theology of religious ends, Grand Rapids/ Mich.-Cambridge 2001. Zur Darstellung und Bewertung vgl. Klaus von Stosch, Komparative Theologie als Wegweiser in der Welt der Religionen, Paderborn u.a. 2012 (Beiträge zur Komparativen Theologie; 6). Neuerdings hat Heim seine Aneignungsversuche in Richtung Buddhismus noch einmal vertieft, ohne dass ich darin einen entscheidenden Erkenntnisgewinn für die Forschung wahrnehmen konnte. Vgl. Heim, Crucified wisdom.

25 Vgl. Sydnor, The dance of emptiness, 23-45. Es ist mutig, dass Sydnor ausgerechnet die soziale Trinitätstheologie Moltmanns verwendet, um

Entwürfen, die buddhistische Konzepte bei der Trinitätslehre noch umfassender zur Geltung bringen wollen.[26] An dieser Stelle können wir diese Konzepte nicht im Einzelnen diskutieren, sondern beschränken uns auf den komparativ theologisch ertragreichsten Zugang, den in meinen Augen immer noch Fredericks bietet.

Komparativ theologische Zusammenschau

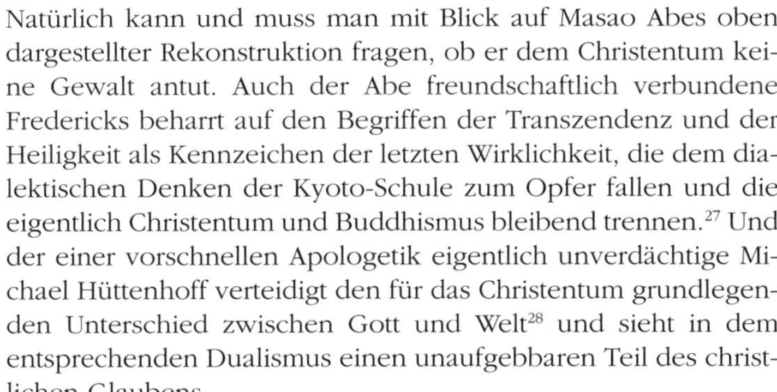

Natürlich kann und muss man mit Blick auf Masao Abes oben dargestellter Rekonstruktion fragen, ob er dem Christentum keine Gewalt antut. Auch der Abe freundschaftlich verbundene Fredericks beharrt auf den Begriffen der Transzendenz und der Heiligkeit als Kennzeichen der letzten Wirklichkeit, die dem dialektischen Denken der Kyoto-Schule zum Opfer fallen und die eigentlich Christentum und Buddhismus bleibend trennen.[27] Und der einer vorschnellen Apologetik eigentlich unverdächtige Michael Hüttenhoff verteidigt den für das Christentum grundlegenden Unterschied zwischen Gott und Welt[28] und sieht in dem entsprechenden Dualismus einen unaufgebbaren Teil des christlichen Glaubens.

Allerdings zeigt die schon im ersten Kapitel kurz angerissene neuere Diskussion um Panentheismus und Monismus, dass hier die Abgrenzung nicht mehr so eindeutig ist und viel darauf ankommt, wie sich das Christentum in diesen Debatten seit Spinoza positioniert. Wir hatten ja gesehen, dass auch innerchristlich klar ist, dass man Gott nicht so einfach als Gegenüber zur Welt fassen kann, weil dadurch seine Unbegrenztheit, Unbedingtheit und Einfachheit nicht mehr zu denken wäre. Wenn man Gott im Sinne des im ersten Kapitel vorgestellten klassischen Theismus als das Sein selbst versteht, so kann man eigentlich recht gut ein Denken in Dualismen vermeiden. Und auch der personale The-

---

mit Nagarjuna ins Gespräch zu kommen. Andere Brückenschläge dürften hier leichter zu realisieren sein.

26 Wenn Thatamanil allerdings Gott trinitarisch als Grund, Singularität und Beziehung zu denken versucht (John J. Thatamanil, Circling the elephant. A comparative theology of religious diversity, New York 2020, 218), bleibt er doch deutlich in den Bahnen einer von Tillich inspirierten Trinitätstheologie, die zwar sicher mit manch buddhistischer Einsicht kompatibel ist, aber kaum von der Andersheit buddhistischen Denkens zu lernen vermag.

27 Denn „Nagarjuna's use of negation is not in the service of a mystical ascent into a transcendent God." (Fredericks, Buddhists and Christians, 85) Die Leere verweise damit auf nichts anderes als diese Welt.

28 Vgl. Hüttenhoff, Der religiöse Pluralismus als Orientierungsproblem, 262.

ismus, der Gott bleibend als Du denken möchte, kann sich ja trinitätstheologisch so positionieren, dass die personale Beziehung in Gott selbst eingeborgen wird, wenn die Tradition einer sozialen Trinitätstheologie starkgemacht wird. Von daher sollte man nicht zu schnell die hier vorgestellten Aneignungsversuche buddhistischen Denkens zurückweisen.

Gott als allumfassende Liebe

Vielleicht kann man den Kern der Anfragen Masao Abes ja so aufnehmen: Wenn Gott allumfassende Liebe ist, so kann Gott nicht so gedacht werden, dass Gott manche Geschöpfe mehr liebt als andere. Gott wäre dann die Kraft und Energie, die jeden Menschen unbedingt liebt. Diese Liebe würde jeden Menschen in seiner Besonderheit und Eigenheit würdigen und wäre doch überall in höchster Intensität da. Mit von Balthasar ließe sich diese allumfassende Liebe als Hingabe verstehen, die nichts für sich behalten will, sondern sich radikal weggibt. Von daher ist die Assoziation mit einem Sich-Leeren durchaus naheliegend.[29] Es ist durchaus auch ganz im Sinne der klassischen christlichen Theologie, dass es letztlich Gott selbst im Heiligen Geist ist, der betet, wenn ich mich Gott ganz hingebe. Und genauso klar ist schon für Paulus, dass Christus spricht, wenn er predigt. D.h., es ist christlich klar, dass Gott es ist, der mich von außen und innen ergreift und verwandelt, sodass am Ende Gott selbst es ist, der in Predigt und Gebet Subjekt und Objekt ist.

Zugleich ist dieser Gott als Liebe reines Raumgeben, sodass er den Menschen damit nicht auslöscht, sondern ins Eigenste bringt.[30] Gott als reine Liebe schenkt mir die Fülle des Selbstseins und personaler Würde, die allerdings dann, wenn sie in die Liebe einstimmt, gerade nichts für sich sein will, sondern sich gänzlich hingibt. Diese Bewegung und Dynamik der Hingabe ist es, die uns Menschen mit Gott verbindet und Dualität (bzw. das Getrenntsein von Gott) heilsam relativiert.

Lösung des Märchens

Für das Märchen des Königs und des armen Mädchens bedeutet das: Wenn Gott reine Liebe ist und Liebe treffend als Hingabe beschrieben wird, dann würde das Mädchen gerade in der Hingabe an die Liebe selbst Gott lieben, wenn dieser nichts als sich gebende Liebe ist. Auch ohne buddhistische Vorbildung leuchtet ja ein, dass Liebe nur gelingen kann, wenn wir der Lie-

---

29 Vgl. ausführlich zum Zusammenhang beider Begriffe Rumel, Liebe und Leerheit.

30 Entsprechend kommentiert der wichtigste Vordenker der Kyoto-Schule Paulus: „‚Nicht ich lebe, Christus lebt in mir.' Das leuchtet mir unmittelbar ein – nur, darf ich Sie fragen: Wer spricht da?" (Nishitani zit. n. Waldenfels, Absolutes Nichts, 199)

be selbst vertrauen. Lieben hat also das Moment des Vertrauens zur Liebe in sich. Wenn dieses Moment zum tragenden Motiv wird und die Haltung grundlegender Liebe den Menschen prägt, wird vielleicht das erfahrbar, was biblisch mit Agape gemeint sein könnte, die eben nicht mehr anhaftet, sondern auch den Feind zu würdigen vermag. Die Liebe zum Knecht ist also gerade dann vollkommen, wenn er nicht mehr im Unterschied zu anderen Knechten geliebt wird, sondern gerade wegen seines Einstimmens in die Bewegung der Hingabe, die ganz sein Sein prägt.

Sicher wird man an dieser Stelle nachfragen können, was denn mit der erotischen Seite der Liebe ist und ob man nicht auch Raum braucht für die Würdigung eines anderen Menschen im Unterschied zu anderen. Christliche Liebe beansprucht ja, erotische Liebe und Freundschaft in das Konzept der Agape zu integrieren und braucht deswegen auch Raum für Besonderheit und Erwählung. Schon die Erwählung Israels ist eben die Erwählung eines Volkes wegen seiner Besonderheit, und Israel erhält aus heilsgeschichtlicher Sicht eine Rolle, die kein anderes Volk hat. Und die Menschwerdung Gottes geschieht in Jesus Christus eben noch einmal in anderer Weise als in anderen Menschen. Christologie und Erwählung Israels bringen somit beide den Gedanken der Singularität so ein, dass es schwer ist, diese Besonderheiten buddhismuskonform zur Geltung zu bringen.

Aber Komparative Theologie will ja auch nicht Unterschiede zwischen den Religionen weginterpretieren, sondern einfach nur Lernwege im interreligiösen Miteinander entwickeln. Und wenn es wahr ist, dass die Liebe zu Christus der Schlüssel der Liebe zur gesamten Schöpfung ist, dann sollte es auch Wege geben, die buddhistischen Konzepte in produktiver Weise mit dem christlichen Denken in Beziehung zu setzen.

Leerheit der Leere und der Personbegriff

Spannend scheint mir im Blick auf die oben referierten Überlegungen zur Trinitätstheologie vor allem folgendes, bei Fredericks noch nicht bedachtes Moment zu sein.[31] Im buddhistischen Denken ist es ja sehr wichtig, dass auch die Dynamik des Sich-Entleerens etwas bleibt, das zu entleeren ist. Mit Hans Waldenfels gesprochen geht es hier darum, „jeder Anhänglichkeit an die Leere um der Leere willen zu entsagen".[32] Diese Entleerung der Leere ist ihm zufolge notwendig, um den Emanzipationsprozess zu vollenden. Wenn also auch die Teilhabe an der Buddha-Natur im ursprünglichen Personsein etwas ist, dass ich nur haben kann,

[31] Im Folgenden wiederhole ich Überlegungen aus von Stosch, Trinität, 168f.

[32] Waldenfels, Absolutes Nichts, 96.

indem ich es loslasse, wird deutlich, dass es bei den innertrinitarischen Personen nichts gibt, das ich festhalten kann. Buddhistisches Denken kann also nicht nur helfen, jede substanzhafte Aufladung des Personenbegriffs zu vermeiden. Es kann zugleich als Warnung davor dienen, die relationale Bestimmung des Personenbegriffs zu hypostasieren. Auch die relationale Ontologie kommt also erst an ihr Ziel, wenn sie die Bestimmung der einzelnen Personen gänzlich entleert. Selbst das Gezeugtsein des Sohnes, also seine Relationalität, ist nichts, das sich festschreiben lässt. Es ist nur wahr, insofern es losgelassen wird in die je größere Dynamik Gottes.

Dieses Denken passt insofern gut zur klassischen Form des christlichen Theismus, als der Begriff der Hypostase dogmatisch gesehen weder durch seine Substanz noch durch seine Funktion inhaltlich bestimmt ist. Könnte man trinitätstheologisch noch behaupten, dass der Personenbegriff funktional dadurch bestimmt ist, dass er die Differenz in Gott zu denken erlaubt, wird auch diese diakritische Funktion fraglich, sobald man die Bedeutung des Personenbegriffs in der Christologie betrachtet. Denn hier steht der Personenbegriff ja gerade für die Einung von göttlicher und menschlicher Natur in Jesus Christus.

Funktional gesehen hat der Personenbegriff also in der christlichen Dogmatik völlig gegensätzliche Ziele. In der Trinitätstheologie soll er Differenz ermöglichen, in der Christologie dagegen Einheit. Erst wenn beide Begriffsverwendungen dynamisiert und entleert werden, erst wenn christlich gesprochen beide Arten des Sprechens von Gott davor bewahrt werden, zum Götzen depotenziert zu werden, werden sie zum Richtungsmarker für Gottes Wirklichkeit. Diese Wirklichkeit bleibt ein Wovonher und Woraufhin allen Seins, eben das Wovonher und Woraufhin der alles umfassenden Dynamik der Vernunft nach Einheit und ihres Beharrens auf Differenz. Diese Dynamik lässt sich in der Trinitätstheologie genauso wenig abbilden wie in allen anderen menschlich, allzu menschlichen Theorien. Gott ist eben größer als alles, was Menschen denken können. Die Trinität kann deswegen nicht mehr, darf aber auch nicht weniger als die Frage nach ihm zu stabilisieren, indem sie in Gott alles zusammenzudenken versucht, was die Bewegungen unseres Fragens und Suchens ausmacht. Es wäre spannend, weiter auszuloten, wie diese Denkbewegungen sich genauer mit buddhistischen Überlegungen verzahnen ließen. Aber in dem vorliegenden Lehrbuch kann das nicht geleistet werden. Vielmehr sollte nur die Richtung angedeutet werden, in der buddhistisches Personendenken die christliche Theologie bereichern könnte.

Stimmt man einer solchen Möglichkeit der Bereicherung zu, muss man deswegen noch nicht so weit gehen, die Anwendung des buddhistischen Denkens auf den Personenbegriff in der Trinitätstheologie auch auf das Gott-Welt-Verhältnis hin auszudehnen. Denn letztlich wird man als Christ vielleicht doch darauf bestehen, dass diese Welt durch Christus eine Liebe erfährt, die nicht adäquat in der Terminologie der Leere eingeholt wird. Unsere Überlegungen zu Liebe und Leerheit deuten aber wenigstens an, dass hier die Unterschiede zwischen Buddhismus und Christentum nicht ganz so einfach zu konturieren sind, wie wir manchmal denken wollen. Auch wenn Liebe und Leerheit nur spannungsvoll zusammengedacht werden können, so gibt es hier genügend Möglichkeiten, auch über bleibende Verschiedenheit hinweg voneinander zu lernen.

James L. Fredericks

James L. Fredericks ist katholischer Priester und amerikanischer Theologe, der viel Zeit seines Lebens in Japan verbracht und dort den japanischen Buddhismus intensiv studiert hat. Sein Zugang versteht Komparative Theologie vor allem als Ergebnis des interreligiösen Dialogs. Während der später noch genauer vorzustellende Francis X. Clooney sich zuallererst mit Texten auseinandersetzt, geht es Fredericks in erster Linie um menschliche Beziehungen, vor allem um Freundschaft. Sie ist für ihn das zentrale Ziel Komparativer Theologie und auch Movens seiner Spiritualität. Entsprechend ist er an seinem Wirkungsort Los Angeles sehr stark im interreligiösen Dialog engagiert und entsprechend lernt er auch immer wieder intensiv bei seinen Auslandsaufenthalten aus dem Dialog heraus.

In einem seiner Texte[33] schildert Fredericks seine Freundschaft mit Masao Abe, den er als seinen Lehrer ansieht und mit dem er zugleich kollegial verbunden ist. Kurz vor seinem Tod hat Abe ihn gemeinsam mit seiner Frau Ikubo Abe nach 35 Jahren freundschaftlichen und kollegialen Zusammenseins noch einmal zum Mittagessen in ein Restaurant in Kyoto eingeladen. Während Ikubo Abe und Fredericks sich über die verschiedensten Dinge unterhalten, ist Masao Abe außer-

[33] Vgl. James L. Fredericks, Masao Abe. A spiritual friendship. In: Ders./Tracy Sayuki Tiemeier (Hg.), Interreligious Friendship after Nostra Aetate. Interreligious Studies in Theory and Practice, New York 2015, 155-165.

gewöhnlich schweigsam, bis er auf einmal völlig unvermittelt ausruft: „Es ist nicht genug!“ Aufgrund der langjährigen Freundschaft meint Fredericks sofort zu wissen, was Abe meint. Und so antwortet er nach einer respektvollen Pause in einem besonders formellen Japanisch aus Respekt vor seinem Lehrer: „Ich will weiter lernen, Meister, bitte unterrichte mich weiter!“ Damit will er ausdrücken, dass es auch für ihn noch nicht genug ist, dass auch sein Lernen – wie das Abes – noch nicht zu Ende ist.

Fredericks erinnert sich dabei an eine andere Begegnung mit Abe, die durch Abes Ausruf in einem neuen Licht erscheint. Abe erzählt Fredericks einmal wie er den Philipperhymnus liest und erklärt, dass er in Christus aufgrund dieses Hymnus einen Bodhisatva sieht. Denn Christus wird hier genau dadurch erleuchtet, dass er radikal darauf verzichtet, erleuchtet sein zu wollen. Gerade weil er nur Knecht sein will, kann er mehr sein als ein Knecht. Fredericks macht deutlich, dass für Christen der Gott in der Knechtsgestalt Jesu Christi der einzige Gott ist, über den das Christentum etwas weiß. Abe schließt daraufhin die Augen und es wird still.

Wenn Abe nun kurz vor seinem Tod sagt „Es ist nicht genug!“, so versteht Fredericks das auch so, dass Abe seine eigenen Aneignungsversuche des Christentums nicht als ausreichend ansieht. Er hat verstanden, dass er nicht verstanden hat, dass all sein Denken nicht ausreicht, um dem Christentum wirklich eine Heimat im Buddhismus zu geben oder um sich vom Christentum ernsthaft verändern zu lassen. Auch das Leerwerden ist nicht genug und darf für einen Buddhisten nicht genug sein, wenn er die Lehre des Leerwerdens wirklich ernst nehmen will. Aber Freundschaft kann noch einmal das Leerwerden tragen und eine Sprache des Verstehens eröffnen, die über das rational Analysierbare hinausweist. Entsprechend betont Fredericks immer wieder, wie wichtig die Entwicklung interreligiöser Freundschaften für die Komparative Theologie sind.

Aufgaben

1. Welche Probleme entstehen, wenn man Gott als Liebe denken will?
2. Was versteht man buddhistisch unter Leere? Erläutern Sie in diesem Zusammenhang die Lehre der Prajña-pa-ramita- und vom pratı-tyasamutpa-da.
3. Wie interpretiert Masao Abe den Philipperhymnus?
4. Welche Hilfestellungen bieten buddhistische Theorieelemente für Christologie und Trinitätstheologie? Wie bewerten Sie diese Hilfestellungen?
5. Charakterisieren Sie Fredericks‘ Zugang zur Komparativen Theologie!

Literatur

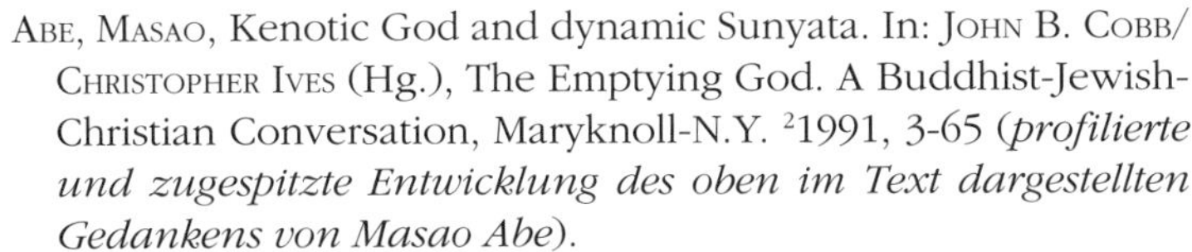

ABE, MASAO, Kenotic God and dynamic Sunyata. In: JOHN B. COBB/ CHRISTOPHER IVES (Hg.), The Emptying God. A Buddhist-Jewish-Christian Conversation, Maryknoll-N.Y. [2]1991, 3-65 (*profilierte und zugespitzte Entwicklung des oben im Text dargestellten Gedankens von Masao Abe*).

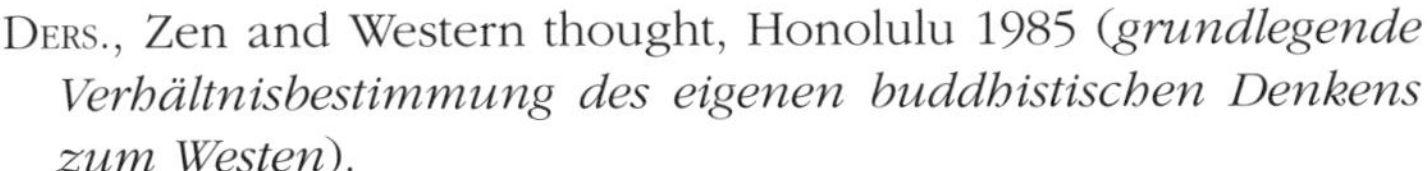

DERS., Zen and Western thought, Honolulu 1985 (*grundlegende Verhältnisbestimmung des eigenen buddhistischen Denkens zum Westen*).

FREDERICKS, JAMES L., Das Selbst vergessen: Buddhistische Reflexionen zur Trinität. In: REINHOLD BERNHARDT/ KLAUS VON STOSCH (Hg.), Komparative Theologie. Interreligiöse Vergleiche als Weg der Religionstheologie, Zürich 2009 (Beiträge zu einer Theologie der Religionen; 7), 203-223 (*Quelle für die Ausführungen zum Begriff des ursprünglichen Personseins im Text oben*).

DERS., Buddhists and Christians. Through comparative theology to solidarity, Maryknoll/ N.Y. 2004 (*Sammlung verschiedener Essays zum buddhistisch-christlichem Dialog mit Profilierung der Kategorie der Freundschaft*).

HEIM, S. MARK, Crucified wisdom. Theological reflection on Christ and the Bodhisattva, Fordham University Press: New York 2019 (*profilierte christlich-freikirchliche Auseinandersetzung mit dem Buddhismus entsprechend der Methodik Komparativer Theologie*).

HÜTTENHOFF, MICHAEL, Der religiöse Pluralismus als Orientierungsproblem. Religionstheologische Studien, Leipzig 2001, 234-265 (*gut verständliches Kapitel zum Ansatz von Masao Abe aus evangelischer Sicht*).

RUMEL, DANIEL, Liebe und Leerheit. Eine komparative Verhältnisbestimmung des Liebesbegriffs bei Hans Urs von Balthasar und des Leerheitsbegriffs bei Daisetsu Teitarō Suzuki, Paderborn 2021 (*Versuch die Konvergenz des christlichen Liebesbegriffs mit dem buddhistischen Leerheitsbegriff anhand von zwei zentralen Theologen beider Religionen aufzuzeigen*).

WALDENFELS, HANS, Absolutes Nichts. Zur Grundlegung des Dialogs zwischen Buddhismus und Christentum, Freiburg-Basel-Wien 1976 (*klassische, immer noch lesenswerte Studie aus katholischer Sicht*).

3 Gott im Werden

Zur Abstraktheit des traditionellen Gottesbegriffs

Wir haben bisher zwei recht abstrakte Zugänge zum Gottesgedanken kennengelernt. Im ersten Kapitel haben wir in Anknüpfung an die griechische philosophische Tradition Gott als *actus purus* und Sein des Seienden kennengelernt. Im zweiten Kapitel ging es dann um die Dynamik des Sich-Entleerens und ein relationales Geschehen ohne Relata. Dadurch wurde der Gottesgedanke sicher nicht einfacher. Zwar haben eigentlich beide Kapitel versucht, Gott als Liebe zu verstehen und die Schöpfung als freie Tat eines liebenden Gottes aus Liebe verständlich zu machen. Aber die jeweiligen philosophischen Explikationen wurden dann dennoch so abstrakt, dass sich dadurch vielleicht manche abgeschreckt gefühlt haben.

Die Gefahr jedenfalls besteht, dass das Bedürfnis, Gott in seiner höchsten Vollkommenheit zu denken, ihn von den Menschen wegrückt. Und man kann sich fragen, ob durch derartige Abstraktionen nicht der lebendige Gott der Bibel aus dem Blick kommt. So notierte bereits Blaise Pascal auf einem immer wieder zitierten Erinnerungsblatt seinen berühmten Ausspruch: „Gott Abrahams, Gott Isaaks, Gott Jakobs, nicht der Philosophen und Gelehrten!“[1] Nur diesem persönlichen Gott der Glaubensväter traute er zu, Glaubensgewissheit zu schenken, und nur durch ihn meinte er existenziell zur Ruhe kommen zu können. Den Gott der Philosophen hielt er einfach für blutleer und für die bedrängenden Sinnfragen der Existenz für verzichtbar.

Gott Abrahams, Gott Isaaks, Gott Jakobs, nicht der Philosophen und Gelehrten!

Sicher ist ja gerade die im vorigen Kapitel beschriebene heilspragmatische Ausrichtung des buddhistischen Glaubens ein wichtiger Hinweis darauf, dass man die scheinbar lebensfernen philosophischen Abstraktionen auch sehr stark existenzbezogen entschlüsseln kann. Und doch bleibt der Verdacht, dass der so gebildete Gottesbegriff einer lebendigen Beziehung von Gott und Mensch eher im Wege steht. Eben deshalb hatten wir uns im ersten Kapitel ja auch den Gottesgedanken des personalen Theismus vor Augen geführt. Doch auch in dieser Version bemüht sich der Theismus darum, Gott als allervollkommenstes Wesen zu denken und rückt ihn damit von dem unvollkommenen, zerbrechlichen Menschen weg. Zugleich besteht aus buddhistischer

[1] BLAISE PASCAL, Mémorial. In: Ders., Œuvres complètes, Paris 2004, 553f.

Sicht auch wieder die Gefahr eines dualistischen Missverständnisses des Gott-Welt-Verhältnisses.

Aus existenzphilosophischer Sicht rühren viele Probleme des Gottesgedankens der Neuzeit nicht nur in seiner Abstraktheit, sondern auch in seiner Unnahbarkeit. Gott erscheint durch seine Reinheit, Einfachheit und Erhabenheit so definiert, dass er nur da sein kann, wo der Mensch nicht ist. Und wenn der Gottesgedanke deshalb kenotisch gebrochen wird, ist auch diese Brechung wieder so vollkommen, dass sie dem Menschen unerreichbar erscheint. Ob Gott nun als Sein oder als Werden gedacht wird: Er ist für den Menschen unerreichbar.

Darüber kann man sich freuen und sich diesem großen Geheimnis Gottes hingeben. Man kann diese Überlegenheit Gottes aber auch zum Anlass nehmen, sich gegen ihn aufzulehnen. Entsprechend formuliert beispielsweise der Religionskritiker Friedrich Nietzsche an einer berühmten Stelle des Zarathustra: „Aber dass ich euch ganz mein Herz offenbare, ihr Freunde: wenn es Gott gäbe, wie hielte ich's aus, kein Gott zu sein! *Also* giebt es keine Götter."[2] Seine Zurückweisung des Gottesglaubens gründet also in der Einsicht, dass der Mensch an Würde und Wert verliert, wenn er mit Gott verglichen wird. Die Beziehung mit Gott kann dem Menschen eigentlich nur seine Armseligkeit offenbar machen, sodass es nur konsequent ist, Gott zu töten, will man den Menschen in seinen Wachstumsmöglichkeiten starkmachen.

Wenn es Gott gäbe, wie hielte ich's aus, kein Gott zu sein!

Der Gedanke an Gott als ein Wesen, über das hinaus Größeres nicht gedacht werden kann, und deshalb als ein Wesen, das uns Menschen unendlich überlegen ist und unendlich viele Gründe hat, sich über uns zu erheben, ist nicht gerade ein Gedanke, der den Menschen starkmacht und ihm Selbstvertrauen gibt. Die Neuzeit ist reich an Beispielen von Menschen, die unter dem Glauben an diesen Gott und dem dadurch entstehenden Perfektionsdruck zerbrechen. Denn natürlich wird der religiöse Mensch sein Streben auf das unerreichbare Ziel richten, Gott in seiner Vollkommenheit nachzueifern. So sehr ihn dieses Ziel über seinen Alltag erheben kann, so sehr kann es durch seine Unerreichbarkeit auch frustrieren.

Vollkommenheit Gottes und Leiden der Welt

Vor allem aber ist die furchtbare Leidensgeschichte der Welt kaum zu verstehen und noch weniger zu ertragen, wenn man sie mit einem so vollkommenen Gott zusammendenken will. Will

2 Friedrich Nietzsche, Also sprach Zarathustra (= KSA 4), Frankfurt a.M. [3]1993, 110

man wirklich den Gedanken starkmachen, dass ein allervollkommenstes Wesen, das noch dazu alle Zeit der Welt hat, genau genommen sie allererst erschafft, nichts Besseres zu Wege bringt als diese Welt mit ihren unzähligen Katastrophen? Ich will gar nicht sagen, dass man diesen Gedanken nicht auch starkmachen könnte. Andernorts habe ich das tatsächlich versucht[3] und will hier gar nicht davon abrücken. Aber man wird doch soviel sagen können, dass die traditionelle Art der Verteidigung der Vollkommenheit Gottes, den Gottesgedanken weder zugänglicher noch überzeugender gemacht hat. Von daher lohnt es sich, über Alternativen nachzudenken, auch wenn diese uns erst einmal dazu zwingen, unsere Denk- und Lesegewohnheiten zu verändern.

Jüdischer Impuls: Der biblische Gott als lernender Gott

Nach Ansicht der jüdischen Theologin und Rabbinerin Elisa Klapheck wird Gott in der Bibel zunächst fast wie ein Theokrat geschildert. Gott scheint zu wollen, dass sich ihm die Menschen total unterwerfen und immer seinen Willen tun. Einen eigenen, autonomen Raum des Menschen lehnt er ab. Erst in der Beziehung zum Menschen lernt Gott immer mehr, diesen als Partner zu respektieren und ihm Raum zu seiner eigenen Entfaltung zu lassen. Gottes wandelt sich vom Theokraten zu einem menschenfreundlichen Gott, der dem Menschen eine Rechtsordnung mit weltlichen Gestaltungsräumen erlaubt. Auf diese Weise erweist sich Gott als ein beziehungsbereiter, ja sogar beziehungsbedürftiger Gott, der durch den Kontakt zum Menschen erst zu der Überzeugungskraft gelangt, die ihm die Schultheologie gerne von Ewigkeit her zuschreibt.

Gottes theokratischer Umgang mit Adam und Eva

Konsequenterweise sieht Klapheck auch nicht Gott im Mittelpunkt der Bibel, sondern die Gott-Mensch-Beziehung. Gleich zu Beginn der Bibel kämpfe Gott darum, „alleinige Instanz zu bleiben. Nur er will darüber urteilen, was Gut und was Böse ist. Nach Gottes Vorstellung soll ihm Adam fraglos *gehorchen* – soll später auch das Volk Israel seinen Gesetzen *gehorchen*."[4] Und tatsächlich verbietet Gott dem ersten Menschen im Paradies ohne jeden nachvollziehbaren Grund, dafür aber unter Androhung des Todes, vom Baum der Erkenntnis von Gut und Böse zu essen (Gen

[3] Vgl. KLAUS VON STOSCH, Theodizee, Paderborn u.a. ²2018 (UTB: Grundwissen Theologie).

[4] KLAPHECK, Säkulares Judentum aus religiöser Quelle, 18.

2,17). Warum es gut ist, nicht von dem Baum der Erkenntnis zu essen, kann der erste Mensch naturgemäß nicht verstehen und es wird ihm auch nicht erklärt. Gott will einfach nur Gehorsam und Unterwerfung.

Doch Adam und Eva brechen das tyrannische Gesetz und leben lieber unter Schmerzen und erschwerten Bedingungen als unter der Fuchtel Gottes. Gott bestraft sie zwar, schafft ihnen aber auch eine neue Umgebung, die durch ihre Ambiguität genug Stoff für die vom Menschen offenbar so geliebte Urteilsfähigkeit gibt.

Aus jüdischer Sicht entwickelt sich der Mensch also in einem konstruktiven Verhältnis des Konflikts mit Gott. Die konstruktive Tat von Adam und Eva bestand ihrer Analyse zufolge nicht im Ungehorsam, sondern schon vorher in der Fähigkeit, die Schlange hören zu können.[5] Klapheck wörtlich: „Die Schlange symbolisiert die nicht-monotheistischen Zivilisationen Ägyptens und Mesopotamiens.“[6] Nachdem Adam und Eva von ihr gehört haben, können sie gar nicht mehr anders, als unbedingt vom Baum der Erkenntnis zu essen. „Nur indem sie eine Auseinandersetzung mit den anderen Kulturen führen, können sie die Brauchbarkeit und den Wert der eigenen prüfen.“[7] Die Begegnung mit der Schlange erweist sich als ein *point of no return* für das Verhältnis Gottes zum Menschen. Gott kann nun nicht mehr allein entscheiden, was gut und böse ist.[8] Die Geschichte von Adam und Eva schildert für Klapheck also keinen Sündenfall, sondern den Anfang einer konfliktuösen „Mensch-Gott-Beziehung, in der sich Gott in Bezug auf die Menschen ebenfalls weiterentwickelt.“[9]

Eva und Adam gehorchen nicht einfach, sondern sie geben im Widerspruch und in Auseinandersetzung mit Gottes Gesetzen „ihrer Beziehung mit Gott eine säkulare Wirksamkeit … . Das von der Hebräischen Bibel bezeugte Wunder ist, dass Gott – zwar mit erheblichen Widerständen und Wutausbrüchen gegenüber den Menschen – zunehmend lernt, die Entwicklung zu akzeptieren und an den neuen Herausforderungen die Beziehung zu den Menschen immer wieder erneuert. … Diese fortwährende Fähigkeit Gottes, sich neu auf die Menschen einzulassen, aber auch der Menschen, sich neu auf ihn zu beziehen, ist die eigentliche biblische Botschaft.“[10]

---

5 Vgl. ebd., 20.
6 Ebd.
7 Ebd.
8 Vgl. ebd., 21.
9 Ebd., 22.
10 Ebd., 19.

Versuchen wir uns Klaphecks Gedanken der Erneuerungsbereitschaft und Lernfähigkeit Gottes an weiteren biblischen Geschichten klarzumachen. Wenn Gott das Opfer des Nomaden Abel bevorzugt, geschieht auch das wieder ohne erkennbaren Grund und aus reiner Willkür (Gen 4,4f). Offenbar ist Gott es gewohnt, dass die Menschen nomadisch leben und kann mit dem Ackerbau treibenden Kain und seinem Opfer nichts anfangen. „Im Endeffekt arrangiert sich Gott mit der Tatsache, dass sesshafte Bauern das Land zu beherrschen beginnen – am Ende schließt er sogar mit ‚Israel' als sesshaftem Bauernvolk (Kain) einen Bund."[11] Das Kainszeichen wird so zum Symbol, dass Gott seine Ungerechtigkeit eingesehen hat und die Beziehung zum heimatlos gewordenen Kain zu erneuern versucht, um so der Veränderung der Menschheitsgeschichte Rechnung zu tragen. Gott geht mit den Menschen mit und stellt sich auf ihre sich verändernden Bedingungen ein.

Kain und Abel

Noah

Auch in der Sintflutgeschichte sieht Klapheck eine Selbstkorrektur Gottes am Werk. Zuerst hat Gott durch die Verdorbenheit der Menschheit den Impuls, das menschliche Leben zu vernichten (Gen 6,12). Doch beim Gedanken an Noah lässt er die Flut zurückgehen (Gen 8,1). Der beruhigende Duft von Noahs Brandopfer bringt Gott schließlich zu dem Versprechen, nie mehr alles Lebendige zu vernichten (Gen 8,21). Aus einem grausamen Tyrannen, der fast alles Leben auf der Erde vernichtet, ist erneut ein beziehungsbereiter Gott geworden, der mit dem Lebensatem der Menschen und Tiere einen Bund schließt (Gen 9,9f). Auslöser dieser Umkehr Gottes ist die Treue und Hingabe Noahs, der Gott in Klaphecks Augen auf diese Weise wie später Abraham menschheitliche Standards beibringt, „die nun auch für Gott gelten sollten. Dieser lernt den unabhängig werdenden Menschen zu schätzen, verzichtet zunehmend auf Allmachtsansprüche und Gehorsam, will nicht mehr, dass Abraham seinen Sohn Isaak opfert."[12]

Abraham

Wichtigste Quelle dieser Deutung der Abrahamsgeschichte ist natürlich die berühmte Stelle in Gen 18, bei der Abraham Gott von der Vernichtung Sodoms und Gomorras abbringen will. Wie bei einer modernen Vertragsverhandlung handelt Abraham Gott von 50 bis auf 10 Gerechte herunter, die es in Sodom geben muss, damit Gott die Stadt nicht vernichtet (Gen 18,16-33). Abraham, der Städter aus der Metropole Ur, hat Verständnis für das Leben

[11] Ebd., 22f.
[12] Ebd., 23.

in einer pulsierenden Metropole und warum es so leicht aus dem Ruder läuft. Zugleich beharrt er auf dem Prinzip der Gerechtigkeit, das es nicht erlaubt, Gerechte mit Ungerechten zu bestrafen. Damit erreicht Gott zwar noch nicht den Gedanken der Unantastbarkeit der menschlichen Würde und die Zerstörung Sodoms kann durch Abrahams Handeln nicht verhindert werden. Aber Abraham beginnt hier gewissermaßen mit der Pazifizierung Gottes und bringt ihm Humanitätsstandards bei. Das Erstaunliche ist, dass sich Gott hierfür ansprechbar zeigt.

Juda, Tamar und Josef

Obwohl Gott voller Eifersucht von seinem Volk Israel verlangt, dass es sich ihm allein hingibt und deswegen auch gemischt religiöse Ehen mit den paganen Bewohnern Kanaans ablehnt, heiratet Juda die Tochter eines kanaanäischen Freundes (Gen 38,2) und lebt sein eigenes Leben. Seine Schwiegertochter Tamar durchbricht die gesellschaftlichen Normen, weil sie als Prostituierte erscheinend mit Juda schläft (Gen 38,15-19). Hintergrund ist, dass Juda ihr entgegen seines Versprechens nicht seinen Sohn Schela zum Ehemann gibt, nachdem seine beiden ersten Söhne an ihrer Seite gestorben sind (Gen 38,6-14). Als Juda sie zur Rechenschaft ziehen und entsprechend der Tora töten lassen will, fordert sie gegenüber Juda ihre Rechte als Frau ein und behält Recht (Gen 38,26). Durch die Geburt ihrer Zwillingskinder ratifiziert Gott gewissermaßen ihren gegen seine Gesetzesbestimmungen gerichteten Durchsetzungswillen. Josef schließlich heiratet eine ägyptische Priestertochter und wird Teil der pharaonischen Herrschaftseliten. Immer wieder merkt man also schon in den Patriarchengeschichten, dass sich der Exklusivitäts- und Reinheitsanspruch Gottes nicht durchsetzen lässt und Gott allmählich lernen muss, dass sein Volk nicht ihm allein gehört.

Töchter Zelofhads

Doch auch nach dem Auszug der Kinder Israels aus Ägypten wird er von neuen Gesetzesvorstellungen vonseiten der Menschen herausgefordert. Die Töchter Zelofhads aus dem Stamm Manasse beispielsweise fordern nach dem Tod ihres Vaters von Mose, dass auch sie Grund und Boden im gelobten Land erben (Num 27,4). Mose trägt die Bitte Gott vor, der eigentlich ein Frauenerbrecht ausgeschlossen hatte. Doch Gott gibt zu, dass die Töchter Zelofhads Recht haben und ändert das Gesetz (Num 27,8). Gott lernt also, seine Gesetze flexibel an die Bedürfnisse der Menschen anzupassen. Ein zwar religiös motiviertes, aber doch säkulares Recht ist die logische Konsequenz eines auf den Menschen eingehenden Gottes, so jedenfalls die Deutung Klaphecks.

Zusammenfassend hält Klapheck im Blick auf die Tora fest: „Die Tora erzählt, dass Gott dem Volk Israel auftrug, die heidnischen Völker des Landes Kanaan zu vernichten oder wenigstens zu vertreiben."[13] Aber faktisch ist das Gegenteil passiert. Und Gott akzeptiert das seine Ansprüche modifizierende Volk.

Israels legitimer Kampf um Emanzipation

Entsprechend hält Klapheck die in den biblischen Geschichtswerken und bei den Propheten immer wieder geschilderte Wut Gottes über den Abfall Israels nur dann für gerechtfertigt, wenn man seinen theokratischen Anspruch akzeptiert. Dagegen deutet die gängige historisch-kritische Rekonstruktion etwa der Theologie des deuteronomistischen Geschichtswerks beispielsweise das Exil als gerechte Strafe für Israel, weil es den Bund mit Gott nicht einhält. Klapheck dagegen sieht das babylonische Exil gar nicht so negativ und betont, wie sehr es produktive Austauschprozesse Israels mit den es umgebenden Kulturen vorangebracht hat. Sie versteht den biblischen Text als Zeugnis der Beziehung zwischen Gott und Israel, in der Gott nach und nach lernt, seine Totalitätsansprüche aufzugeben und Israel Autonomie und Emanzipation zu ermöglichen. Nur so vermag die Beziehung auch die Katastrophen zu überstehen. An dieser Stelle könnte man zahlreiche biblische Belege diskutieren, die es erlauben würden, Gottes Eifersucht und Besitzanspruch auf Israel in einem neuen Licht zu sehen. Sind wir traditionell gewohnt, an dieser Stelle immer die Schuld bei Israel zu sehen und Gottes Ansprüche als gesetzt zu akzeptieren, schildert uns Klapheck einen lernbereiten Gott, der nach und nach seine Haltung gegenüber dem Menschen ändert und ihn als Partner ernst nimmt.

Ein Beispiel für die lernbereite, menschliche Autonomie und Freiheit bejahende Seite Gottes sieht Klapheck in den Ausführungen des Sohar, dem Hauptwerk der Kabbala, zur *Neschama Jetera*, der Extra-Schabbatseele, die jeder Jude/jede Jüdin zu Beginn des Schabbat erhält. Sie begleitet den Menschen durch den heiligen Tag und sorgt für die Schabbat-Stimmung. Am Ende des Schabbat steigen die Extra-Seelen wieder zu Gott auf. Er will dann von jeder Einzelnen erfahren, was sie an neuen Erkenntnissen zur Tora zu berichten hat. Der lernwillige Gott hat an dieser Stelle ganz deutlich seine ausschließliche Deutungshoheit über sein eigenes Wort abgegeben und erfreut sich an der menschlichen Kreativität und Neuaneignung seines Willens.

Talmud

Wie sehr sich Gott in der rabbinischen Auffassung vom zornigen Despoten zum milden Richter wandelt, erkennt Klapheck

[13] Ebd., 24.

auch in folgendem Talmudzitat, das zeigt, dass Gott in einem lernenden Verhältnis zum Menschen gesehen wird. Um die Stelle richtig zu verstehen, ist es wichtig zu wissen, dass in der jüdischen Tradition Beten und Lernen zwei Seiten ein- und derselben Medaille sind. Deshalb wird die Synagoge auch als Schule bezeichnet. Und deshalb ist ein Gott, der beten will, eben ein Gott, der von und mit dem Menschen lernen will. Im Talmud heißt es hierzu:

Gottes Lernwilligkeit

> Woher wird abgeleitet, dass der Heilige, er ist gesegnet, betet? – es heißt: „Ich werde sie nach meinem heiligen Berge bringen und sie in meinem Bethause erfreuen" (Jes 56,7). Es heißt nicht ‚ihrem Bethause', sondern ‚meinem Bethause', woraus zu entnehmen, dass der Heilige, er ist gesegnet, betet. – Was betet er? R. Zutra b. Tobia erwiderte im Namen Rabhs: Es möge mein Wille sein, dass meine Barmherzigkeit meinen Zorn bezwinge, dass meine Barmherzigkeit sich über meine Eigenschaften wälze, dass ich mit meinen Kindern nach der Eigenschaft der Barmherzigkeit verfahre und dass ihrethalben innerhalb der Rechtslinie (milde Gesetzesausübung) trete." (bBrachot 7a)

Klapheck bezeichnet diese Szene als die vielleicht wichtigste Stelle in der rabbinischen Literatur, weil sie zeige, wie Gott sich in einer gegenseitigen Beziehung zu den Menschen versteht und darin ändert. Er erweist sich als ein Gott, der sich der Barmherzigkeit verschreiben will, aber dafür seine despotischen Eigenschaften zurückdrängen muss. Das Zitat lässt sich Klapheck zufolge auch im Licht der beiden göttlichen Maße betrachten, mit denen den Rabbinen zufolge die Welt erschaffen wurde – dem *Midat haDin*, dem Maß des Gesetzes und der Gerechtigkeit, das Gott verwoben hat mit dem *Midat haRachamin*, dem Maß der Barmherzigkeit und Liebe. Erst in der Verknüpfung der beiden Maße erhielt die Schöpfung Bestand, was Gott in einem eigenen Lernprozess erkannt haben soll.

Wie weitgehend Gott dem Menschen die Entscheidungsgewalt über sein Wort einräumt, wird sehr eindrucksvoll in der nachfolgenden Geschichte aus dem babylonischen Talmud illustriert. Es geht um einen bestimmten Ofen, den „Ofen von Achnai" und die Frage, ob er verunreinigungsfähig sei oder nicht. Rabbi Elieser meint nein, die rabbinische Mehrheit meint jedoch ja:

Gottes Stimme ist nicht im Himmel!

> Es wird gelehrt: An jenem Tag machte Rabbi Elieser alle Einwendungen der Welt, man nahm sie aber von ihm nicht an. Hierauf sprach er: ‚Wenn die Halacha (=richtige Deutung der Tora) wie ich ist, so mag dies dieser Johannisbrotbaum beweisen!' Da rückte der Johannisbrotbaum hundert Ellen von seinem Orte fort; manche

> sagen: vierhundert Ellen. Sie aber erwiderten: ‚Man bringt keinen Beweis von einem Johannisbrotbaum.‘ Hierauf sprach er: ‚Wenn die Halacha so wie ich ist, so mag dies dieser Wasserarm beweisen!‘ Da trat der Wasserarm zurück. Sie aber erwiderten: ‚Man bringt keinen Beweis von einem Wasserarm.‘ Hierauf sprach er: ‚Wenn die Halacha wie ich ist, so mögen dies die Wände des Lehrhauses beweisen!‘ Da neigten sich die Wände des Lehrhauses und drohten einzustürzen. Da schrie sie Rabbi Jehoschua an und sprach zu ihnen: ‚Wenn die Gelehrten einander bekämpfen, was geht dies euch an!‘ Sie stürzten hierauf nicht ein wegen der Ehre Rabbi Jehoschuas und richteten sich auch nicht gerade auf wegen der Ehre Rabbi Eliesers; sie stehen jetzt noch geneigt. Hierauf sprach er: ‚Wenn die Halacha wie ich ist, so mögen sie dies aus dem Himmel beweisen!‘ Da erscholl eine Himmelsstimme und sprach: ‚Was habt ihr gegen Rabbi Elieser; die Halacha ist stets wie er!‘ Da stand Rabbi Jehoschua auf und sprach: ‚Sie ist nicht im Himmel!‘ (Dtn 30,12) – Was heißt: ‚Sie ist nicht im Himmel‘? Rabbi Jirmija erwiderte: ‚Da die Tora schon vom Berg Sinai gegeben wurde, achten wir nicht auf eine Himmelsstimme. Denn schon auf dem Berg Sinai hast du in der Tora geschrieben: ‚nach der Mehrheit muss man sich beugen‘ (Ex 23,2) – Da begegnete R. Natan dem Elija und fragte ihn: ‚Was tat der Heilige, gepriesen sei er, in jener Stunde?‘ Er antwortete ihm: Gelacht hat er und gesagt: Besiegt haben mich meine Kinder, besiegt haben mich meine Kinder (Bab. Talmud, Bawa Mezia 59b).

Man kann sich leicht vorstellen, dass diese schon früh im Christentum bekannt gewordene Talmudstelle dort viel Unverständnis und Empörung auslöste. Die hier erwähnte Himmelsstimme erinnert einfach zu stark an die Himmelsstimme, die nach dem Zeugnis der Evangelien die Gottessohnschaft Jesu beglaubigt. Und der arme Rabbi Elieser kann einem ja auch tatsächlich etwas leidtun, da er Himmel und Erde erstaunlich erfolgreich in Bewegung setzt, um die Autorität seiner Weisung zu unterstreichen. Aber gerade durch ihre Radikalität macht diese Geschichte deutlich, dass aus jüdischer Sicht an keiner Stelle die Berufung auf eigene Offenbarungserlebnisse Autorität begründen kann. Die einmal gegebene göttliche Weisung braucht keine neuen spektakulären Rechtfertigungen und alle Mitglieder des Volkes stehen gemeinsam in der Verantwortung, die Tora zu deuten und sie zum Leben zu erwecken. Von daher sind rational begründete und demokratisch gefällte Mehrheitsentscheidungen die höchste Quelle von Autorität in einer Welt, die nicht mehr mit direkten Meinungsäußerungen Gottes rechnet. Der Konsens der gläubigen Gemeinschaft bricht jede esoterische Gruppendisziplin, auch wenn diese noch so imposant daherkommt.

Wenn Gott sich am Ende der Geschichte lächelnd als besiegt erklärt, räumt er dem Menschen den Freiraum ein, den er für ein emanzipiertes und selbstbestimmtes Leben braucht. „Sein Lächeln mündet in der Anerkennung jener, die seine Autorität zurückgewiesen haben, als eigene Kinder."[14] Die Gotteskindschaft des Volkes Israel gründet also nicht in seinem Gehorsam und der Intensität seiner Gottesbeziehung, sondern in seinem Willen, das Wort Gottes so lange abzuwägen und neu abzuwägen, bis es den eigenen Bedürfnissen entspricht. Auch der Doktorvater Elisa Klaphecks, der jüdische Publizist und Politologe, Micha Brumlik schildert deshalb, wie Gott vom „allmächtigen Interventen zum reaktiven Zeugen für mehr oder minder gute Argumente (wird; Vf.); dann unterliegt Gott – insofern er in einer Rolle als himmlischer Schiedsrichter auftreten soll – dem mehrheitlichen Sachverstand einer Gruppe von Rabbinern. … Schließlich verarbeitet Gott den Verlust seiner Übermacht, indem er sich auf eine Art Elternrolle zurückzieht."[15] Brumlik macht darauf aufmerksam, dass der weitere Fortgang des Talmuds an dieser Stelle zeigt, dass Gottes Selbstbeschränkung dazu dient, Frieden im Volk Gottes zu ermöglichen. Der Sinn des auch von Gott zu akzeptierenden demokratischen Verfahrens der Entscheidungsfindung besteht demnach also darin, dass so am besten Frieden unter den Menschen herzustellen ist.[16] Gott verzichtet also auf Kontrolle und Einfluss, weil er den Menschen zutraut, im demokratischen Aushandeln seines guten Willens dahin zu kommen, für Frieden und Gerechtigkeit zu sorgen. Allerdings braucht Gott in der talmudischen Fortsetzung unserer Geschichte ein wenig, bis er zu dieser Einsicht kommt. „Sein intervenierender Zorn findet seinen Frieden erst, als er mit den von ihm selbst gesetzten Prinzipien konfrontiert wird und verstehen muss, dass er nur um seiner eigenen Prinzipien willen beschämt wurde."[17] D.h., gerade die Treue zu Gottes Wort, in der eigenen menschlichen Auslegung, bringt Israel zur Opposition gegen Gott und führt Gott dazu, Israel einen selbstbestimmten Neuanfang zu ermöglichen – eine Deutungslinie, die nach der Schoah aktueller und überzeugender nicht sein könnte.

Demokratie im Volk Gottes als Grundlage für Frieden und Gerechtigkeit

---

14 Micha Brumlik, Schrift, Wort und Ikone. Wege aus dem Bilderverbot, Hamburg 2006, 85.

15 Ebd., 85f.

16 Vgl. ebd. 87.

17 Ebd., 88.

Für Micha Brumlik ist die Selbstrücknahme und Selbstentmachtung Gottes also die Voraussetzung dafür, der Gesprächsfähigkeit und Beziehungswilligkeit Gottes zum Menschen Ausdruck zu verleihen. Gott will nicht anders seinen guten Willen realisieren als mit den Menschen zusammen und traut ihnen zu, innerhalb eines säkularen Systems am besten ihre Treue zu seinen Weisungen zu zeigen. Während man in der Religionsgeschichte immer wieder von der Suche des Menschen nach Gott spreche, gehe es der Bibel eigentlich genau umgekehrt um die Suche Gottes nach dem Menschen.[18] In dieser Suche setzt er sich ganz und gar ein. Er macht sich klein und zeigt sich gewissermaßen in seiner Schwäche und Bedürftigkeit. Entsprechend resümiert Klapheck:

> In der Hebräischen Bibel beginnt Gott als Theokrat – im Talmud hat er längst diesen Anspruch fallen gelassen und das säkulare System der rabbinischen Argumentation und Mehrheitsentscheidung akzeptiert. Generationen von Rabbinern diskutieren im Talmud über den besten Weg – die Halacha. ... Die von Gott geoffenbarten Gesetze in der Tora sind vor Änderungen und Neuinterpretationen nicht gefeit. Was sich für jüdisches Leben als kontraproduktiv erweist, wird modifiziert.[19]

Entsprechend ist für Klapheck das säkulare Denken „aus der Tora selbst hervorgegangen".[20] Auch die oben beschriebenen demokratischen Entscheidungen des Talmuds erfolgen im selbständigen, menschlichen Ringen um die Tora. „Sie ist nicht im Himmel" (Dtn 30,12) und damit in der Verfügungsmacht des Menschen. „Der säkulare Umgang mit der Tora ist also schon *in der Tora selbst* formuliert. Es gilt die Mehrheitsentscheidung, das Hin und Her von Argumenten, von Pro und Contra – das heißt säkulare Entscheidungsprozesse, das Gegenteil also von Theokratie."[21]

Komparative Zusammenschau: Die Vollkommenheit der Unvollkommenheit

Elisa Klapheck hat ihre wichtigen Impulse noch nicht zu einem eigenen systematischen Entwurf verdichtet. Ich versuche deshalb, ihren Impuls aufgreifend eine eigene Antwort auf die eingangs gestellten Fragen zu entwickeln und ihren Impuls für eine

---

[18] Vgl. Abraham J. Heschel, God in search of man. A philosophy of Judaism, Northvale/N.J.-London 1987, 136.

[19] Klapheck, Säkulares Judentum aus religiöser Quelle, 15.

[20] Ebd., 16.

[21] Vgl. ebd., 16f.

systematische Gotteslehre zu nutzen. Dabei greife ich noch einige Anregungen auf, die mir Klapheck im Gespräch über dieses Kapitel mitgeteilt hat. Will man Klaphecks biblisch und talmudisch gut fundierte Hinweise systematisieren, stehen erst einmal zwei unterschiedliche philosophische Systeme zur Verfügung. Zum einen könnte man in den Spuren der Prozessphilosophie ein Gottesbild entwickeln, das Gott als dynamischen Prozess zu denken versucht und die biblischen Metaphern in einer wieder sehr abstrakten Sprache in ihrem Recht erweist.[22] Dieser Weg scheint mir aber nur begrenzt hilfreich zu sein, wenn man nach einer Sprache sucht, die die Zugänglichkeit der Gottesrede vereinfachen soll. Damit soll er aber keineswegs als stringente Alternative in Frage gestellt werden.

Ich wähle um der leichteren Zugänglichkeit willen einen Ansatz, der eher versucht, den personalen Theismus aus dem ersten Kapitel weiterzudenken. Wenn Gott tatsächlich an einer Partnerschaft auf Augenhöhe mit den Menschen interessiert ist, weil er Mitliebende will, die seine Sorge um die Schöpfung mit ihm tragen, ergibt es durchaus Sinn, dass Gott sich dem Menschen als Suchender nähert und sich ihm in seiner „Schwäche für den Menschen" zeigt.[23] Christlich ist man gewohnt, diese Gedanken dann gleich wieder christologisch zu deuten, wie wir das dann ja auch im zweiten Kapitel versucht haben. Doch Klapheck deutet an, dass es hier um einen Zug Gottes geht, den wir dem biblischen Zeugnis insgesamt zugrunde legen dürfen. Gott will nicht anders Gott sein als in der Beziehung mit den Menschen. Er würdigt uns dazu, durch unser Tun seinen guten Willen allererst verständliche Wirklichkeit werden zu lassen. Von daher erlässt er nicht einfach eine ideale Weltordnung, der wir nur noch nachzueifern haben, sondern Gott bestimmt sich dazu, mit uns und unserem Ringen mit ihm zu erfahren, was für die Menschen gut ist und ihnen Gerechtigkeit und Frieden verschafft. Die schwierige Balance zwischen Barmherzigkeit und Gerechtigkeit ist nicht etwas, das Gott immer schon in Perfektion ausbalanciert hat, sondern er wägt diese Balance immer wieder neu – durch die Beziehung mit den Menschen. So sehr respektiert er die menschliche Würde und Freiheit, dass er sein eigenes Wesen erst

Gott zeigt sich in seiner Schwäche für den Menschen

22 Vgl. etwa Julia Enxing, Gott im Werden. Die Prozesstheologie Charles Hartshornes, Regensburg 2013.

23 Friedrich Wilhelm Joseph Schelling, Philosophie der Offenbarung. Ausgewählte Werke. Bd. 2, Darmstadt 1974, 26, spricht hier in Anknüpfung an 1 Kor 1,25 davon, dass Gott eben wegen dieser Schwäche „stärker als der Mensch" ist, sodass sein Herz den Menschen zugute alles vermag.

mit dem Menschen zusammen verwirklicht. Christlich würde man hier natürlich von Gottes Liebe sprechen, die eben erst in der Beziehung zum Menschen ihre höchste Intensität erreicht. Bemüht sich die christliche Schultheologie immer wieder darum, sicherzustellen, dass Gott auch schon vor der Schöpfung und am Anfang der Schöpfung vollkommene Liebe ist, kann sie von Klapheck lernen, dass Gott sich dazu bestimmt, seine Vollkommenheit in Beziehung zum Menschen zu entwickeln. Gott braucht den Menschen, weil er den Menschen brauchen will.

Gott braucht uns, um unter uns zu sein

Gerne zitiert Klapheck den Ausspruch Gottes in der Tora, wonach er sich von den Menschen wünscht, dass sie ihm ein Heiligtum bauen. Sein Versprechen lautet im Gegenzug: „Dann werde ich in ihrer Mitte wohnen." (Ex 25,8) Oder in Klaphecks Übersetzung: „Damit ich unter ihnen wohnen kann." Gott kann also nur dann seine heilsame Nähe bei den Menschen erfahrbare Wirklichkeit werden lassen, wenn die Menschen ihn einladen und in ihr Leben hineinlassen. Und dieses Hineinlassen wird – anders als im Christentum – nicht gleich ethisiert, sondern an einer Handlung festgemacht. Indem ein Heiligtum gebaut, also etwas errichtet wird, kann Gott über diese Stätte hinaus, „unter ihnen", d.h. ganz allgemein erfahrbare Wirklichkeit werden. Er ist also angewiesen darauf, dass die Berufenen ein Heiligtum bauen. Doch damit wird Gott gerade nicht auf eine, modern gesprochen, Institution beschränkt, sondern seine Wirksamkeit für eine größere Allgemeinheit freigesetzt. Gottesdienst ist danach nicht nur etwas zur Selbstvergewisserung der Gläubigen, sondern soll einen positiven Kollateraleffekt für alle haben.

Wenn Juden versuchen, immer tiefer in die Worte Gottes einzudringen, wenn sie seine Worte immer wieder hin und herwenden – getreu dem rabbinischen Motto von Ben Bag Bag: „Wende sie [die Tora] hin und her, denn alles ist in ihr enthalten..." (Mischna Awot 5, 26) und so für alle menschlichen Fragen öffnen, dann ermöglichen sie, dass Gott seine Beziehungsmächtigkeit und Beziehungswilligkeit immer wieder erneuern kann.

Natürlich provoziert ein solches Gottesbild Protest. Denn man fragt sich unwillkürlich, ob Gott den Menschen nicht zu viel zutraut und auch zumutet. Wäre es nicht besser gewesen, den menschlichen Freiheitsraum stärker zu begrenzen und dadurch der Welt Leiden zu ersparen? Diese Frage stellt auch Klapheck. Aber sie nutzt die Frage nicht, um eine ausgefeiltere Theodizee zu entwickeln, sondern sie stellt sie als Rückfrage an Gott. Sie schreibt sich in die biblische Tradition der Klage und Anklage ein und spricht von einem kritischen Dialog mit Gott. Die Theo-

Klage und Anklage gegen Gott

logie verliert ihre Rolle als seine Anwältin, und die Gebetssprache tritt an die Stelle einer argumentativen Verteidigung Gottes.

Literarisch pointiert ausgedrückt wird diese Haltung von Elie Wiesel in seinem Theaterstück *Der Prozess von Schamgorod,*[24] das auch Klaphecks eigenes Empfinden auf den Punkt bringt. In diesem Theaterstück macht ein jüdisches Dorf Gott wegen der erlittenen Pogrome den Prozess. Doch während Ankläger, Zeugen und Richter schnell gefunden sind, ist kein einziger Dorfbewohner bereit, Gott zu verteidigen. Schließlich übernimmt diese Aufgabe ein Fremder, der seine Aufgabe so redegewandt und klug erfüllt, dass er die Dorfbewohner schließlich von ihrer Anklage abbringt. Doch dieser Fremde erweist sich am Ende als der Teufel. Offenbar ist Gott also nicht nur schwach und klein, um den Menschen liebenswert und bedürftig zu erscheinen, sondern Gott ist gerade in seiner Lernbedürftigkeit und Unfertigkeit anstößig und herausfordernd. Gerade dadurch provoziert er den Dialog und lädt uns ein, in die Beziehungsgeschichte einzutreten, die er biblisch und talmudisch mit seinem Volk Israel vorlebt.

Elisa Klapheck

Obwohl die Wurzeln ihrer jüdischen Familie in Deutschland bis ins 13. Jahrhundert zurückreichen, glaubt Elisa Klapheck wie viele säkulare Juden als junge Frau erst einmal nicht an Gott. Erst während ihres Studiums der Politikwissenschaft in Nijmegen und Hamburg gewinnt sie Interesse an ihrer religiösen Tradition und beginnt mit ihren Freundinnen – noch aus ganz areligiöser Perspektive – die Tora auf Hebräisch zu lesen. Vom ersten Tag der Lektüre an zieht sie der Text in seinen Bann, ja sie fühlt sich geradezu physisch in den Text hineingezogen und sucht nach ihrer eigenen Deutung. Mit der Zeit diskutiert sie die Tora auch mit Rabbinern und anderen religiösen Autoritäten und spürt, etwas zu sagen zu haben. Durch das Ringen mit der Tora entwickelt sie nach und nach eine jüdische religiöse Identität.

Nach ihrem Studium arbeitet sie als Journalistin und gründet in Berlin die liberale Synagoge mit. Ihr eigentlich rabbinisches Interesse wird aber erst durch ihre Arbeit zu Regina Jonas kanalisiert. Jonas‘ Buch zu der Frage, ob auch Frau-

[24] Vgl. Elie Wiesel, Der Prozess von Schamgorod, Freiburg 1987.

en das rabbinische Amt bekleiden können, fesselt sie, insbesondere die Art, wie Jonas die traditionelle halachische, also religionsgesetzliche Argumentationskultur nutzt, um diese Frage zu beantworten. Hatte Klapheck sich erst aus journalistischem Interesse mit dieser weltweit ersten jüdischen Rabbinerin beschäftigt, wird die Frage von Regina Jonas immer mehr ihre eigene Frage. Es treibt sie die Frage um, ob sie selbst das rabbinische Amt bekleiden kann. Sie merkt, dass es zu ihrer Zeit schon genug Journalistinnen gibt, aber noch keine Rabbinerinnen – wenigstens nicht in Deutschland. Und so entscheidet sie sich, selbst Rabbinerin zu werden.

Heute ist sie nicht nur Rabbinerin in Frankfurt, sondern sie lehrt auch als Professorin jüdische Studien am Zentrum für Komparative Theologie und Kulturwissenschaften an der Universität Paderborn. Auch in ihrer universitären Tätigkeit versteht sie sich als rabbinische Theologin, die dem Wort „Gott" für die Gegenwart Sinn abringen will. Wenn sie das nicht in Form eines Systems tut, sondern in der ringenden Weise, die dieses Kapitel prägt, dann hat das viel mit ihrer Bearbeitung der Schoa zu tun. „Die Welt ist einfach viel zu schlimm, als dass sie Gott als allervollkommenstes Wesen anerkennen könnte", sagt sie manchmal. Die biblische Gottesbezeichnung El Schadaj meint in ihrer Auslegung auch nicht den Allmächtigen, sondern den oder die Genügsame. Gott ist für sie derjenige, den man gerade noch genug miterlebt, um an ihm und an der Tradition festzuhalten. Sie will Gott helfen, präsent zu bleiben – eben auch durch ihren Impuls zu Gott als lernwilligem und beziehungsbedürftigem Gott.

Als Klapheck den Ruf nach Paderborn bekam, stellte sie von Anfang an klar, dass sie ihm nur folgen wird, wenn sie die Agenda der Komparativen Theologie selbst mitbestimmen darf. Entsprechend gibt sie jetzt seit vielen Jahren wertvolle Impulse für die komparativ theologische Arbeit. Zugleich übersetzt sie die akademischen Fragestellungen und Herausforderungen der Komparativen Theologie auch in ihre Predigten und ihre Gemeindearbeit. Die theologischen Themen werden dann auch zu Themen des Glaubens, und in ihrer theologischen Arbeit geht sie selbst lernbereit und beziehungswillig auf andere religiöse Traditionen zu.

Aufgaben

1. Wie empfinden Sie selbst Gottes Vollkommenheit? Können Sie nachvollziehen, dass die traditionelle Rede von seiner Vollkommenheit zum Glaubenshindernis werden kann?
2. Erklären Sie Klaphecks Rede vom lernenden Gott unter Bezugnahme auf ausgewählte Stellen aus Tora und Talmud! Würden Sie bei diesen Bibeldeutungen mitgehen?
3. Positionieren Sie sich begründet zur Idee eines lernbereiten und beziehungsbedürftig sein wollenden Gottes!

Literatur

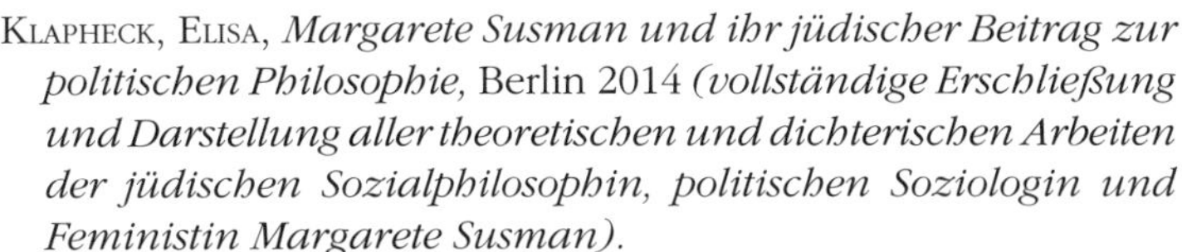
Klapheck, Elisa, *Margarete Susman und ihr jüdischer Beitrag zur politischen Philosophie,* Berlin 2014 *(vollständige Erschließung und Darstellung aller theoretischen und dichterischen Arbeiten der jüdischen Sozialphilosophin, politischen Soziologin und Feministin Margarete Susman).*

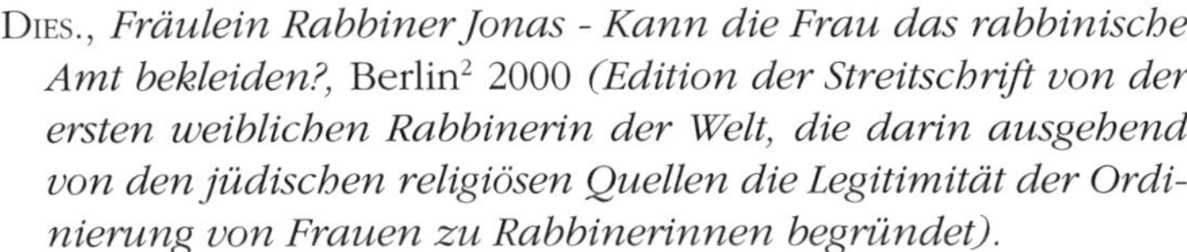
Dies., *Fräulein Rabbiner Jonas - Kann die Frau das rabbinische Amt bekleiden?,* Berlin[2] 2000 *(Edition der Streitschrift von der ersten weiblichen Rabbinerin der Welt, die darin ausgehend von den jüdischen religiösen Quellen die Legitimität der Ordinierung von Frauen zu Rabbinerinnen begründet).*

Dies., Säkulares Judentum aus religiöser Quelle (Machloket – Streitschriften; 1), Berlin 2015 *(Plädoyer für eine Konvergenz von religiöser und säkularer Haltung, wichtigste Grundlage der in diesem Kapitel vorgenommenen Deutung Klaphecks).*

Metz, Johann Baptist, Theologie als Theodizee? In: Willi Oelmüller (Hg.), Theodizee – Gott vor Gericht? Mit Beiträgen von C.-F. Geyer u.a., München 1990, 103-118 *(pointiertes Plädoyer für eine praktische Theodizee aus christlicher Sicht, das in vielen Punkten Klaphecks Anliegen ähnelt).*

Wiesel, Elie, Der Prozess von Schamgorod, Freiburg 1987 *(Tribunal eines verfolgten jüdischen Dorfes gegen Gott mit überraschendem Ausgang).*

Mensch

4 Menschsein mit Beeinträchtigungen denken

Problembeschreibung: Freiheit und geistige Beeinträchtigungen

Seit der anthropologischen Wende der Theologie im 20. Jahrhundert spielen die wichtigsten Charakteristika des Menschseins nicht mehr nur in der Anthropologie oder der Ethik eine vorzügliche Rolle, sondern in allen Bereichen der Systematischen Theologie. Dabei wird normalerweise davon ausgegangen, dass sich die besondere Würde des Menschen an seiner Personalität und Freiheit festmachen lässt. So versteht beispielsweise Thomas Pröpper die biblische Aussage der Gottebenbildlichkeit als Hinweis darauf, dass der Mensch als Erscheinung der Herrlichkeit Gottes angesehen werden kann[1] und erklärt seine besondere Würde durch seine Freiheit und seine Bestimmung zur frei gewählten Gemeinschaft mit Gott.[2] Die hier starkgemachte wesenhafte Ansprechbarkeit für Gott gewinnt ihre besondere Würde durch die menschliche Freiheit, die es dem Menschen ermöglicht, Gegenüber, Partner und Freund Gottes zu sein. Trotz der immer wieder betonten Gebrochenheit und Ambiguität der Freiheit[3] ist es in der Theologischen Anthropologie der Gegenwart häufig so, dass die unverlierbare Menschenwürde an einer diese Ambiguität allererst wahrnehmenden und konstituierenden Freiheit festgemacht wird. Die freie Subjektivität des Menschen erscheint so als Kernbestand des christlichen Glaubens der gegen sinnkritische Einwände zu verteidigen ist.[4]

formale bzw. transzendentale Unbedingtheit der Freiheit

Hinter dieser Diagnose steckt die Einsicht, dass Freiheit in transzendentaler bzw. rein formaler Hinsicht als unbedingt anzusehen ist und gerade deshalb als Grund der Ansprechbarkeit des Menschen für Gott und als Instanz seiner Antwortfähigkeit in Anspruch genommen werden kann. Besonders nachdrücklich hat diesen Gedanken Thomas Pröpper (1941-2015) im Anschluss an die philosophischen Analysen von Hermann Krings (1913-2004) in seiner theologischen Anthropologie entwickelt.[5] Den für

1 Vgl. Pröpper, Theologische Anthropologie, 146.
2 Vgl. ebd., 179.
3 Vgl. Langenfeld/ Lerch, Theologische Anthropologie, 180.
4 Vgl. beispielsweise ebd., 19-61.
5 Vgl. Pröpper, Theologische Anthropologie, 489 sowie Hermann Krings, Freiheit. Ein Versuch Gott zu denken. In: Ders., System und Freiheit.

sein Denken zentralen Begriff der formalen bzw. transzendentalen Freiheit erläutert Pröpper bereits in seiner Dissertation folgendermaßen: Die formale Unbedingtheit der Freiheit „wird bewusst als schlechthin ursprüngliches und vom Menschen unabtrennbares Vermögen, zu jeder Gegebenheit und Bestimmtheit, zu den Systemen der Notwendigkeit und noch der Vorfindlichkeit des eigenen Dasein sich verhalten, d.h. sie distanzieren, reflektieren und affirmieren (oder negieren) zu können."[6] Dabei erscheint die formale Struktur der Freiheit insbesondere in ihrem Vermögen, sich zu allem Geschehenen in ein Verhältnis setzen zu können, es noch einmal von sich distanzieren zu können. Die Freiheit bestünde dann beispielsweise darin, auch das größte Verliebtheitsgefühl noch einmal von sich distanzieren zu können.

reale Bedingtheit der Freiheit

Phänomenologisch könnte man hier natürlich sofort darauf verweisen, dass es für viele Menschen immer wieder Situationen im Leben gibt, in denen sie solche Distanzierungsleistungen nicht vollbringen können. Von daher klingt die Rede von einer Unbedingtheit dieses Vermögens schräg, weil wir uns eben nur unter bestimmten Bedingungen und keineswegs immer zu den auf uns zukommenden Ansprüchen zu verhalten vermögen. Wir können realiter nicht immer weiter überlegen oder Dinge in Frage stellen, auch wenn es theoretisch immer gute Gründe dafür geben mag. Doch die Schwierigkeiten faktischer Realisierung der Freiheit stellt Pröpper keineswegs in Abrede und er behauptet auch keine reale Unbedingtheit der Freiheit. Er meint nur, dass wir, sofern wir frei sind, auch die Möglichkeit besitzen müssen, uns zu den uns besetzenden Gefühlen und Ansprüchen verhalten zu können. Dass wir diese Freiheit haben, will er gar nicht sagen. Es geht nur um ein Wenn-Dann-Verhältnis. Wenn ich einen Anspruch von mir distanzieren kann, kann ich durch seine Erfüllung oder Zurückweisung frei werden. Die Unbedingtheit der Freiheit besteht einfach nur formal darin, dass sie im Freiheitsakt, sofern er frei ist, per definitionem immer gegeben ist und ihr Nichtbedingtsein eben das Definiens der Freiheit aus-

---

Gesammelte Aufsätze, Freiburg-München 1980 (Reihe praktische Philosophie; 12), 161-184, hier 176: Der „Rückgang auf den formal unbedingten Charakter der endlichen Freiheit bietet den Ansatzpunkt für das Denken eines Begriffs der vollkommenen Freiheit." Auf den folgenden Seiten nehme größtenteils wörtliche eine Überlegung auf aus Klaus von Stosch, Impulse für eine Theologie der Freiheit. In: Ders. u.a. (Hg.), Streit um die Freiheit. Philosophische und theologische Perspektiven, Paderborn 2019, 195-224, hier: 207-209.

6 Thomas Pröpper, Erlösungsglaube und Freiheitsgeschichte. Eine Skizze zur Soteriologie, München ³1991, 184.

macht. Wenn ich von meinen Genen, meiner Erziehung und meinen Umwelteinflüssen bestimmt werde, bin ich unfrei. Wenn und insofern ich sie materialiter distanzieren kann, erweist sich meine reale Geöffnetheit zur Freiheit. Dass ich sie theoretisch immer distanzieren kann, insofern ich frei bin, macht die formale Unbedingtheit meiner Freiheit aus.

Diese rein formal gegebene Unbedingtheit ist nichts, das sich beweisen oder feststellen lässt. Aber nur wenn ich tatsächlich nicht durch die Bedingungen meines Daseins determiniert bin, also formal gesehen unbedingt frei bin, kann überhaupt von Freiheit sinnvoll die Rede sein. Deshalb gilt für die Frage nach der Existenz von Freiheit: „Dem Denken aber bleibt nur die Wahl, sie entweder zu übergehen und zu verlieren oder sie als unhintergehbaren Anfang anzusetzen."[7] Wird Freiheit aber als ein solcher unhintergehbarer Anfang gesetzt, dann ist sie in allen Freiheitsakten wieder aufrufbar und sie ist transzendentaler Grund allen Handelns. Erreichbar ist sie nur durch die Methode „der transzendentalen Reduktion, d.h. der begrifflichen und logisch kontrollierten Zurückführung des Gegebenen auf ein Nichtgegebenes".[8] Dieses Nichtgegebene wäre also die formale Unbedingtheit der Freiheit, die gerade nicht als endliche Wirklichkeit begründet werden soll, sondern als Erklärungsgrundlage endlicher Freiheit postuliert wird.

Freiheit als unhintergehbare Tathandlung

Pröpper rekurriert in seinem Freiheitsdenken philosophisch gesehen im Letzten auf die Tradition von Johann Gottlieb Fichte, der Freiheit als unhintergehbare Tathandlung des Subjekts bestimmt. Es geht Fichte hier um ein ursprüngliches Tätigsein, das das Ich konstituiert, d.h., das Ich selbst wird verstanden als ursprüngliche Tathandlung.[9] Freiheit wird hier nicht als reflexives Vermögen, sondern als Höchstform der Spontaneität und Aktivität gedacht. Sie ist umfassendes Vermögen aller Vermögen, also auch des Willens. Natürlich gibt es kein konkretes Selbstbewusstsein ohne empirisches Ich als Träger und auch keine transzendental unbedingte Freiheit ohne konkrete und damit bedingte Verwirklichung. Jedes Tätigsein ist immer schon konkret realisiert in einem bestimmten empirischen und damit bedingten Ich. Dennoch muss der ursprüngliche Akt des Bewusstseins als unbedingt postuliert werden, wenn er Freiheit und Subjektivität

---

7 Pröpper, Theologische Anthropologie, 496.

8 Ebd., 510.

9 Johann Gottlieb Fichte, Zweite Einleitung zur Wissenschaftslehre (1797). In: Ders., Sämtliche Werke, hg. von I.H. Fichte, Erste Abtheilung, Band 1, Berlin 1845, 458-468, hier 465.

eröffnen soll.[10] Der postulatorische Charakter, der bereits das Freiheitsdenken Kants kennzeichnet, hält sich also auch bei Fichte durch: „Ich *soll* in meinem Denken vom reinen Ich ausgehen, und dasselbe absolut selbstthätig denken, nicht als bestimmt durch die Dinge, sondern als die Dinge bestimmend."[11] Das empirische Ich und die konkrete Freiheit erscheinen so in der transzendentallogischen Rekonstruktion als „Product einer absoluten Thätigkeit des Ich".[12]

Empirisch und phänomenologisch lässt sich nur deutlich machen, wie sehr der Mensch mannigfaltig bedingt ist und doch immer neu wählen und sich entfalten muss. Transzendental gesehen verweist diese Spannung auf die formale Unbedingtheit der Freiheit. Mit Jean-Paul Sartre (1905-1980) in existenzialistischer Tradition kann man das so ausdrücken: „Ich bin verurteilt, für immer jenseits meines Wesens zu existieren, jenseits der Antriebe und Motive meiner Handlung: ich bin verurteilt, frei zu sein."[13] Freiheit bedeutet ursprünglich also ein Vermögen, das über das Feststellbare und Objektivierbare und Bedingte hinausweist. Auf postulatorischer Ebene wird hier eine Instanz erkennbar, die dem Menschen mehr zumutet, als er leisten kann; der Mensch muss sich wählen.[14]

Was ist mit Menschen ohne freie Selbstbestimmung?

Diese ursprüngliche Selbstwahl des Menschen bzw. seine unverlierbare Fähigkeit, sich zu diesem Wählenkönnen zu verhalten, macht also in neuzeitlicher Perspektive die Würde des Menschen aus und sie konstituiert seine Gottesbeziehung. Was ist nun aber mit Menschen, die in ihrem Bewusstsein bleibend so sehr geschädigt sind, dass wir ihnen in keiner intelligiblen Weise Freiheit zubilligen können? Denken wir an komatöse Patienten, die irreversibel ihr Bewusstsein verloren haben. Und was ist mit Menschen, die von Geburt an in ihrem Bewusstsein so beeinträchtigt sind, dass sie sich nicht zu sich selbst in kritische Distanz setzen können und selbst den Gottesgedanken nicht fassen, geschweige denn kritisch reflektieren können?

Gisbert Greshake, der wie Pröpper das neuzeitliche Freiheitsdenken zu einem der Angelpunkte seines Denkens gemacht hat, hat auf diese Fragen einmal mündlich geantwortet, dass man

---

[10] Vgl. ebd., 462.

[11] Ebd., 467.

[12] Ebd., 394.

[13] Jean-Paul Sartre, Das Sein und das Nichts. Versuch einer phänomenologischen Ontologie. Hg. v. T. König. In: Ders., Gesammelte Werke in Einzelausgaben. Philosophische Schriften Bd. 3, Reinbek [19]2016, 764.

[14] Vgl. ebd., 765.

theologische Probleme nicht vom Ausnahmefall her denken darf – eine wenig befriedigende Auskunft. Eine andere Auskunft aus freiheitstheoretischer Sicht besteht darin, dass alle Menschen qua Zugehörigkeit zur Spezies des Menschen an seiner Würde teilhaben, auch wenn sie aktual kein freies Selbstbewusstsein realisieren können. Auch wenn ihnen auf empirischer Ebene Freiheit fehlt, könnte ihnen transzendental Freiheit zugesprochen werden, weil sie zu einer Gattung gehören, in der Freiheit realisiert werden kann. Allerdings ist es dann nicht die konkrete Existenz des beeinträchtigten Menschen, die seine Würde konstituiert, sondern es sind nicht realisierte, ja möglicherweise sogar definitiv verlorene Möglichkeiten, die ihm aufgrund seiner Gattungszugehörigkeit zukommen. Wenn naturwissenschaftlich feststeht, dass ein bestimmter Mensch niemals die Fähigkeit des Anderskönnens und der kritischen Selbstdistanz wird einnehmen können, die durch das Postulat transzendentaler Freiheit begründet wird, wirkt eine solche Lösung wenig überzeugend. Und bei geistig beeinträchtigten Menschen ist es schade, dass dieses Denken nur an ihren Möglichkeiten ansetzt, aber keine Sprache entwickelt, um das Vorhandene positiv zu würdigen.

handicapped theology

Im amerikanischen Diskurs hat sich zur Verteidigung der Perspektive geistig beeinträchtigter Menschen an dieser Stelle die sog. *handicapped theology* entwickelt, die beispielsweise Rationalität und unabhängige Subjektivität durch die Idee wechselseitiger Beziehungen ersetzt. Auch wenn eine schwerkranke Person über kein Selbstbewusstsein mehr verfüge und offenkundig nicht mehr zwischen Alternativen wählen könne, reagiere sie zumindest reflexhaft auf ihre Umwelt.[15] Allerdings kann auch diese Fähigkeit bei komatösen Patienten aufhören. Wenn man an komatöse Patienten oder schwer Alzheimerkranke denkt, wird man festhalten müssen, dass nicht nur rationales Denken, moralisches Urteilsvermögen und Kreativität an ein Ende zu kommen scheinen, sondern auch jede sinnvolle Rede von wechselseitigen Beziehungsverhältnissen.[16] Außerdem dürfte die besondere Würde menschlicher Beziehungsverhältnisse auch in dem Postulat der sie konstituierenden Freiheit gegründet sein, sodass es schwer ist, den Beziehungsgedanken vom Freiheitsmoment zu lösen, wenn denn noch irgendein Unterschied zwischen menschlichen und tierischen Beziehungen aufrechterhalten werden soll.

---

15 Vgl. Voss Roberts, Body Parts, 4f.

16 Vgl. ebd., xvii.

Sucht man als Ausweg aus dem soeben beschriebenen Problem bei der Tradition Zuflucht, so stößt man als allererstes auf die platonische Tradition, die die Besonderheit des Menschen an seiner Seele festmacht oder auf die aristotelische Tradition, die den Menschen als *animal rationale* versteht. In beiden Fällen ist es wieder die Rationalität und Geistigkeit des Menschen, die seine Würde begründet, und es stellt sich mindestens so stark wie in der modernen Theologie die Frage danach, wie mit den Mitteln einer solchen Philosophie und Theologie die Würde geistig beeinträchtigter Menschen begründet werden kann.

Man kann insofern allgemein für die christlich-abendländische Tradition festhalten: Je intensiver die Menschenwürde durch die Besonderheit menschlicher Subjektivität und Freiheit begründet wird, desto drängender wird die Frage der Würde von Menschen, die sich nicht bewusst reflektieren und die nicht in Freiheit ihr Leben gestalten können. Dieses Problem treibt mich selbst bereits seit meinem Studium um, und ich kenne keine westliche philosophische Tradition, die es überzeugend zu lösen vermag.

Impuls aus dem Hinduismus: Der nichtduale Shivaismus des Abhinavagupta

Es ist die in Toronto lehrende evangelische komparative Theologin Michelle Voss Roberts, die uns hier durch eine hinduistische Denktradition weiterhelfen will. In Aufnahme des nichtdualen Shivaismus von Abhinavagupta (ca. 950-1025) bemüht sie sich um eine Weitung des Bewusstseinsbegriffs, um die gleiche Menschenwürde aller Menschen begründen zu können. In dieser in Kashmir beheimateten hinduistische Denkschule hängt Bewusstsein nicht mehr von Subjektivität und Freiheit ab, sondern es lassen sich verschiedene Facetten von Leiblichkeit festmachen, die jeweils das menschliche Selbst strukturieren. Im Einzelnen unterscheide Abhinavagupta den bewussten, den begrenzten, den subjektiven, den engagierten und den elementaren Körper[17] und mache daran insgesamt 36 Eigenschaften fest, die menschliches Sein konstituieren.

ursprüngliche Einheit mit dem göttlichen Bewusstsein

Beginnen wir mit dem bewussten Körper und greifen wir noch einmal das Beispiel der komatösen Patientin auf, die keine bewussten Bewegungen mehr machen kann und auch keine reflexartigen Reaktionen mehr zeigt. Auch dieser scheinbar bewusst-

[17] Im Englischen kann man nicht zwischen Körper und Leib unterscheiden, sodass nicht klar ist, wie man das englische „body" an dieser Stelle adäquater übersetzt.

lose Körper hat die ersten beiden Eigenschaften, die jeden bewussten Körper nach Abhinavagupta prägen. Um das zu verstehen, ist es wichtig, dass in diesem Denken alle menschlichen Eigenschaften durch das Göttliche und von ihm her begründet sind. D.h., Ausgangspunkt des Menschseins ist keine menschliche Leistung, sondern das göttliche Bewusstsein. Auf der allerersten Stufe hat sich dieses Bewusstsein uneingeschränkt und undifferenziert selbst. Abhinavagupta spricht hier vom reinen Ich, und Voss Roberts nennt als Analogie die spezifische symbiotische Einheit des Embryos mit seiner Mutter. Wenn man so will, geht es hier um die präreflexive, allen Bewusstseinsvollzügen vorausliegende Ichheit jedes Menschen, die auch durch eine noch so schwere Behinderung nicht verloren gehen kann und die uns durchaus auch aus der neuzeitlichen Subjektphilosophie bekannt ist.

Selbsterkenntnis Gottes in ihrer Kreativität

In diesem ersten Bewusstseinszustand des Körpers ist der Mensch eins mit Shiva. Sobald der menschliche Körper nun aber gewahr wird, dass nicht alles mit Shiva identisch ist, sondern die Welt von Shiva verschieden ist, korrespondiert die Welt in dieser ihrer Andersheit mit Shakti.[18] Shakti ist die weiblich konnotierte Kreativität Gottes; in ihr erkennt sich Gott selbst.[19] Die Polarität von Shiva und Shakti braucht noch kein ausgefaltetes Selbstbewusstsein, sondern liegt diesem ermöglichend zugrunde.[20] D.h., auch vor jeder selbstbewussten Reflexion existiert der menschliche Körper in der Polarität von Shiva und Shakti – auch bei geistig Behinderten oder komatösen Patienten. Der Mensch als Mikrokosmos ist bereits vor jeder Entwicklung von Selbstbewusstsein Bild der polaren Spannung des Göttlichen.[21]

Natürlich erkennt auch Abhinavagupta, dass es noch weitere Stufen menschlichen Bewusstsein gibt, eben wenn ich mich als etwas erkenne. Doch derartige Stufen machen die ersten beiden Stufen nicht reicher, sondern stellen nur andere Zustände des einen Bewusstseins dar, das auch dann vollständig und gut ist, wenn es nur in der ursprünglichen Einheit mit Shiva existiert und also vorbewusst bleibt.[22] Ja, tantrische Meditation zielt unter Umständen sogar darauf ab, diese symbiotische Ureinheit wiederzugewinnen.[23]

---

[18] Vgl. Voss Roberts, Body Parts, xxxv.
[19] Vgl. ebd., 11f.
[20] Vgl. ebd., 13.
[21] Vgl. ebd., 22.
[22] Vgl. ebd., 24.
[23] Vgl. ebd., 26.

Schmecken Gottes im Tanz

In einer weiteren Monographie beschreibt Voss Roberts, wie in diesem hinduistischen Denken rein auf menschlich-emotionaler Ebene ein Geschmack des Göttlichen entstehen und wahrgenommen werden kann, und sie beschreibt, wie ihr als schrift- und vernunftzentrierter Protestantin gerade der tänzerische Zugang zu diesen Emotionen neue Zugänge zu Gott gebahnt hat.[24] Sie lernt hier, wie eine holistische Theologie der Gefühle diese auch in ihrem Transzendenzbezug verständlich zu machen versteht.[25] Gerade die kreative Kraft des Zorns bezeugt sie in ihrer Bedeutsamkeit für liturgische Vollzüge.[26] Sehr spannend ist auch ihre Beschreibung der ethischen Bedeutung des Ekels.[27] Aber auch wenn sie hier viele wertvolle Impulse für eine theologische Anthropologie zu geben vermag, die den Menschen in seiner Spiritualität ganzheitlicher sieht und den Geist-Körper-Dualismus zu überwinden hilft, sind der Hinweis auf die religiöse Kultivierung solcher Emotionen noch keine Lösung der Frage, wie komatöse Patienten als Menschen angesehen werden können. Immerhin kann diese Theologie der Gefühle aber helfen, eine dualistische Sicht des Menschen zu überwinden und damit Freiheit nicht mehr im Sinne von Selbstkontrolle, sondern als spielerisch-tänzerische Entfaltung von Subjektivität begreiflich zu machen. Die Rede von Selbstentfaltung und Expressivität trifft allerdings noch gar nicht den eigentlichen Punkt. Genau genommen müsste man aus hinduistischer Sicht sagen, dass es hier um das sich Hineingeben in göttliche Vollzüge geht, die so vom Göttlichen her ihre Würde bekommen und nicht von einer selbstbewussten menschlichen Anstrengung her.

Einheit von Atman und Brahman

Wir sind damit an einem Kerngedanken jeder hinduistischen Spiritualität, die uns dazu einlädt, das eigene Atman ins Brahman einzufügen und die Nicht-Zweiheit von allem zu erkennen. *Brahman* ist dabei der hinduistische Ausdruck für das Göttliche bzw. für die letzte Wirklichkeit, dem wir im zwölften Kapitel noch etwas genauer nachgehen werden. Der Begriff des *Atman* meint im indischen Denken dagegen so viel wie Atem, Hauch, Seele oder Selbst des Menschen, wobei Atem wohl die ursprüngliche Bedeutung ist und für unseren Kontext besonders treffend beschreibt, worauf es ankommt. Der Atman steht für das Wesentliche im Menschen und wird uns auch im zwölften Kapitel noch ausführlicher beschäftigen. Für den Augenblick kommt es mir

---

24 Vgl. Voss Roberts, Tastes of the Divine, 1-17.

25 Vgl. ebd., 159.

26 Vgl. ebd., 161-163.

27 Vgl. ebd., 166.

nur darauf an, dass Brahman und Atman aus klassisch hinduistischer Sicht eins sind.

Berühmt geworden ist der folgende Ausspruch der Upanishaden zur Illustration dieses Gedankens, der die Belehrung des Svetaketu durch seinen Vater Uddalaka schildert. Der Vater fordert hier seinen Sohn auf:

> „Hol eine Frucht des Feigenbaums!" - „Hier, Ehrwürdiger!" - „Zerteile sie!" - „Ich habe sie zerteilt, Ehrwürdiger." - „Was siehst du darin?" - „Diese ganz winzigen Körner, Ehrwürdiger."- „Zerteile eines von ihnen, mein Guter!" - „Ich habe es zerteilt, Ehrwürdiger."- „Was siehst du darin?" - „Gar nichts, Ehrwürdiger." Da sprach er zu ihm: ,,Diese Winzigkeit, die du nicht wahrnimmst, mein Lieber - wahrlich dieser Winzigkeit entstammend steht dieser Feigenbaum so groß da." ... „Glaube, mein Lieber: Was diese Winzigkeit ist, das ist das Selbst dieses Universums. Das ist die Wahrheit. Das ist das [individuelle] Selbst. Das bist du, Svetaketu."[28]

Wenn nun aber all meine Emotionen gar nicht vom Göttlichen zu trennen sind und mich mit seinem Urgrund zusammenhalten, dann führt auch die liturgische Kultivierung dieser Emotionen, die wir im Hinduismus so anschaulich erleben und von Voss Roberts vorgeführt bekommen, dazu, die Gottebenbildlichkeit und besondere Würde des Menschen zu realisieren. Und auch ein geistig beeinträchtigter Mensch ohne selbstbewusste Kontrolle seines Daseins kann an dieser Würde uneingeschränkt teilhaben. Die detaillierte Beschreibung der unterschiedlichen Ebenen menschlichen Seins gerade auch in der Leiblichkeit und Emotionalität führt in dieser Perspektive direkt hinein in die Theologie.

Komparative Synthese

Voss Roberts bleibt nicht bei der Faszination für das indische Denken stehen. Sie nutzt es, um auch die vormodernen Denkformen des Christentums einer genaueren Prüfung zu unterziehen. Dabei stellt sie fest, dass die Idee verschiedener Formen des Bewusstseins auch in der christlichen Denktradition stark ist. Allgemein bekannt ist etwa in der christlichen Theologie, dass die psychologische Trinitätslehre des Augustinus an drei unterschiedliche Traditionen des Bewusstseins anknüpft, die mit *me-*

---

[28] Zit. n. STEPHAN SCHLENSOG, Hinduismus. Glaube, Geschichte, Ethos. Eine interkulturell-hermeneutische Untersuchung. Diss., Tübingen 2006, Hinduismus, 153. (Bitte am Original überprüfen!)

moria, intellectus und *voluntas* bezeichnet werden.[29] Damit ist auch in dieser Tradition die Bedeutung des Willentlich-Emotionalen für den menschlichen Selbstvollzug bzw. das Wesen von Geistigkeit zentral.

Zur Anthropologie des Thomas'

An anderer Stelle macht Voss Roberts völlig zu Recht im Blick auf die Anthropologie des Thomas' von Aquin (1225-1274) klar, dass dieser nicht wie Platon Leib und Seele getrennt denken kann. Vielmehr beschreibt er die Seele in der Tradition des Aristoteles als Form des Leibes, sodass die Seele ohne Körper gar keine eigentliche Existenz haben kann. Denn erst leiblich vermag sie sich zu realisieren und Bestimmtheit zu erlangen. Entsprechend ist für Thomas auch die unsterbliche Seele vor der leiblichen Auferstehung am Ende der Tage nur ein formales Prinzip und nicht im eigentlichen Sinne Person.[30] Die Würde des Menschen kann hier also nicht ohne seine Leiblichkeit gedacht werden. Genau wie Aristoteles beschreibt Thomas im Übrigen auch ausführlich die menschlichen Strebevermögen, die diesen mit Pflanzen und Tieren verbinden und rechnet sie zur menschlichen Identität. Von daher kann man auch in thomistischer Tradition eine ganzheitliche Anthropologie starkmachen.

Selbst die so viel gescholtene neuzeitliche Subjektphilosophie denkt Subjektivität in ihrem Ursprung ja als vorbewusste Tätigkeit, sodass sie mehr mit menschlichem Lebensvollzug als mit rationaler Selbstkontrolle zu tun hat. Doch bei allen Analogien und Anknüpfungspunkten, die man also auch in der christlichen und westlichen Tradition für die Würde auch des geistig beeinträchtigten Menschen finden kann, bleibt das Denken des Abhinavagupta anregend. Es befreit uns von der Idee, volle Menschlichkeit am Ideal eines autonomen Selbst auszurichten und auf diese Weise die Würde geistig beeinträchtigter Menschen nur an ihrer Potenzialität für eine nicht vorhandene Vollform festzumachen. Vielmehr eröffnet er uns eine Sprache, in der auch Unmündige, Kranke und Behinderte die ersten und wichtigsten Stufen des menschlichen Seins verkörpern und in vollkommener Weise realisieren – eben weil es nicht ihr eigenes, sondern Gottes Bewusstsein ist, das in ihnen zur Entfaltung kommt.[31]

Würde durch Begrenztheit

Das anregende Potenzial der theologischen Anthropologie Abhinavaguptas zeigt sich auch bei der zweiten Stufe des menschlichen Körpers, die die Begrenztheit des Körpers im Blick auf Macht, Wissen, Bedürfnisbefriedigung, Zeit und Raum vor Augen

29 Vgl. Voss Roberts, Body Parts, 10.

30 Vgl. Voss Roberts, Embodiment, anthropology, and comparison, 149.

31 Vgl. Voss Roberts, Body Parts, 25.

stellt. Wenn es gerade die Begrenztheit des Körpers ist, die seine Besonderheit darstellt, wird es natürlich viel einfacher auch die durch Krankheit Wirklichkeit werdenden Grenzen nicht nur negativ zu sehen. Begrenztheit wird so als unverzichtbarer Teil des Menschseins benennbar, die die Würde des Menschen mitkonstituiert. D.h., nicht erst die Grenzen transzendierende Kraft menschlicher Freiheit macht seine Besonderheit aus, sondern schon sein Begrenztsein als ein Wesen, das die ursprüngliche Unbegrenztheit des Einen verkörpert.

Allerdings lauert an dieser Stelle auch eine radikale Absage an die christliche Anthropozentrik,[32] die doch auch mit guten Gründen unsere derzeitigen ethischen Diskurse im Westen prägt. Sicherlich ist uns dieses Denken vor allem vor dem Hintergrund der ökologischen Krise fraglich geworden. Aber es gibt ja durchaus die Möglichkeit, anthropozentrische zu anthroporelationalen Denkstrukturen weiterzuentwickeln.[33] Auf diese Weise könnte vom Menschen her Moralität begründet werden, ohne deshalb den Menschen in den Mittelpunkt zu stellen. Verzichtet man ganz auf die formal unbedingte Freiheit als Zugang zum Gedanken des Unbedingten und verzichtet man ganz auf die Grundlegung ethischer Maßstäbe aus der Autonomie menschlicher Selbstverständigung, besteht die Gefahr, dass die Menschenwürde nicht mehr verbindlich begründbar ist und der Gottesgedanke beliebig wird.

Von daher sollte man gründlich zu prüfen, welche Kosten für die theologische Ethik und Anthropologie entstehen, wenn man den anregenden Entwurf von Voss Roberts aufgreift. So wäre beispielsweise zu fragen, ob man die Welt wirklich als Gottes Körper ansehen sollte – ein Konzept, das bei Voss Roberts' Zugang aber kaum zu vermeiden ist. Auch andere Implikationen der theologischen Anthropologie Voss Roberts' mögen im amerikanischen protestantischen Liberalismus mittlerweile nachvollziehbar sein, bräuchten für den deutschsprachigen Kontext aber wohl noch ausführlicherer Vermittlung, bevor sie richtig gewürdigt werden können. Immerhin gibt sie einen ersten wichtigen Impuls zu einer ganzheitlichen Anthropologie und zu einer Würdigung menschlichen Lebens jenseits seiner Fähigkeit zur Selbstbestimmung. Gerade die spezifische religiöse Begründung der Menschenwürde bei Voss Roberts kann dazu ermutigen, wieder mehr die spezifisch biblische Begründung der Besonderheit des

32 Vgl. ebd., 89.

33 Vgl. den entsprechenden Vorschlag bei HANS-JOACHIM HÖHN, Ökologische Sozialethik. Grundlagen und Perspektiven, Paderborn u.a. 2001, 88-92.

Menschen wahrzunehmen, die letztlich in der Beziehung mit Gott gründet. Diese Beziehung Gottes zum Menschen macht sich nicht an seinen Leistungen und seiner Freiheit fest, sondern an seinem Atem (hebräisch Naefes), die auch bei den Tieren Grundlage des Bundesschlusses mit Gott ist (Gen 9,9f). Menschliche Würde wird letztlich also biblisch gar nicht dadurch begründet, dass der Mensch ein Vermögen besitzt, das ihn über Tiere erhebt, sondern sie rührt aus seiner offenbar bis ins Atmen hinein spürbaren Gottesbeziehung, die ihn zugleich in die Verantwortung ruft. Diese Verantwortung im Sinne des Bebauens und Bewahrens von Gottes guter Schöpfung (Gen 2,15) kann auch dann von Menschen mit geistigen Beeinträchtigungen vorgelebt werden, wenn sie nicht mit Herrschaft verwechselt wird, sondern sich einfach hineinnehmen lässt in Gottes Sorge für seine Schöpfung.

Michelle Voss Roberts

Die amerikanische evangelische Theologin Michelle Voss Roberts schildert ihre christliche Erziehung so, dass diese ihr den Eindruck vermittelt habe, dass ihre Seele und ihr Glaube alles sei, das zähle. Die protestantischen Kirchen ihrer Kindheit boten relativ wenig Dinge, die man betrachten konnte: der saubere Kirchturm, gerade Linien, kahle Wände, aneinandergereihte Sitzbänke und vielleicht Filzbanner mit ein paar Worten für das Kirchenjahr. Viele der Menschen, die diese Sitzbänke bevölkerten, sahen aus wie ihre Verwandten, und die religiösen Verantwortungsträger sahen aus wie ältere oder jüngere Versionen ihrer weißen männlichen Verwandten. Als sie in einem Collegekurs in Kontakt mit der hinduistischen Tradition kommt, mit all ihren Gerüchen und Gesängen, ihren Gesten und leuchtenden Gottheiten, ist sie begeistert und taucht mit allen Sinnen in die Welt des Hinduismus ein. Gerade der religiöse Tanz ist ihr erst völlig fremd und fasziniert sie. Erst durch die Begegnung mit dem Hinduismus, realisiert sie, dass auch ihr Körper für die Religion bedeutsam sein kann. Die Fragen und Kategorien, denen sie bis heute durch ihre Studien, Reisen und Beziehungen begegnet, inspirieren sie weiterhin mehr zu lernen – nicht nur über hinduistische Traditionen, sondern auch über Teile der christlichen Tradition, die ihr vorher unbekannt waren.

Inzwischen lehrt und schreibt sie, damit andere sich selbst in Beziehung zu anderen größeren religiösen Welten denken können, in denen Besonderheiten der Verkörperung bis hinein in die eigene Geschlechtlichkeit und Sexualität ebenso einen Ort haben wie die eigenen Begabungen und Kulturen. Beispielsweise half ihr das Einlassen auf die hinduistischen Traditionen und ihr theologisch-ästhetisches Konzept der *rasa* dabei, die Rolle von affektiven Gemütszuständen wie Frieden, hingebungsvoller Liebe und prophetischem Zorn in religiösen Erfahrungen und Theologien zu verstehen.

In ihrer Lehre und administrativen Arbeit an einer multireligiösen theologischen Fakultät in Toronto, ist es ihr Ziel, eine dialogische und interreligiös sensible Theologie zum Leben zu erwecken, die in der vielfältigen Gemeinschaft unserer Zeit erblühen kann. Das Leitbild ihrer Institution, dem Emmanuel College, besteht darin, „eine führende theologische Schule zu sein, an der Studierende tiefer verwurzelt werden in ihrer eigenen religiösen oder spirituellen Tradition, während sie sich mit dem Glauben und Praktiken von Menschen anderer Traditionen beschäftigen.“ Diese von der Komparativen Theologie inspirierte Vision sieht sie als aufregendes Experiment an, das eine komparativ-theologische Sensibilität in die akademische, curriculare und rituelle Dimension ihres institutionellen Lebens zu bringen versucht.

Aufgaben

1. Beschreiben Sie in eigenen Worten die Herausforderung, die sich durch geistig beeinträchtigte Menschen der christlichen Anthropologie stellt! Hat Sie dieses Problem vor der Lektüre des Textes schon einmal beschäftigt?
2. Welchen Lösungsimpuls bietet das Denken Abhinavaguptas an dieser Stelle?
3. Ist dieser Lösungsimpuls für die Sicht Ihres eigenen Glaubens rezipierbar? Wenn nicht, haben Sie eine Lösung für das beschriebene Problem?

Literatur

Langenfeld, Aaron/ Magnus Lerch, Theologische Anthropologie, Paderborn 2018 (Grundwissen Theologie) *(gut lesbares Grundlegungsbuch zur theologischen Anthropologie mit Fokus auf Rahner, Pannenberg, Jüngel und Pröpper).*

Pröpper, Thomas, Theologische Anthropologie. 2 Bde., Freiburg-Basel-Wien 2011 *(profilierter Gesamtentwurf in Aufnahme des neuzeitlichen Freiheitsdenkens).*

Voss Roberts, Michelle, Body Parts. A Theological Anthropology, Minneapolis 2017 *(Entfaltung des in diesem Kapitel angedeuteten Gedankengangs in gut verständlicher Form).*

DIES., Embodiment, anthropology, and comparison. Thinking-feeling with non dual-saivism. In: FRANCIS X. CLOONEY/ KLAUS VON STOSCH (ed.), How to do comparative theology, Fordham University Press 2018, 137-163 *(Gespräch der Anthropologie des Abhinavagupta mit Thomas von Aquin)*.

DIES., Tastes of the Divine. Hindu and Christian theologies of emotion, New York 2014 *(inspirierender Gesamtblick auf die Theologie der Gefühle)*.

5 Der Mensch als zeremonielles Tier

Problembeschreibung: Wege zur Überwindung eines reduktionistischen Verständnisses von Spiritualität

Wir hatten schon im vorausgegangenen Kapitel gesehen, dass die moderne christliche Theologie die besondere Würde des Menschen gerne durch seine Freiheit und seine Bestimmung zur frei gewählten Gemeinschaft mit Gott erklärt. Da die Dimension der formalen Unbedingtheit der Freiheit nichts äußerlich Sichtbares ist, besteht dadurch die Gefahr, das Eigentliche der menschlichen Würde ins Innerliche zu verlagern. Auch die klassische Rede von der Seele des Menschen als Beziehungsfähigkeit zu Gott[1] beinhaltet eine Tendenz der Privilegierung des Innerlichen vor dem Äußeren. Man kann von daher sagen, dass die moderne Theologie sowohl wegen ihrer Wurzeln im griechischen Denken als auch wegen ihrer Neuformatierung im Rahmen der neuzeitlichen Freiheitsphilosophie eine Tendenz hat, die für die Gottesbeziehung entscheidende Dimension des Menschen in seiner Innerlichkeit und Freiheit zu sehen.

Tendenzen der Privilegierung des Innerlichen vor dem Äußeren

Zu dieser Tendenz zur Verinnerlichung von Religion passt auch die durch Schleiermachers Theologie so folgenreiche Betonung des Gefühls der schlechthinnigen Abhängigkeit für die Gottesbeziehung und für die rationale Vermittlung von Religion. In dieser Tradition scheint es eben vorweg eine Ausrichtung des innerlichen Empfindens auf Gott bzw. das innere Berührtwerden durch Gott zu sein, das menschliche Spiritualität auszeichnet. Schleiermacher ging sogar so weit, dieses Angesprochensein durch Gott auf der Gefühlsebene zur anthropologischen Konstante zu erklären.[2] Der Mensch erscheint so als ein nach einem unendlichen Horizont ausgreifendes Tier und dieses Ausgreifen wird einerseits bei Theologen wie Karl Rahner oder Thomas Pröpper an seiner Vernunft und Freiheit festgemacht, und andererseits bei Theologen wie Schleiermacher an seinem Gefühl. In

---

[1] Vgl. Heino Sonnemans, Seele – Unsterblichkeit – Auferstehung. Zur griechischen und christlichen Anthropologie und Eschatologie, Freiburg-Basel-Wien 1984.

[2] Vgl. als klassische Entfaltung dieses Gedankens Friedrich D.E. Schleiermacher. Über die Religion. Reden an die Gebildeten unter ihren Verächtern. Hrsg. von R. Otto, Göttingen [7]1991 (utb 1655).

jedem Fall ist es aber etwas Innerliches, das die Gottesbeziehung konstituiert und den Glauben zu rationalisieren hilft.

Im Gefälle derartiger theologischer Bestimmungen ist es verständlich, dass die rituelle und sakramentale Gestalt des Glaubens etwas Sekundäres wird. Riten haben nur dann ihr Recht, wenn sie Gefühlsregungen verursachen oder rational stringent begründet werden können. Ich erinnere mich noch gut, wie mein Vater bei mir Rat suchte, weil er auf seine alten Tage bei seinen täglichen Messbesuchen keine innerliche Bewegung mehr verspürte. Für einen modernen Menschen wird beim Ausbleiben einer innerlichen Bewegung leicht das Gefühl stark, das Eigentliche von Spiritualität und Glauben zu verfehlen und eine Sinn- und Glaubenskrise droht. Im Blick auf die Liturgiereform des Zweiten Vatikanischen Konzils erinnere ich nur daran, mit wieviel Nachdruck die Konzilsväter versucht haben, alle Riten abzuschaffen, die nicht wirklich notwendig und theologisch direkt verständlich sind. Noch Jahrzehnte danach war und ist die Liturgiewissenschaft stolz darauf, dass hier mehr Rationalität, Klarheit und Stringenz in die Rituale eingeführt wurde – zumindest wurde mir das in meinem Studium so vermittelt.

Der berechtigte Anspruch der Theologie seit der Aufklärung wurde in der Moderne immer mehr, dass nur geglaubt werden darf, was auch rational vermittelt werden kann. Doch diese Vermittlungsleistungen führten mehr und mehr zu einer Verkopfung oder Ethisierung des Glaubens. Für Kant etwa wurde allein die praktische Vernunft zum maßgeblichen Ort des Glaubens und bis heute hat diese Position in der christlichen Theologie viel Einfluss.[3] Im Rahmen der weiteren Ausgestaltung des transzendentalen Kritizismus[4] wurde der Glaube immer mehr von allem gesäubert, was nicht rational als hilfreich und nachvollziehbar erschien. Glaube wurde damit auch politisch gesehen immer unsichtbarer und seine Ausübung brauchte immer weniger Öffentlichkeit. Nur so konnte überhaupt die Idee entstehen, dass der Glaube Privatsache ist und keinen öffentlichen Raum braucht. Die Verleiblichung des Glaubens, seine zeichenhafte Gestalt und seine äußere Sichtbarkeit gerieten so mehr und mehr zu etwas

Glaube als Privatsache

---

3 Vgl. zuletzt Saskia Wendel, In Freiheit glauben. Grundzüge eines libertarischen Verständnisses von Glauben und Offenbarung, Regensburg 2020.

4 Mit dem transzendentalen Kritizismus meine ich eine Schule des Denkens, die im Gefolge Kants die Kritik zum Prinzip philosophischen Denkens macht. Vgl. zur ausführlichen Erläuterung Klaus von Stosch, Transzendentaler Kritizismus und Wahrheitsfrage. In: Georg Essen/ Magnus Striet (Hg.), Kant und die moderne Theologie, Darmstadt 2005, 46-94.

Vormodernem. Christus, wie bei einer Fronleichnamsprozession, sichtbar zu den Menschen zu bringen, erscheint vor dem Hintergrund eines derartigen Paradigmenwechsels fast kurios und irgendwie peinlich.

Interessanterweise ist dieser Paradigmenwechsel längst auch in anderen Religionen spürbar. Man denke nur an die Reformtheologie des in Deutschland sehr einflussreich gewordenen Münsteraner Theologen Mouhanad Khorchide, der nur sehr wenig mit der Bedeutung äußerlicher Gesetzeserfüllung anzufangen weiß. Gut in Erinnerung ist mir, wie er in einem Zeitinterview die Frage fast lächerlich fand, dass es für die Gottesbeziehung von Bedeutung sein kann, ob man Gummibärchen isst oder nicht. Dabei ist das Verbot des Verzehrs von Schweinefleisch ein Kernbestandteil des islamischen Rechts, das schulübergreifend akzeptiert ist, weil es direkt und unmissverständlich im Koran verankert ist. Doch Khorchide vermag als typisch moderner Theologe dieses Gebot nur dann zu akzeptieren, wenn es ethisch begründbar ist und meint diese Begründung zwar für den direkten Verzehr von Schweinefleisch geben zu können, nicht mehr aber für den Verzehr eines eben nicht mehr schweinsartigen Restbestandteils von Schweinefleisch in Form von Gelantine. Dabei kann er sich durchaus auf eine respektable Tradition islamischen Rechts berufen. Für unseren Zusammenhang aufschlussreich erscheint mir lediglich, dass er gar nicht mehr versteht, warum man ein Gebot auch dann einhalten kann, wenn man ihm keinen ethischen Sinn beilegt. Aufschlussreich ist ebenfalls, dass er nicht mehr versteht, warum Gott ein Interesse daran haben könnte, ob ein Mensch Gummibärchen isst oder nicht. Hier wird die Wendung zur Innerlichkeit auch im Rahmen der islamischen Theologie wirksam.[5]

Und doch ist es gerade der Islam, der eigentlich mit einer solchen Verinnerlichung und Privatisierung von Religion nicht zusammenpasst, weil er voller Rituale und Rechtsbestimmungen ist, die den öffentlichen Raum tangieren und nach Sichtbarkeit streben. Man denke nur an das Ritualgebt, das Kopftuch oder den Fastenmonat Ramadan. Von daher lohnt es sich genauer zu schauen, wie sich muslimisch die große Bedeutung des Zeichenhaften, Äußerlichen und Sichtbaren eigentlich begründen lässt. Denn diese Begründungsleistung könnte gerade für eine katholische Version des Christentums ausgesprochen inspirierend sein, weil katholisches Christentum zentral durch die Kategorie der

---

5 Vgl. insgesamt zur für muslimische Ohren ungewöhnlichen Rechtsauffassung Khorchides sein Buch Scharia – der missverstandene Gott. Der Weg zu einer modernen islamischen Ethik, Freiburg-Basel-Wien 2013.

Sakramentalität bestimmt ist.[6] Anders als ein liberaler evangelischer Glaube braucht auch der katholische Glaube genau wie der muslimische den leiblichen Vollzug und ist auf sichtbare Zeichen hin angelegt.

Menschen brauchen Rituale

An dieser Stelle kann einer auf zeichenhafte Vermittlung angelegten Theologie ein Umstand zu Hilfe kommen, der uns gerade in der Spätmoderne immer mehr auffällt – nämlich die Beobachtung, wie sehr Menschen Rituale brauchen. Es ist inzwischen oft beschrieben worden, wie vielfältig typisch religiöse Rituale in den säkularen Raum ausgewandert sind und dort die Gestalt einer impliziten Religion annehmen.[7] Man denke nur an die Inszenierung von Fußballspielen, die vom Einlaufen der Fußballmannschaften bis zur Zelebrierung des Geschehens auf dem heiligen Rasen selbst vielfältige Assoziationen mit religiösen Riten wecken. Aber auch schon der Fuchs im kleinen Prinzen wusste, wie wichtig Riten für die Annäherung von Geschöpfen aneinander sind.[8] Mit Riten meint er wiederkehrende Praktiken zu bestimmten Zeitpunkten, die durch ihre sorgsame Kultivierung eine Zeichenfunktion im Leben einnehmen. Derartige Riten gehören zur Verkörperung des Menschen durch Sprache und Zeichen unausweichlich dazu, und sie prägen nicht nur Religionen, sondern auch vielfältige kulturelle Bezüge. Nicht umsonst hält auch der österreichische Philosoph Ludwig Wittgenstein fest:

Der Menschen als zeremonielles Tier

> „Man könnte fast sagen, der Mensch sei ein zeremonielles Tier. Das ist wohl teils falsch, teils unsinnig, aber es ist auch etwas Richtiges daran. Das heißt, man könnte ein Buch über Anthropologie so anfangen: Wenn man das Leben und Benehmen der Menschen auf der Erde betrachtet, so sieht man, daß sie außer den Handlungen, die man tierische nennen könnte, der Nahrungsaufnahme, etc., etc., etc., auch solche ausführen, die einen eigentümlichen Charakter tragen und die man rituelle Handlungen nennen könnte."[9]

Derartige rituelle Handlungen sind offenbar vor allem im Bereich der Religion von konstitutiver Bedeutung. Ja, in der Ethnologie

6 Vgl. Karl-Heinz Menke, Sakramentalität. Wesen und Wunde des Katholizismus, Regensburg 2012.

7 Vgl. Hans Joas, Glaube als Option. Zukunftsmöglichkeiten des Christentums, Freiburg-Basel-Wien [2]2013, 191.

8 Vgl. Antoine de Saint-Exupéry, Der kleine Prinz. Neuauflage, Düsseldorf 1979, 51. Im französischen Original heißt es sehr prägnant „Il faut des rites!", während die deutsche Übersetzung von Bräuchen spricht, sodass der religiöse Bezug fast unkenntlich wird.

9 Ludwig Wittgenstein, Bemerkungen über Frazers *Golden Bough*. In: Ders., Vortrag über Ethik und andere kleine Schriften. Hrsg. u. übers. v. Joachim Schulte, Frankfurt a.M. [3]1995, 29-46, hier 35.

gibt es sogar die Tendenz, religiöse Riten als Erkennungsmerkmale des Menschen zu verstehen[10] – und damit der Intuition Wittgensteins auch empirisches Gewicht zu geben. Zwar werden die Spuren dieser Riten in der modernen Theologie wiederum gerne als Beweise eines Transzendenzbewusstseins angesehen.[11] Aber empirisch festmachen kann man eine solche Behauptung natürlich nicht an Bewusstseinsinhalten, sondern nur an Spuren von Zeichen – etwa solchen der Totenbestattung und den dazugehörigen Übergangsriten. Beim Neandertaler etwa wurde „[d]er Boden, mit dem der Tote überschichtet war, … gelegentlich einer Pollenanalyse unterzogen, bei der sich herausstellte, dass die Toten bei der Bestattung mit Malven, Traubenhyazinthen und Lichtnelken bedeckt worden waren. Auch Muschelschmuck in den Augenhöhlen der Toten wurde gefunden."[12] Ulrich Lüke folgert in seiner theologischen Anthropologie, dass Menschsein da beginnt, „wo zum Ichbewusstsein (Selbstbezug) eine Art Transzendenzbewusstsein (z.B. in der Konkretion eines Gottes- oder Götterbezugs oder in dessen Leugnung) hinzutritt."[13] Fest macht er dieses Transzendenzbewusstsein aber eben an den Spuren religiöser Riten, sodass eigentlich das Äußerliche die einzige belastbare Evidenz für seine These ist. Passender wäre es also den Menschen wie Wittgenstein als zeremonielles Tier anzusehen, ohne die Zeremonien nur als Indikatoren für bestimmte mentale Zustände zu werten.

Religiöse Riten als Kennzeichen des Menschseins

Dabei will ich gar nicht die These vertreten, dass Riten nur bei Menschen vorkommen, obwohl die mir bekannte empirische Evidenz tatsächlich dafür spricht, dass zumindest religiöse Riten tatsächlich spezifisch menschlich sind. Vielmehr will ich nur darauf aufmerksam machen, wie wichtig Riten für das Menschsein sind und wie sehr seine Identität dadurch geprägt wird. Offenbar ist das äußerlich Sichtbare, zeichenhaft und rituell Verfasste viel bedeutsamer für die Ebene des Selbstbewusstseins und den Vollzug von Freiheit als wir das neuzeitlich im Blick haben. Offenbar ist Religion eben nicht nur durch den Kopf geprägt, sondern hat auch viel mit Leiblichkeit und Verkörperung zu

---

10 Vgl. Ulrich Lüke, Das Säugetier von Gottes Gnaden. Evolution, Bewusstsein, Freiheit, Freiburg-Basel-Wien [2]2007, 17.

11 Vgl. ebd., 145.

12 Vgl. ebd., 147.

13 Vgl. ebd., 143.

tun.[14] Offenbar können auch vordergründig unsinnige Riten eine wichtige Funktion für die menschliche Spiritualität einnehmen.

Wittgenstein macht in seiner profunden Kritik an dem Ethnologen James Frazer beispielsweise klar, dass der Regentanz in indigenen Religionen nicht etwa ein völlig irrationaler Versuch der Beeinflussung des Wettergeschehens durch magische Riten darstellt, sondern als Ritual zur Eröffnung der Regenzeit nicht im Rahmen technischer Zweckrationalität angemessen verstanden werden kann. Der Tanz führt vielmehr tief hinein in eine spezifisch menschliche Daseinsbewältigung und seine Sehnsucht nach Beheimatung in der Natur. Aufgrund des anthropologischen Grundgesetzes der natürlichen Künstlichkeit ist der Mensch von Natur aus einer kulturellen Vermittlung seiner Wirklichkeitserfahrung bedürftig.[15] Offenkundig ist er auf Sinnstiftung angewiesen und kann in Form von Riten eine Form von Vertrautwerden erreichen, die es ihm ermöglicht, in der Natur heil zu werden.

An dieser Stelle kann man fragen, ob diese Riten nicht letztlich nur hilflose Versuche des Menschen sind, in einer unbehausten Wirklichkeit zurechtzukommen. Gerade religiöse Riten könnten auch nur als Placebo wirken und letztlich in den unendlichen Weiten des Weltalls verschwinden. Rein anthropologisch wissen wir nicht, ob wir durch unsere Riten und unser Ausgreifen nach Unendlichkeit ins Leere ausgreifen oder dem Geheimnis Gottes nachspüren. Barth hat völlig Recht, dass alle menschlichen Selbstvergewisserungsversuche niemals geeignet sein können, das Transzendente zu erreichen.[16] Von daher hilft die anthropologi-

---

14 Vgl. zur in der Tradition begründeten großen Bedeutung der Leiblichkeit für die theologische Anthropologie Erwin Dirscherl, Grundriss Theologischer Anthropologie. Die Entschiedenheit des Menschen angesichts des Anderen, Regensburg 2006.

15 Vgl. Helmuth Plessner, Mit anderen Augen. Aspekte einer philosophischen Anthropologie, Stuttgart 1982, 15-30.

16 Man denke nur an Barths bekannte Verurteilung von Religion als Unglaube und alle menschlichen gemachten Versuche, sich dem Geheimnis Gottes aus eigener Kraft zu nähern. Vgl. Karl Barth, Kirchliche Dogmatik I/2, Zollikon-Zürich [15]1989, 358f: „Religion ist Unglaube, und dass sie nicht durch die innere Würdigkeit, sondern allein durch Gottes, in seiner Offenbarung verkündigte und wirksame Gnade von diesem Urteil freigesprochen ist. Dieses Urteil bedeutet aber konkret: unsere ganze Betätigung des Glaubens: unsere christlichen Vorstellungen von Gott und den göttlichen Dingen, unsere christliche Theologie, unsere christlichen Gottesdienste, unsere christlichen Gemeinschafts- und Ordnungsformen, unsere christliche Moral, Poesie und Kunst, unsere Versuche individueller und sozialer christlicher Lebensgestaltung, unsere christliche Strategie und Taktik zugunsten unserer christlichen Sache, kurz, unser *Christentum*, sofern es eben *unser* Christentum, das von uns unternommene

sche Würdigung von Zeichen und Riten noch nicht weiter, um deren theologische Dignität zu verteidigen. Auch das von Rahner oder Pröpper diagnostizierte Ausgreifen des Menschen nach Gott kann man im Gefolge Barths als das Verlangen diskreditieren, etwas zu erreichen, das eben vom Menschen aus nicht erreichbar ist. Und im zweiten Kapitel hatten wir ja auch gesehen, wie wichtig beispielsweise aus buddhistischer Sicht die Überwindung unserer Sehnsucht nach Transzendenz ist, weil sie uns letztlich in einem dualistischen Wirklichkeitsverständnis gefangen hält. Von daher fehlt uns noch eine genuin theologische Begründung für die Würdigung des Menschen als zeremoniellem Tier und die damit verbundene Rehabilitierung des Leiblichen, Sichtbaren und Äußeren im Rahmen der Spiritualität. An dieser Stelle wollen wir uns der muslimischen Offenbarungstheologie zuwenden, weil ja gerade der Islam in noch stärkerer Weise als das Christentum auf die Einhaltung von Riten und Geboten drängt, die das sichtbare Handeln regeln.

Das gesprochene Wort Gottes als ästhetisches Ereignis: Neue Zugänge zum Koran

Mitte des Islams und damit auch Mitte seines Offenbarungsanspruchs ist der Koran;[17] er ist aus muslimischer Sicht Urnorm der Wahrheit, Richtschnur für ein gutes Leben und direkte Anrede Gottes an den Menschen. Immer wenn der Koran rezitiert wird, glauben Muslime, dass Gottes Wille für sie hörbar wird; im Vortrag des Korans ereignet sich Gottes Gegenwart. Entsprechend hält etwa der muslimische Theologe Milad Karimi fest, dass Gott mit dem Koran seine eigene Gegenwart offenbart und dass im Akt der Rezitation des Korans „die Gegenwart Gottes sinnlich wahrnehmbar" wird.[18] Im Kontext unserer Problemstellung ist besonders wichtig, wie sehr er hier die Sinnlichkeit der Gegenwart Gottes betont. Begründet wird diese Akzentuierung der Sinnlichkeit durch die große Bedeutung der Ästhetik der Koranrezitation.

---

und diesen und jenen Fernzielen entgegengeführte Menschenwerk ist, [...] dieses Ganze [...] ist gerade nicht, was es sein möchte und zu sein vorgibt: ein Werk des Glaubens [...], sondern hier ist [...] der menschliche Unglaube, d.h. der Widerspruch gegen Gottes Offenbarung und also der Götzendienst und die Werkgerechtigkeit auf dem Plan und in Aktion."

17 Die ersten drei Sätze dieses ersten Abschnitts stellen eine wörtliche Wiederholung dar aus von Stosch, Herausforderung Islam, 11.

18 Karimi, Versuch einer ästhetischen Hermeneutik des Qur'ān, 27.

Unnachahmlichkeit des Korans

Eine derartige ästhetische Rekonstruktion des muslimischen Offenbarungsanspruchs wird auch schon bei dem deutsch-iranischen Islamwissenschaftler und Schriftsteller Navid Kermani vorgenommen.[19] Sie geht von der Unnachahmlichkeit des Korans (*'i'ǧaz al-qur'ān*) aus und stellt fest, dass diese in der muslimischen Theologiegeschichte zwar anfangs primär inhaltlich, dann aber mehr und mehr mit der sprachlich-stilistischen Gestalt des Korans begründet wird. Der Ursprung dieses Gedankens liegt in Muhammads Herausforderung seiner Gegner zum Wettstreit, sie sollten doch eine ähnliche Offenbarung wie den Koran hervorbringen. Solange ihnen das nicht gelinge, sei seine Behauptung der Göttlichkeit des Korans berechtigt – ein Begründungsverfahren, das ein wenig daran erinnert, dass auch in einem Strafprozess ein Freispruch erfolgt, wenn es gelingt, alle Argumente der Staatsanwaltschaft zu entkräften.[20] Im Zweifel wird der Angeklagte freigesprochen, und so könnte man argumentieren, dass auch der Glaube an die Unnachahmlichkeit des Korans gerechtfertigt ist, solange seine ästhetische Legitimation nicht widerlegt wird.

Interessant an dieser Begründungsstrategie ist, dass die ihr zugrunde liegende Herausforderung historisch zunächst gar nicht oder zumindest nicht primär die sprachlich-stilistische Ebene im Blick hat, dass sie von den späteren Muslimen aber im Sinne einer ästhetischen Herausforderung verstanden wurde. Spätestens seit dem 10. Jahrhundert christlicher Zeitrechnung gehört der Glaube, dass es niemand geschafft hat, dem Koran etwas Schöneres, Besseres und Hinreißenderes entgegenzusetzen, zu den identitätsstiftenden Elementen der muslimischen Gemeinden.

Zur Logik dieser Art der Begründungsstrategie gehört nicht nur, dass „die Araber den Koran aufgrund seiner stilistischen Vollkommenheit als göttliches Werk anerkannt haben, sondern auch, daß diese Araber das Dichtervolk schlechthin und gerade sie es waren, welche das Sprachwunder eingestehen mußten,

---

19 Der Rest dieses Unterkapitels folgt in weiten Passagen wörtlich meinen Ausführungen in von Stosch, Herausforderung Islam, 28-32.

20 Ganz auf dieser Linie erklärt heute beispielsweise auch Nicholas Wolterstorff, dass Glaubende in ihrem Glauben gerechtfertigt seien, solange ihnen nicht die Falschheit ihres Glaubens nachgewiesen werde. Diese klassische Begründungsstrategie findet also durchaus Widerhall in der aktuellen religionsphilosophischen Debatte – wenigstens in der *reformed epistemology*. Vgl. Nicholas Wolterstorff, Can belief in God be rational if it has no foundations? In: Ders./ Alvin Plantinga (Hg.), Faith and rationality, Notre Dame-London 1983, 135-186, hier 162f.

dasjenige Volk also, das die Kunst der Beredsamkeit über alles schätzte und nur durch ein sprachliches Wunder überzeugt werden konnte."[21]

Auch der Islamwissenschaftler Thomas Bauer hält in ganz ähnlicher Stoßrichtung fest, dass zu keiner anderen Zeit der Geschichte „eine Bevölkerung über eine so hohe rhetorische Bildung verfügte wie die Menschen in der islamischen Welt vom 7. bis zum 19. Jahrhundert unserer Zeitrechnung."[22] Vielleicht könnte man insofern die Eigenart der muslimischen Offenbarung in einem personal-dialogischen Verhältnis Gottes zu Muhammad und seinem Volk sehen. Gott teilt sich den Muslimen in einer ästhetisch vermittelten Weise mit, weil er von diesem Volk gerade so verstanden zu werden hofft. Wenn Gott nicht blinden Gehorsam, sondern verstehende Anerkennung will, muss er einem an dieser Stelle empfänglichen Volk auf ästhetische Weise begegnen.

Der Koran als ästhetisches Ereignis

Denn – so zumindest die These von Navid Kermani – das religiöse Erkennen ist im Islam ästhetisch vermittelt „als ein Schauder erregendes, Gänsehaut verursachendes Hören einer als schön bezeichneten Rede, ... eine Schönheitserfahrung".[23] Wie genau diese ästhetische Besonderheit zu fassen ist, ist natürlich ohne Kenntnisse des Arabischen unmöglich. Der mittelalterliche Denker al-Gurǧni würde sagen, dass die Besonderheit eben in der Struktur der Verse, in der sinnvollen Verknüpfung von Wortzeichen zur Übermittlung einer Intention liege, dass alles eben einfach genau an seinem Platz sei. Vers für Vers gebe es kein Wort, das angemessener oder passender ersetzt werden könnte.[24] Der Theologe ar-Rummānī (909-994) argumentierte für die Unnachahmlichkeit des Korans „durch eine stilistische Analyse, in der er nachwies, daß Metaphern nicht der Verunklarung, sondern der Verdeutlichung einer Aussage dienen."[25]

Damit wird das ästhetische Ereignis in seiner Dignität nicht wie bei Kant durch seine subjektive Aneignung starkgemacht und so wieder zu einem innerlichen Gefühl des interesselosen Wohlgefallens stilisiert, sondern das ästhetische Ereignis wird als objektives Widerfahrnis analysiert und in nachprüfbarer Weise in seiner Besonderheit kenntlich gemacht. Auch wenn wir in diesem

[21] KERMANI, Gott ist schön, 23.
[22] THOMAS BAUER, Die Kultur der Ambiguität. Eine andere Geschichte des Islams, Berlin 2011, 50.
[23] KERMANI, Gott ist schön, 25f.
[24] Vgl. ebd., 256.
[25] BAUER, Die Kultur der Ambiguität, 49.

Zusammenhang eine solche Überprüfung nicht leisten können, so bietet diese Rekonstruktion doch Anknüpfungsmöglichkeiten für eine Konturierung der muslimischen Offenbarungsbehauptung, die einer philosophischen Prüfung standzuhalten vermag, ohne den Koran auf seine ethische Dimension zu reduzieren und ohne ihn als aus der Vernunft ableitbar anzusehen. Damit eröffnet sich die Möglichkeit der Würdigung des Korans jenseits seiner typisch neuzeitlichen Reduktion auf eine Resonanz im Bereich der Innerlichkeit des Menschen.

Zusammenspiel von Form und Inhalt

Zugleich kann von einer Reduzierung des Korans auf seine Ästhetik schon deshalb keine Rede sein, weil die ästhetische Wirkung nur im Zusammenspiel von Form und Inhalt erreicht werden kann. Es geht also nicht um die Reduzierung des Korans auf seine Ästhetik, sondern um die These, dass die Gegebenheitsweise der Offenbarung im Islam primär ästhetisch vermittelt und folglich auf dieser Ebene zugänglich ist. Entsprechend müsste dann auch die Koranhermeneutik nicht primär ethisch, sondern ästhetisch orientiert sein und damit eine Form von Äußerlichkeit inkludieren, die die oben ausgeführte Dichotomie zu überwinden vermag.

Karimi vergleich die Koranrezitation gerne mit einer Oper,[26] sodass auch für ein westliches Publikum die Wichtigkeit des Zusammenhangs von Form und Inhalt verständlich wird. Denn natürlich ist auch bei einer Oper das Libretto wichtig und der Text erscheint oft als Obertitel im Opernhaus und ist zum Verstehen der Handlung unerlässlich. Und doch ist die wichtigere Ebene diejenige, die das Zusammenstimmen von Klang und Musik betrifft und bewegt sich damit auf einer rein äußerlichen bzw. rein ästhetischen Ebene. Entsprechend wirkt auch der Koran faktisch oft einfach nur durch seine ästhetische Kraft, was auch gut erklärt, warum er häufig von Kindern auswendig gelernt wird, die seine Inhalte gar nicht verstehen.

Natürlich darf die Unterscheidung verschiedener Gegebenheitsweisen der Offenbarung nicht dazu führen, die jeweiligen Religionen auf ihre primären Gegebenheitsweisen festzulegen. Auch im Christentum spielen ästhetische Vermittlungsfiguren eine große Rolle, und es wäre eine eigene Untersuchung wert, warum diese Art der Vermittlung gerade in den orthodoxen Kirchen so ausgeprägt ist und in den Kirchen der Reformation so sehr vernachlässigt wird. Ebenso ist selbstverständlich der Blick auf die Gestalt Christi ein wichtiges ästhetisches Ereignis, das

26 Vgl. KARIMI, Versuch einer ästhetischen Hermeneutik des Qur'ān, 22.

allerdings eher in der Weise des Sehens als des Hörens beheimatet ist – man denke nur an die entsprechenden Überlegungen Hans Urs von Balthasars.[27] Umgekehrt stellt auch der Koran kognitiv-propositionale und auch ethische Ansprüche, die nicht in das ästhetische Hörerlebnis aufgelöst werden dürfen, sondern gerade in ihm erst angemessen erfasst werden. Eben diese Überlappungen könnten ein entscheidender Grund dafür sein, warum sich Christentum und Islam so sehr in einer Konkurrenzsituation wahrnehmen.

Es kann also nicht darum gehen, im Islam eine rein ästhetische Weise der Offenbarung zu sehen und diese von einer rein personalen Gegebenheitsweise im Christentum abzusetzen. Verzichtet man auf solche einseitigen Pauschalurteile, scheint mir für das interreligiöse Gespräch dennoch die Wahrnehmung hilfreich zu sein, dass der Modus der Offenbarung im Islam offensichtlich in erster Linie im Hören zugänglich ist und dabei in der Regel nicht ohne ästhetische Elemente auszukommen scheint. Schon Muhammad selbst bekommt kein Schriftstück ausgehändigt, sondern hört die Offenbarung vom Erzengel Gabriel. Bis heute ist der Koran ein Vortragstext und gewissermaßen die liturgische Rezitation der direkten Rede Gottes. „Gott spricht, wenn der Koran rezitiert wird, sein Wort kann man genau genommen nicht lesen, man kann es nur hören."[28] Entsprechend ist im Islam nicht das Darstellen und Berühren, sondern das Hören im Mittelpunkt des liturgischen Vollzuges: Sein zentraler Kult ist „das Hören oder Aufsagen der göttlichen Rede, die *ṣalāt*, das täglich drei- bis fünfmalige Ritualgebet".[29] Das Erleben der Nähe Gottes scheint im Islam durch die Begegnung mit seinem Wort vermittelt zu sein, so dass das Hören des Korans als sakramentale Handlung verstanden werden kann.

ursprüngliche Mündlichkeit des Korans

Nicht umsonst herrschte in der islamischen Welt – anders als im Judentum – lange ein mitunter heute noch zu beobachtendes Misstrauen gegen ausschließlich schriftliche Überlieferungen der Offenbarung. Letztlich war und ist es die von Generation zu Generation immer neu vermittelte mündliche Rezitation des Korans, die die Authentizität der Offenbarung verbirgt und sie neu

---

27 Vgl. Hans Urs von Balthasar, Herrlichkeit. Eine theologische Ästhetik. Bd. 1: Schau der Gestalt, Einsiedeln 1961, bes. 113, 298f.; vgl. inzwischen die instruktive Auseinandersetzung mit Kermani und Karimi aus von Balthasars Perspektive bei Heupts, Auf den Spuren der Herrlichkeit Gottes.

28 Kermani, Gott ist schön, 173.

29 Ebd., 217.

erlebbar macht. Selbst die rationalistische Theologen der muslimischen Tradition geben zu, dass Gott in der Rezitation so zu einem spricht, wie zu Mose auf dem Berg Sinai und selbst die Gegner der These der Unnachahmlichkeit des Korans nehmen ihn als Literaturdenkmal sehr ernst – so wie auch von Nichtchristen Jesus wegen seiner Menschlichkeit bewundert wird. Die Rede von der Unnachahmlichkeit des Korans ist zwar eine apologetische Theorie, die in Theologenstuben geboren wurde, aber erzeugt wurde sie von den Koran-Rezitatoren und ihren Zuhörern und entsprechend kann sie auch historisch-kritisch befragt werden.

Dabei ist zu bedenken, dass die besondere ästhetische Gegebenheitsweise der Offenbarung im Islam es nahezu unmöglich machen muss, den Koran zu übersetzen. Aus der Unmöglichkeit einer adäquaten Übersetzung folgt allerdings kein Übersetzungsverbot. Entsprechend hat sich bereits Abū Hanīfa (699-767) dafür eingesetzt, den Koran ins Persische zu übertragen, und es fällt auf, dass „aus der gesamten vormodernen Geschichte des Islams kein einziger Fall bekannt ist, in dem jemand wegen einer Übersetzung des Korans verurteilt oder auch nur angeklagt worden wäre."[30]

Dennoch gilt natürlich, dass „allein im Original … die Interpretationsoffenheit des Textes bewahrt"[31] ist. Von daher ist es im Islam theologischer Konsens, dass theologisch und rechtlich verbindliche Standpunkte nur auf der Basis der Kenntnis des arabischen Urtextes des Korans entwickelt werden können. So wie das Christentum an die jüdische Tradition gebunden ist und ohne sie nicht verstanden werden kann, kann auch der Koran nicht ohne die arabische Sprache in seiner letzten Tragweite verstanden werden. Die Bedeutung der ästhetischen Dimension des Korans für die Glaubensverantwortung verdeutlicht im Übrigen die Vielzahl von Bekehrungsberichten der muslimischen Tradition, die von einer *Metanoia* durch das ästhetische Erleben des Wortes berichten.[32] Im Christentum ist mir keine Bekehrungsgeschichte bekannt, in der allein das (ästhetisch vermittelte) Hören des Wortes Gottes zur Konversion führt, während die muslimische Tradition voll von Berichten ist, die die Sprachgewalt des Offenbarungstextes illustrieren.

---

30 Bauer, Die Kultur der Ambiguität, 138f.

31 Ebd., 141.

32 Vgl. Kermani, Gott ist schön, 32f.

Bekehrung des Umar

Von den vielfältigen Beispielen, die Navid Kermani hierzu gesammelt hat, greife ich das der Bekehrung des späteren Kalifen Umar heraus:

> „Er war ursprünglich einer der gefährlichsten Gegner der jungen muslimischen Gemeinde, ein Mann von 30 oder 35 Jahren, der über enorme Muskelkraft und Energie verfügte, Spiel, Wein und Poesie liebte, als ebenso gefühlvoll wie jähzornig galt. … Eigentlich hatte er an dem Tag, an dem die Handlung spielt, vor, den Propheten zu töten, doch gerade, als er zu ihm hingehen wollte, erfuhr er, dass sich seine Schwester Fatima und deren Mann … dem Islam angeschlossen hatten. Wutentbrannt lief er zu ihrem Haus. Schon auf der Straße vor der Haustür hörte er, wie jemand den beiden den Koran vortrug. Umar stürmte in das Zimmer. Der Rezitator versteckte sich, so schnell er nur konnte, während Fatima die Koranblätter an sich nahm und unter ihren Beinen versteckte.
> ‚Was ist das für ein Murmeln, das ich hörte?' herrschte Umar sie an.
> ‚Du hast nichts gehört', versuchten Fatima und ihr Mann ihn zu beruhigen.
> Da rief Umar: ‚Doch, das habe ich, bei Gott, und ich weiß, dass ihr Mohammed in seiner Religion folgt!'
> Er wollte auf seinen Schwager losgehen, aber Fatima warf sich zwischen die beiden, so dass ihr Umar unbeabsichtigt einen gewaltigen Schlag versetzte.
> ‚Ja, wir haben uns zum Islam bekehrt, und wir glauben an Gott und seinen Gesandten – so tu' nun, was du willst', riefen Fatima und ihr Mann.
> Umar jedoch bereute schon sein Verhalten, das Blut im Antlitz seiner Schwester rührte ihm das Herz. Mit sanfter Stimme fragte er sie nach der Schrift. Nachdem ihm Fatima das Versprechen abgenommen hatte, das Blatt unbeschädigt wieder zurückzugeben, und ihn zudem bewogen hatte, sich einer rituellen Waschung zu unterziehen, da kein Unreiner den Koran berühren dürfe, händigte sie es ihm aus. Umar begann, die Sure Taha (Nr. 20) zu rezitieren. Nach wenigen Versen schon hielt er ein und rief:
> ‚Wie wunderschön, wie erlesen ist diese Rede … !'
> Nachdem er zu Ende gelesen hatte, suchte er sofort Mohammed auf, um sich vor ihm zum Islam zu bekennen."[33]

Schönheit als Grund der Bekehrung

Offensichtlich ist es bei dieser Bekehrungsgeschichte die Schönheit des Korans, die den Gegner zum Anhänger Muhammads macht. Diese Schönheit wird hier allerdings nicht so stark mirakulös überhöht, dass sie völlig isoliert als Grund der Bekehrung erscheint. Vielmehr bedarf es erst der Erschütterung Umars durch die unbeabsichtigte Verletzung, die er seiner Schwester angetan

[33] Ebd., 34f.

hat, um ihn so aufgewühlt sein zu lassen, dass er dazu bereit ist, den Koran ernst zu nehmen. Erst auf der Grundlage dieser Bereitschaft ist er dazu in der Lage, den Koran in seiner Schönheit zu würdigen und als Glaubensgrund gelten zu lassen. Das personale Zeugnis der Schwester hat hier offenkundig eine nicht zu unterschätzende Rolle für die Wirksamkeit der ästhetischen Besonderheit des Korans, so dass es deutlich ist, dass man diese nicht von ihrem Kontext trennen darf.

Interessant an der Stelle ist auch das Insistieren der Schwester auf einem ritualisierten Umgang mit dem Koran, der exemplarisch deutlich macht, wie ein ästhetisches Offenbarungsverständnis dazu führen kann, dass Menschen eine ästhetisch ritualisierte Form der Reaktion auf das Offenbarungsereignis ausbilden. Diesem Impuls gilt es nun näher nachzugehen und daraus komparativ theologische Einsichten zu gewinnen.

Riten als zeichenhafte Antworten auf die Herrlichkeit Gottes

Macht man ein ästhetisch konfiguriertes Offenbarungsverständnis stark, das die Evidenz der Offenbarung an ihrer alles menschlich Fassbare übersteigenden Herrlichkeit festmacht, so wird es für den Menschen völlig unmöglich, die Wucht des Offenbarungsereignisses innerlich zu absorbieren. Die grundlegende Erfahrung besteht dann darin, dass dem Menschen mehr begegnet als er fassen und aufnehmen kann. Die Rede von Religion als Sprengmetapher[34] gewinnt so an Plausibilität. Auch Barths Analogie mit dem Einschlag eines Meteoriten in die Welt, die eben nach einer Offenbarungserfahrung einem Krater gleicht, weist in eine ähnliche Richtung.[35]

Zugleich wird durch die Kategorie der Schönheit eine Struktur in der Offenbarungserfahrung entwickelt, die den Menschen zu einer ästhetischen Gestaltung seiner Antwort auf die Offenbarungserfahrung einlädt. Diese Antwort kann angesichts der Unnachahmlichkeit des Korans nicht darin bestehen, diesen abzubilden und sich also selbst als Gestalt von Herrlichkeit und Schönheit zu inszenieren. Vielmehr muss es darum gehen, Zeichen und Riten zu finden, die vom Menschen weg auf die Herr-

---

34 Vgl. Hans Blumenberg, Schiffbruch mit Zuschauer. Paradigma einer Daseinsmetapher, Frankfurt a.M. 1979.

35 Vgl. Karl Barth, Der Römerbrief (Zweite Fassung 1922), Zürich [16]1999, 53f. Vgl. auch seine Rede von der „senkrecht von oben" ergehenden Anrede des Menschen in Jesus Christus (ebd., 6).

lichkeit Gottes hin verweisen. Diese Zeichen können versuchen, angemessen auf die ästhetische Form der Anrede Gottes zu reagieren, indem sie ebenfalls ästhetisch stilisiert werden. Ohne Gottes Stimme abbilden zu wollen, können sie ihren Resonanzraum verkörpern. Genauso wie die Anrede Gottes ihre Wucht nur gewinnt, indem auch eine überzeugende inhaltliche Dimension in die Gestalt der Offenbarung eingeholt wird, käme es auch bei der rituellen Handlung darauf an, eine inhaltlich sinnvolle Antwort mit dem Ritus zu verbinden. Aber getragen wird die menschliche Antwort auf die Offenbarung weder von der innerlichen Ergriffenheit der Glaubenden noch von dem intellektuellen Glanz ihrer Theologie, sondern von der Passgenauigkeit der Gestaltung des Resonanzraums. Das bedeutet natürlich nicht, dass es unangebracht wäre, intellektuell anspruchsvolle Theologien zu entwickeln oder sich von den religiösen Ritualen innerlich anrühren zu lassen.

ästhetische Selbststilisierung der Gemeinde

Aber auf diese Innerlichkeit kommt es in letzter Instanz nicht an, weil die Ästhetik des Ritus selbst die Antwort auf ein ästhetisch verstandenes Offenbarungsereignis zu tragen vermag. D.h., man muss kein schlechtes Gewissen haben, wenn man das Ritualgebet nur mechanisch verrichtet oder seine Form nicht ethisch zu begründen vermag.[36] Man darf auch einfach dem eigenen Leib die Vollzüge des Betens oder Fastens überlassen, ohne dabei immer intellektuelle oder gar ethische Leistungen zu vollbringen. Damit ist auch einem wichtigen Impuls der reformatorischen Kritik an religiösen Ritualen als Leistung des Menschen der Boden entzogen. Dann natürlich kann ein nur äußerlich vollzogenes religiöses Ritual nicht der Grund für die Rettung eines Menschen durch Gott sein. Sie ist keine bewundernswerte Leistung des Menschen und sicher nichts, womit der Mensch den Himmel auf die Erde holt.

Äußerlichkeit als Garant der Objektivität und Gültigkeit des Ritus

Rettung gründet dagegen – nach reformatorischem und ascharitischem Verständnis – in der Erwählung Gottes, die dem Menschen ohne Vor- und Nachbedingungen geschenkt ist. Der religiöse Ritus hat nun die Aufgabe in seiner Objektivität auf diese Erwählung zu verweisen. Durch seine Schönheit, Klarheit und

36 Tatsächlich versuchen muslimische Reformtheologen wie Hüseyin Atay das muslimische Ritualgebet auch in all seinen formalen Elementen ethisch zu begründen. Ich gehe dem hier nicht weiter nach, weil es offenkundig eine wenig überzeugende Anpassung des Islams an die im ersten Abschnitt dieses Kapitels vorgestellten Bedürfnisse des modernen Menschen darstellt, die einen der vielleicht wichtigsten Impulse der koranischen Offenbarung unkenntlich macht.

Einfachheit vermag er gerade auch in ästhetischer Weise überzeugend eine Antwort auf Gottes Anruf zu inszenieren. Doch diese Antwort ist immer nur als nachgängige Antwort des Menschen verständlich, der sich seinem Schöpfer und Erhalter dankbar zuwendet und durch die Gestalt seines religiösen Tuns auf Gott zu verweisen versucht.

Wir werden später noch einmal eigens überlegen, wie man im Rahmen eines solchen Zugangs auch die Bedeutung des islamischen Rechts neu und tiefer verstehen kann (vgl. Kap. 11). An dieser Stelle genügt es mir, wenn wir diese komparativ theologisch gewonnene Überlegung auf die anthropologische Einsicht in die menschliche Natur als zeremonielles Tier zurückspiegeln. Wir hatten ja weiter oben auf das Problem hingewiesen, dass die immer weiter ausgreifende Erkenntnisstruktur des Menschen genauso wie sein Bedürfnis nach Riten ins Leere gehen könnte. Es wäre denkbar, dass die menschlichen Bedürfnisse auch bei religiösen Riten nur Illusionen bedienen, weil Menschen aus eigener Kraft keine Verbindung zu ihrem Schöpfer und Erhalter aufnehmen können.

Die Rede von der Unnachahmlichkeit des Korans verweist nun darauf, dass es nicht die menschlichen Bedürfnisse und Projektionen sein können, die den religiösen Ritus begründen. Denn die Riten reagieren auf ein Ereignis, das dem Menschen mehr bietet, als er zu hoffen wagen könnte. Dem Menschen begegnet eine größere Schönheit, als er sie von sich aus projizieren könnte – so zumindest lautet das Argument klassischer islamischer Theologie. Wie immer man es bewertet, so macht es doch zumindest klar, dass der Ritus als Resonanzphänomen gestaltet ist und also auf die Anrede Gottes reagiert, nicht umgekehrt. Und es macht auch klar, dass die äußere Gestalt des Ritus von größter Bedeutung sein kann, weil es eben diese Gestalt ist, die den Resonanzraum als intersubjektive Größe konstituiert. Denn innerlich fühlt jede Person bei der Koranrezitation etwas anderes und die jeweilige Ergriffenheit, ist eben per definitionem niemals mehr als eine andere menschliche Ergriffenheit, etwa beim Hören anderer ästhetischer Ereignisse. Die Transzendenzerfahrung liegt also nicht im menschlichen Überstieg begründet, sondern in der Herrlichkeit des Offenbarungsereignisses selbst, das eben alles übersteigt, was Menschen sich ausdenken und wünschen können. Es ist interessant, dass gerade dieses barthianisch anmutende Offenbarungsverständnis bei Karimi und Kermani zu einer ganz unbarthianischen Aufwertung der Äußerlichkeit des Vollzugs von religiösen Riten führt. Auch sie werden zu ästhetischen

Ereignissen, die bei der Koranrezitation dann selbst die Offenbarung zum Ereignis werden lassen. Der Mensch wird dann in seiner Geschöpflichkeit zum Träger der göttlichen Offenbarung.

zur Sinnlichkeit von Sakramentalität

Dieses Konzept ist durchaus interessant auch für die katholische Theologie, die ja auch im sakramentalen Selbstvollzug der Kirche ein auch sinnlich vermitteltes Erfahrbarwerden der göttlichen Offenbarung sieht. Denn Sakramente haben katholischerseits immer auch eine materielle, sinnlich erfahrbare Komponente, die zwar in der Neuzeit immer mehr ausgedünnt wurde, aber doch nie ganz verschwunden ist. Niemals wurde das Wort allein zum Offenbarungsträger. Zugleich macht die ästhetische Aufladung des reinen Wortes im Islam, die ja mit konkreten leiblichen Vollzügen der menschlichen Antwort auf dieses Wort verbunden wird, deutlich, dass eine solche ästhetische Aufladung des sakramentalen Vollzugs nicht verwendet werden sollte, um kontroverstheologisch zu argumentieren. Vielmehr geht es einfach nur darum, die Bedeutung von Sinnlichkeit, Leiblichkeit und Sichtbarkeit im religiösen Vollzug auch katholischerseits in seiner Dignität anzuerkennen.

Ambiguität und Deutungsoffenheit als Kennzeichen der Offenbarung

Ein letzter Punkt, auf den ich ausführlicher eingehen will, betrifft die Ambiguität des koranischen Textes, die viel mit seiner ästhetischen Kraft zu tun hat.[37] Diese Ambiguität wird etwa dadurch deutlich, dass es schwer zu verstehende Verse des Korans gibt, die man in unterschiedlicher Weise deuten kann – eine Tatsache, die der Koran selbst bereits thematisiert (vgl. Q 3:7). In der klassischen muslimischen Exegese gilt die Unverständlichkeit mancher Textstellen als „eine unvermeidliche, da gottgewollte Eigenschaft des Textes …, eine göttliche List, die die Menschen zu ständiger neuer Beschäftigung mit dem Text anreizt und ihnen Gelegenheit zur Bewährung ihres Wissens und ihres Scharfsinns gibt".[38] Gott will eben keine stumpfen Befehlsempfänger, sondern Menschen, die sich von seiner Kreativität und Schöpferkraft anstecken lassen und so je neue Deutungsmöglichkeiten seiner Worte erhandeln. Entsprechend gelten der klassischen Exegese die „Vielzahl von Interpretationsmöglichkeiten des Textes als Bereicherung und Gewinn".[39] Mystiker wie Ibn Arabi gehen sogar so weit, gerade in der Deutungsoffenheit des Korans seine himmlische Natur begründet zu sehen; denn sie ermögliche es, dass der Koran unter so „vielen Perspektiven gesehen und erlebt

---

37 Im Folgenden wiederhole ich Formulierungen aus von Stosch, Herausforderung Islam, 35f.

38 Bauer, Die Kultur der Ambiguität, 46.

39 Ebd., 116.

werden kann und in der Interaktion zwischen Hörer und Text immer neue Aspekte und Resonanzen offenbart" werden können, ohne dass der Koran jemals aufhörte, er selbst und damit die göttliche Rede zu sein.[40]

Damit eröffnet der Koran uns eine für die Moderne durchaus nachdenkenswerte Weltsicht, in der nicht die Eindeutigkeit Voraussetzung von Wahrheitsansprüchen ist, sondern sich das Beanspruchtsein durch das Wort der Wahrheit in einer großen Verschiedenheit und Vielfalt von Formen der Resonanz auf sie ausdrückt. Der Koran erscheint so als „ein gewaltiges Meer, in dem man nie auf Grund stößt und nie durch ein Ufer zum Halten gebracht wird."[41] Ähnlich wie Juden in der mündlichen Tora bereits im Akt der Offenbarung alle Deutungsmöglichkeiten der Tora enthalten sehen, sind diese auch aus muslimischer Sicht von Gott in der Offenbarung in den Koran hineingelegt worden, auch wenn sie erst im Laufe der Geschichte entschlüsselt werden.[42] Die Vielfalt der Interpretationsmöglichkeiten des Korans findet nach der klassischen Exegese „lediglich im Postulat der Widerspruchsfreiheit ihre Grenze".[43]

Erst die Vielfalt, Ambiguität und die damit verbundene Zukunftsoffenheit des Korans macht es also plausibel, wieso man mit seiner Deutung nie an ein Ende kommen kann und der hermeneutische Prozess der Aneignung des Korans in der Geschichte keinen Abschluss findet. So beschreibt schon der Koran selbst die Unerschöpflichkeit seiner eigenen Bedeutung (vgl. Q 31:27) und auch für klassische Gelehrte wie Ibn al-Djazarī ist die Offenbarung zwar abgeschlossen, ihr Inhalt aber „nicht ausgeschöpft, weil die Bedeutungsfülle des Korans unausschöpflich ist."[44] Ja, für ihn liegt die Unnachahmlichkeit des Korans auch darin begründet, dass es ihm gelingt, durch die Verteilung verschiedener Bedeutungen auf verschiedene Lesarten in wenigen Worten besonders viel auszusagen. Im Hintergrund steht hier ein altes arabisches Stilideal, das darauf abzielt, mit wenigen Worten viel zu sagen.[45] Vielleicht ist die hierin zum Ausdruck kommende Wertschätzung poetischer und metaphorischer Rede ein Punkt, den wir in einer Zeit, die so viel Wert auf analytische Klarheit

---

40 Kermani, Gott ist schön, 137f.

41 Ibn al-Djazarğ zit. n. Bauer, Die Kultur der Ambiguität, 116.

42 Vgl. zum Koran ebd., 118; zur Tora vgl. die Übersicht bei Klaus von Stosch, Offenbarung, Paderborn 2010 (Grundwissen Theologie), 96-108.

43 Bauer, Die Kultur der Ambiguität, 119.

44 Ebd., 117.

45 Vgl. ebd., 91.

und Effizienz legt, wieder neu lernen sollten. Und vielleicht wäre es wichtig, diese Ambiguität auch im Blick auf die sakramentalen Vollzüge von Kirche auszuhalten.

Navid Kermani

Navid Kermani ist vor allem Schriftsteller, engagierter Intellektueller und Islamwissenschaftler. Durch seine Romane, Reden und Artikel sowie seine Preise und Auszeichnungen hat er es in Deutschland inzwischen zu einiger Bekanntheit gebracht, sodass seine Nennung unter den Protagonisten Komparativer Theologie verwundern mag. Doch Kermanis Schaffen durchzieht auch ein theologisches Interesse. Dieses ist nicht nur von der islamischen Mystik geprägt, sondern auch durch seine Offenheit und Lernbereitschaft gegenüber anderen Religionen, insbesondere gegenüber dem Christentum.

Besonders deutlich wird diese Lernbereitschaft in seinem Buch *Ungläubiges Staunen. Über das Christentum*. Entsprechend seiner in diesem Kapitel rekonstruierten und bereits in seiner Dissertation grundgelegten ästhetisch geprägten Theologie nähert er sich in diesem Buch auch dem Christentum auf ästhetische Weise an. Dabei wählt er den Zugang über Bildmeditationen, wodurch bereits ein erster ästhetischer Unterschied zwischen Islam und Christentum deutlich wird, der ja auch unser Kapitel prägt. Während das Christentum stark auf das Sehen ausgerichtet ist, da schon der Auferstandene selbst in Erscheinungen auf sich aufmerksam macht und entsprechend die Malerei einen großen Einfluss im christlichen Kulturraum entwickelt, geht es im Koran primär um ein Hörereignis.

Bewegend an Kermanis Ausführungen über das Christentum ist vor allem die große Liebe für diese Religion, die aus seinen Überlegungen spricht. Kermani nähert sich zwar aus dem Raum der Ästhetik dem Christentum an, gewinnt aus diesem ungewohnten und gewissermaßen typisch islamischen Zugang dann aber doch eine Würdigung dessen, was auch aus christlicher Sicht das entscheidend Christliche ist: die Liebe. Diese beschäftigt ihn immer wieder im Ausgang von der muslimischen Mystik, aber eben auch im Ausgang vom Lebenszeugnis von Christen und Zeugnissen der Bibel. Auch hier entdeckt er die Ambiguität alles Göttlichen, die es für religiöse Menschen so wichtig macht, einerseits das Göttliche nicht zu verharmlosen und andererseits den Umgang mit ihm zu kultivieren und jede Form des Extremismus zurückzuweisen.

Die Ambiguität der Schönheit Gottes ist bereits das große Thema in seiner Habilitationsschrift zum *Schrecken Gottes*, die noch deutlicher zeigt, wie er von christlichen und jüdischen theologischen Ansätzen für seine eigene islamische Theologie lernt. Denn seine Relektüre der islamischen Tradition, die eine klagend-anklagende Gottesrede rehabilitiert und den Schrecken Gottes als Kehrseite seiner Schönheit in Worte fasst, ist deutlich inspiriert von der Rezeption praktischer Theodizee in der neueren christlichen Theologie. Zugleich schreibt sie sich ein, in die Tradition des Dialogteils des biblischen Ijobbuchs und jüdische Versuche der Bearbeitung der Schoa.

Orientierende Mitte seines Denkens bleibt auch in diesem Werk seine von Ibn Arabi geprägt islamische Mystik. Seinen erfahrungsgesättigten, pluralitätsoffenen und ästhetisch geprägten Zugang zum Islam hat Kermani jüngst in Form eines inspirierenden Jugendbuchs verarbeitet, das 2022 erscheinen wird und auch Erwachsenen als erster Zugang zu seinem Islamverständnis dienen kann. Es stellt zugleich eine herausfordernde Apologetik des islamischen Glaubens im Gespräch mit Christentum und Moderne dar.

Aufgaben

1. Welche Bedeutung haben Riten in Ihrem Leben, welche Rolle haben Sie für Ihre Spiritualität? Haben diese Riten eine sichtbare Dimension oder vollziehen Sie sie innerlich?
2. Welche philosophischen Traditionen haben dazu geführt, Religion als Privatsache zu verstehen, die sich nur im Innerlichen vollzieht? Überzeugt Sie die Weise, wie der Text gegen diese Traditionen argumentiert?
3. Wie stehen Sie zur Rede vom Menschen als zeremoniellem Tier?
4. Beschreiben Sie den ästhetischen Zugang zur Koranhermeneutik, wie ihn Navid Kermani und Milad Karimi entwickelt haben! Überzeugt Sie dieser Zugang?
5. Worin besteht die Ambiguität des Korans? Was könnte damit gemeint sein, eine solche Ambiguität auch im Blick auf Sakramente auszuhalten? Halten Sie Ambiguitätstoleranz im Kontext von Religionen für eine wichtige Eigenschaft?

Literatur

HEUPTS, CORDULA, Auf den Spuren der Herrlichkeit Gottes. Theologische Ästhetik im christlich-islamischen Gespräch, Paderborn 2020 (Beiträge zur Komparativen Theologie; 33) (*sehr gelungener Vergleich des ästhetischen Offenbarungsansatzes von Kermani und Karimi mit Hans Urs von Balthasar*).

HOFMANN, MICHAEL/ SCHULTE EICKHOLT, SWEN/ VON STOSCH, KLAUS, Navid Kermani, Würzburg 2019 (*Profile der Gegenwartsliteratur; 1) (Versuch einer Einführung in Kermanis Gesamtwerk*).

KARIMI, AHMAD MILAD, Versuch einer ästhetischen Hermeneutik des Qur'a-n. In: MOUHANAD KHORCHIDE/ KLAUS VON STOSCH (Hg.), Herausforderungen an die Islamische Theologie in Europa – Challenges for Islamic Theology in Europe, Freiburg 2012, 14-30 (*Begründung eines ästhetischen Zugangs zur Koranhermeneutik in kondensierter Form*).

KERMANI, NAVID, Gott ist schön. Das ästhetische Erleben des Koran, München 1999 (*grundlegende Entfaltung des ästhetischen Zugangs zum Koran*).

DERS., Der Schrecken Gottes. Attar, Hiob und die metaphysische Revolte, München 2005 (*praktische Theodizee in den Spuren eines mittelalterlichen islamischen Mystikers*).

DERS., Ungläubiges Staunen. Über das Christentum, München 2015 (*bildtheologische Zugänge zum Christentum*).

STOSCH, KLAUS VON, Herausforderung Islam. Christliche Annäherungen. 3., durchgesehene und korrigierte Auflage, Paderborn 2019 (*Versuch einer ästhetisch konfigurierten christlichen Theologie des Islams*).

6 Menschsein in Hingabe und Demut

Problemstellung: Die ungenutzte spirituelle Ressource der Demut

Demut in der christlichen Frömmigkeitstradition

Wir hatten bereits in der Einleitung angedeutet, wie wichtig die Haltung der Demut für die Komparative Theologie und den interreligiösen Dialog ist. Von daher ist es erst einmal ein Grund zur Freude, wie fest die Tugend der Demut in der christlichen Frömmigkeitstradition verankert ist. Demut gilt im Christentum von alters her als zentraler Wert, vor allem „als persönliche und spirituelle Tugend in Bezug auf die eigene Beziehung zu Gott."[1] Für Augustinus und Thomas von Aquin ist sie die Wurzel aller anderen Tugenden und damit notwendige Bedingung für spirituelles Wachstum, für Teresa von Avila ist sie entscheidendes Kriterium für die Authentizität von Gotteserfahrungen.[2] Beim Heiligen Benedikt ist der Aufstieg zu Gott insgesamt vom Geist der Demut durchzogen, und bei Bernhard von Clairvaux geht es zentral darum, durch die Haltung der Demut dahin zu kommen, dem eigenen Willen abzuschwören und stattdessen den Willen Gottes zu befolgen.[3] Sich selbst für geringer zu halten als andere ist auch für Thomas von Kempen zentrale Erfordernis für alle Christinnen und Christen, und Simone Weil bringt den Kern der Haltung der Demut so auf den Punkt: „Alles, was in mir von Wert ist, ausnahmslos alles, kommt von anderswo als von mir … Alles, was in mir ist, ausnahmslos alles, ist völlig wertlos".[4]

Demut und interreligiöser Dialog

Auch wenn die christliche Tradition fest daran glaubt, dass sich in ihr Gott selbst offenbart hat, so ist schon seit den ersten Christinnen und Christen klar, dass sie diesen Schatz seiner Gegenwart – mit Paulus gesprochen – in „zerbrechlichen Gefäßen" (2 Kor 4,7) hat. Von daher sollte klar sein: Nie wird es dem Menschen gelingen, das Unbedingte als Unbedingtes in all seinen Dimensionen zu erfassen. Und deshalb bleibt der Mensch zeit seines Lebens immer ein Lernender – auch im interreligiösen Dialog. In epistemischer Hinsicht ist jeder Mensch so sehr durch seinen kulturellen und lebensweltlichen Hintergrund geprägt,

---

1 Cornille, Demut und Wahrheit, 92.

2 Vgl. ebd., 92.

3 Vgl. ebd., 93.

4 Simone Weil, Schwerkraft und Gnade, München 1989, 46; vgl. Cornille, Demut und Wahrheit, 94f.

dass die Begegnung mit anderen Kulturen und Lebensformen immer helfen kann, die eigene Wahrheit neu und tiefer zu verstehen. Angesichts des im Christentum fest verankerten eschatologischen Vorbehaltes und angesichts der Fallibilität allen menschlichen Urteilens ist jedes Glaubenszeugnis immer auch vorläufig und verbesserungsfähig. Von daher kann ein Christ bzw. eine Christin die eigene Glaubenslehre und die eigene doktrinale Gestalt des Glaubens bzw. sein Erkennen und Verstehen dieser Gestalt immer nur in einer Haltung der Demut äußern – im Wissen um dessen Vorläufigkeit und Brüchigkeit. Die aus dieser Einsicht folgende epistemische Demut sollte Menschen aller religiöser Traditionen im Umgang miteinander prägen, weil für alle gilt, dass sie das Geschenk des Unbedingten nur auf bedingte, symbolische und damit missverständliche Weise ausdrücken und bezeugen können.

Aus dieser Einsicht in die Bedingtheit des eigenen Verstehens und dem damit verbundenen Wunsch zu lernen, resultiert nach Catherine Cornille der Impuls zum Dialog. Dieser setze also „ein demütiges Bewusstsein von der Begrenztheit des eigenen Verstehens und Erfahrens und von der Möglichkeit der Veränderung und des Wachstums voraus."[5] Und sicher kann man hier ergänzen, dass auch Komparative Theologie zentral davon lebt, dass Menschen unterschiedlicher religiöser Traditionen voneinander lernen wollen. Von daher kann man mit Fug und Recht dafür argumentieren, dass Komparative Theologie von der Kultivierung von Demut in den Religionen lebt.

Bedenkt man, wie prominent die Tugend der Demut in der christlichen Tradition verankert ist, könnte man annehmen, dass sich komparativ theologische Untersuchungen an dieser Stelle erübrigen bzw. dass sie allenfalls dazu dienen können, diese wichtige Tugend auch in anderen religiösen Traditionen zu identifizieren. Allerdings werden bei einer etwas genaueren Reflexion zwei Probleme sichtbar, die es erforderlich erscheinen lassen, eine – ggf. komparativ theologisch inspirierte – Neuaneignung der christlichen Rede von Demut auf den Weg zu bringen.

[5] CORNILLE, The im-possibility of interreligious dialogue, 9 (eig. Übers.). Im Original lautet das Zitat im Zusammenhang: „The impulse to dialogue arises from the disire to learn, to increase one's understanding of the other, of oneself, or of the truth. It thus presupposes humble awareness of the limitation of one's own understanding and experience and of the possibility of change and growth."

antiemanzipatorischer Missbrauch des Werts der Demut

Zunächst einmal ist es so, dass in der christlichen Frömmigkeitsgeschichte die Rede von der Demut immer wieder für Unterdrückungsmechanismen verwendet wurde. Gerade emanzipatorische Ansprüche von Frauen wurden immer wieder zurückgewiesen, indem Demut gerade als anzustrebender Wert für die Vervollkommnung von Frauen angepriesen wurde. Immer wieder wurde in der christlichen Tradition Menschen eingeredet, dass sie schlecht und klein wären, und deswegen allen Grund dazu hätten, demütig zu sein. Schon Nietzsche sieht es vor dem Hintergrund einer solchen Art der Verkündigung des Christentums als das Siegel der uns heute erreichbaren Freiheit an, „sich nicht mehr vor sich selber schämen zu müssen".[6] Statt sich vom Christentum das Leben madig machen zu lassen, gelte es, zu seiner Existenz vorbehaltlos „Ja" zu sagen (341) und sein Schicksal auch und gerade in seinen Brüchen und seinem Scheitern zu lieben (276). Erst der christliche Entschluss, die Welt abzulehnen und die Welt und den Menschen immer wieder schlecht zu reden, habe „die Welt hässlich und schlecht gemacht" (130). Stattdessen gelte es den aufrechten Gang zu üben und eben nicht alle Regungen von Lust und Leben zu problematisieren.

Ich erinnere mich noch gut, wie mir eine Christin in meiner Gemeinde im seelsorglichen Gespräch anvertraute, dass sie es nicht mehr fertigbringe, vor der Kommunion das „Herr, ich bin nicht würdig, dass du eingehst unter mein Dach ..." mitzusprechen. Ihre ganze Kindheit und Jugend habe sie immer wieder eingeschärft bekommen, dass sie nichts wert wäre und sei daran zerbrochen. Sie könne es nicht mehr hören und schon gar nicht mehr sagen. Vor dem Hintergrund einer solchen Lebenserfahrung wird das oben zitierte Zeugnis von Simone Weil zur Anfechtung. Wenn wirklich ausnahmslos alles an mir selbst wertlos ist, dann gerate ich nach einer solchen Erziehung in eine sich immer schneller drehende Abwärtsspirale, an deren Ende nur die Verneinung aller Lebensimpulse stehen kann. In Reaktion auf solche Lebenszeugnisse gibt es in der modernen Theologie immer mehr Stimmen, die mit dem Wert der Demut nichts mehr anfangen können. Er erscheint nicht nur als hausbacken und langweilig, sondern in ideologiekritischer Perspektive nachgerade als gefährlich. Von daher ist es sicherlich kein Zufall, dass gerade in der

6 Friedrich Nietzsche, Die fröhliche Wissenschaft. In: Ders., Kritische Studienausgabe. Hrsg. v. Giorgio Colli und Mazzini Montinari, Neuausgabe München 1999, Bd. 3, 343-651, Nr. 275. In den kommenden beiden Sätzen zitiere ich aus diesem Werk jeweils unter Angabe der jeweiligen Nummer des Aphorismus im Fließtext.

deutschsprachigen katholischen Theologie der Gegenwart Theologien Konjunktur haben, die positiv an den Gedanken der Freiheit und der Subjektivität anknüpfen.[7]

Unterbestimmung der doktrinalen Demut in der christlichen Tradition

Doch die zentrale Rolle der Demut für die Komparative Theologie ist nicht nur durch den antiemanzipatorischen Missbrauch der Demut in Frage gestellt, sondern bereits durch die oben aufgerufene christliche Tradition selbst. Denn die christliche Tradition begrenzt Demut erst einmal auf die Haltung der Gläubigen gegenüber Gott. Hier kann gar nicht genug betont werden, wie weit der Mensch unter Gott steht. Aber das bedeutet keineswegs, dass die Lehre von Gott selbst, also die christliche Glaubensdoktrin in einer Haltung der Demut entwickelt wurde. Vielfach wurde ganz im Gegenteil die kirchliche Lehre als Möglichkeit gesehen, um die eigene Einsicht unter die Einsicht Gottes zu stellen und auf diese Weise existentiell und intellektuell Demut zu erlernen. Die Einsicht Gottes aber wurde in dieser Sichtweise unverfälscht und autoritativ in der Lehre der Kirche tradiert, sodass die Glaubensdoktrin selbst vom Gebot der Demut ausgenommen blieb. Es ging also darum, „sein eigenes Urteil den Wahrheitsansprüchen der Tradition unterzuordnen, die jedoch nicht selbst der kritischen Reflexion unterworfen wurden.“[8] Auf diese Weise entstand eine Tendenz zum doktrinalen Absolutismus, sodass „Demut im Bezug auf die Wahrheitsansprüche der eigenen Tradition“ fehlte.[9]

Demut spielte also in der christlichen Spiritualität und anderen religiösen Traditionen seit jeher eine große Rolle. Dabei bezog sie sich traditionell, mindestens im Christentum aber, nur auf die menschliche Stellung Gott gegenüber und nicht auf die epistemischen Ansprüche des Glaubens. Es ging also oft um Demut der Wahrheit gegenüber, ohne zu bezweifeln, dass man sie hatte.[10] Cornille zufolge änderte sich diese Haltung erst durch das typisch moderne Bewusstsein von der Gewordenheit und Historizität aller sprachlichen und symbolischen Ausdrucksformen des Glaubens.[11] Diese neue Haltung mache es dem modernen Christentum leichter, sich mit dem Gedanken doktrinaler Demut anzufreunden. Allerdings darf man nicht vergessen, dass das historische Bewusstsein auf doktrinaler Ebene erst einmal gegen das

[7] Vgl. beispielsweise die Theologie Thomas Pröppers, die wir im achten Kapitel ausführlicher würdigen werden.

[8] Cornille, Demut und Wahrheit, 99.

[9] Vgl. ebd., 91.

[10] Vgl. Cornille, The im-possibility of interreligious dialogue, 29f.

[11] Vgl. Cornille, Demut und Wahrheit, 100.

Christentum errungen werden musste. Von daher steht eine solcherart begründete epistemische Demut immer in der Gefahr, nicht zur Verflüssigung, sondern zur Verdunstung des Glaubens zu führen. Und tatsächlich kann man eine solche Verdunstung ja auch in Teilen der liberalen Theologie der Gegenwart beobachten. Von daher ist es wichtig, auch aus spirituellen Ressourcen heraus, den Wert doktrinaler Demut zu begründen. An dieser Stelle kann, Cornille zufolge, die buddhistische Tradition weiterhelfen, die zudem auch noch bei dem anderen Problem mit dem Gedanken der Demut Abhilfe schaffen kann.

Impuls zur buddhistischen Anthropologie: Die Lehre vom Nicht-Selbst als Einladung zur Demut

Freiwerden von dukkha

Zentrale Grundlage der buddhistischen Lehre ist die Rede von den vier edlen Wahrheiten. Die erste edle Wahrheit geht davon aus, dass alles Leben als *dukkha* (meistens übersetzt als Leiden) anzusehen ist. Dukkha „meint vor allem die *Frustration* daran, dass die Wirklichkeit nicht mit den eigenen mentalen Bildern übereinstimmt."[12] Will man also von *dukkha* frei werden, so muss man aufhören, die Wirklichkeit ständig mit den eigenen projizierten mentalen Bildern, Konzepten und Einstellungen zu überlagern. War es in der indischen Religionsgeschichte keineswegs ungewöhnlich, das Leben als ein Leben voller Frustration und Leid zu verstehen, so besteht die Originalität der buddhistischen Lehre darin, dass sie „auch die Augenblicke des Vergnügens für nicht weniger leidvoll hält als den unmittelbaren Schmerz bzw. das Mißvergnügen", d.h., die buddhistische Lehre „bevorzugt also nicht bestimmte Ereignisse gegenüber anderen, sondern beschäftigt sich mit der Einstellung des Menschen gegenüber *jedem* möglichen Ereignis."[13]

Überwindung des Durstes

Die zweite edle Wahrheit besteht nun darin, unsere Sehnsüchte und unser Verlangen, wörtlich unseren Durst (*trsna*) als Grund unseres Leidens anzusehen. Das Problem liegt also weniger darin, dass unsere Erwartungen an die Wirklichkeit von dieser frustriert werden, sondern darin, dass wir die Wirklichkeit überhaupt mit unseren Erwartungen und Verlangen überfrachten, statt sie wahrzunehmen, wie sie ist. Dieser Durst, den man auch als blindes Angetriebensein und als Wille zum ich-haften Sein an-

---

12 MICHAEL VON BRÜCK, Buddhismus. Grundlagen - Geschichte - Praxis, Gütersloh 1998, 363.

13 BRÜCK, Buddhismus, 365.

sehen kann, gilt es nach der buddhistischen Lehre also zu überwinden. „Das heißt: *Duhkha* ist das Resultat der Fehlwahrnehmung der Wirklichkeit, die darin besteht, dass sich der Mensch Konzepte macht, an denen er festhält, um Sicherheit für sein Ich zu gewinnen, sodass der Blick auf die wirkliche Komplexität der Welt verstellt wird."[14] Oder anders gewendet: „Es bezeichnet jenes Nicht-zur-Ruhe-Kommen einer in Todesfurcht und Todesverdrängung auf das Vergängliche gerichteten Existenz."[15]

Leerheit des Ichs

Will man das so skizzierte Problem überwinden, gilt es die Leerheit aller Wirklichkeit zu durchschauen, nicht zuletzt die Leerheit des Ichs. Diese Leerheit von allem wird in der dritten edlen Wahrheit thematisiert und hatte uns ja auch schon im zweiten Kapitel beschäftigt. Hat man einmal verstanden, dass es das Ich als substanzhafte, andauernde Entität gar nicht gibt, verschwindet der Durst und die Anhaftung, die zum Leiden führt. Die buddhistische Lehre geht also davon aus, dass Leiden und Unzufriedenheit in Sehnsüchten und Begierden des Selbst gründen. Diesen Durst gelte es zu überwinden, indem wir aufhören, unser Ich festhalten und entwickeln zu wollen und wir von uns weg auf die Wirklichkeit zu schauen beginnen. Den Weg zur derartigen Überwindung des Leidens lehrt die vierte edle Wahrheit.

Mit dieser Lehre fordert uns die buddhistische Tradition zu einer Weltsicht heraus, die diametral der Selbstvergewisserung des zweifelnden Ichs in der abendländischen Tradition entgegen steht. So meint beispielsweise René Descartes in seinen berühmten Meditationen eine letzte Gewissheit dadurch finden zu können, dass er das zweifelnde Ich zum archimedischen Punkt seiner Welt macht.[16] Während die ganze Welt und die Existenz Gottes im Zweifel versinken, bleibt sich das zweifelnde Ich im Zweifeln seiner selbst gewiss. Denn zweifeln, dass ich zweifle, kann ich nur, indem ich zweifelnd den Zweifel bestätige. Ähnlich wie Foucault oder Derrida[17] würde man buddhistisch an dieser Stelle

[14] Vgl. Brück, Buddhismus, 371.

[15] Perry Schmidt-Leukel, Den Löwen brüllen hören. Zur Hermeneutik eines christlichen Verständnisses der buddhistischen Heilsbotschaft, Paderborn u.a. 1992.

[16] Vgl. René Descartes, Meditationes de prima philosophia – Meditationen über die Grundlagen der Philosophie. Auf Grund d. Ausg. von A. Buchenau neu hrsg. von L. Gäbe. Durchges. von H.G. Zekl, Hamburg ²1977 (PhB 250a), II, 3.

[17] Vgl. Michel Foucault, Wahnsinn und Gesellschaft. Eine Geschichte des Wahnsinns im Zeitalter der Vernunft. Aus dem Franz. v. U. Köppen, Frankfurt a.M. ¹²1996; Jacques Derrida, Cogito und Geschichte des Wahn-

aber davon abraten, ein philosophisches System auf der Evidenz des Cogito aufzubauen. Denn aus buddhistischer Sicht ist auch die Existenz des zweifelnden Ichs fraglich. Die Ungewissheit von allem wird gewissermaßen körperlich erfahren, ohne dass das Ego der Zweifelnden dem Zweifel enthoben wäre. Der Zen-Meister Takasui aus dem 18. Jahrhundert drückt dies folgendermaßen aus:

> Zweifel, tief in einem Zustand voller Ernsthaftigkeit empfunden, weder vorwärts noch rückwärts schauend, weder nach rechts noch nach links, ganz wie ein Toter werdend, der sogar nicht mehr merkt, daß deine eigene Person da ist. Wenn diese Methode immer tiefer geübt wird, dann wirst du in einen Zustand totaler Abwesenheit und Leere des Geistes kommen. Selbst dann mußt du den ‚großen Zweifel' erwecken ... und mußt weiter zweifeln, wobei du alle Zeit völlig wie ein toter Mann bist, dann dir auch nicht mehr dieses Vorgangs des ‚großen Zweifelns' bewußt bist und selbst durch und durch eine große Masse des Zweifels wirst, dann wird ganz plötzlich ein Moment kommen, in dem du in eine Transzendenz gelangst, die die große Erleuchtung genannt wird, gleichsam als ob du aus einem großen Traum erwachen würdest oder als ob du, wenn du völlig tot bist, plötzlich wieder zum Leben kommen würdest.[18]

Der „große Zweifel" setzt also die Bankrotterklärung des cartesianischen Subjekts voraus;[19] statt durch die Verstärkung des Zweifelns zur Wahrheit zu kommen, vertraut die buddhistische Intuition darauf, dass alles darauf ankommt, nichts mehr festhalten und sichern zu wollen. Letztlich kommt es also darauf an, das eigene Selbst loszulassen – oder traditionell ausgedrückt: epistemische Demut zu lernen. Demut ist buddhistisch also dadurch begründet, dass es ein Selbst, auf das man stolz sein könnte, gar nicht gibt. Die Idee des *anatta*, des Nicht-Selbst, kann also – so die Idee bei Catherine Cornille – als Grundlage für einen buddhistischen Zugang zu einer Haltung der Demut verwendet werden.[20]

ontologischer Kern der buddhistischen Lehre

Im Buddhismus gehe es an dieser Stelle wie im Christentum um ein Mittel gegen Stolz und Anhaftung. Allerdings werde im Buddhismus der Mensch nicht moralisch abgewertet und klein gemacht, weil die Argumentation keinen ethischen, sondern ei-

---

sinns. In: Ders., Die Schrift und die Differenz. Übers. v. R. Gasché, Frankfurt a.M. [7]1997, 53-101.

[18] Zit. n. Hans Waldenfels, Absolutes Nichts. Zur Grundlegung des Dialogs zwischen Buddhismus und Christentum, Freiburg-Basel-Wien 1976, 89.

[19] Vgl. Waldenfels, Absolutes Nichts, 90.

[20] Vgl. Cornille, Demut und Wahrheit, 96.

nen ontologischen Kern habe. Denn die wesentliche Einsicht bestehe darin, „dass es kein permanentes und essentielles Selbst gebe".[21] Alle fünf Gegebenheitsweisen des Daseins, die sog. *skandhāḥs* (Form, Wahrnehmung, Gefühl, Impuls und Bewusstsein) seien flüchtig, so dass auch das Dasein selbst unbeständig und das Selbst nichts Bleibendes sei. „Anstatt den Stolz zu verurteilen, weist der Buddhismus die ontologische Basis der Existenz von Arroganz und Stolz selbst zurück."[22] Auf diese Weise verschwindet im Buddhismus der moralisierende Unterton, der die christliche Tradition so sehr in Misskredit gebracht hat. Letztlich geht es um Einsicht und Verstehen, nicht um Moralität und Bekämpfung der Sünde.[23]

Durch die anthropologische und ontologische Verankerung der Tugend der Demut steht sie nicht mehr im Verdacht, antiemanzipatorisch missbraucht zu werden. Zugleich ist es im Buddhismus selbstverständlich, auch die buddhistische Lehre noch einmal selbst als leer anzusehen. Wenn die Wirklichkeit als Ganze im Fluss ist, gilt das natürlich auch für die Lehre über die letzte Wirklichkeit.[24] Die Lehre von der Leerheit aller Wirklichkeit (*shunyata*), von der ja schon im zweiten Kapitel ausführlich die Rede war, macht es unmöglich, eine letzte Wirklichkeit oder Wahrheit festhalten zu wollen. Auf diese Weise ist ein doktrinaler Absolutismus unmöglich. Lehren werden pragmatisch beurteilt, sie sind konventionell und vorläufig und müssen sich bewähren. Nur wenn sie sich als geschickte Mittel (*upāya*) erweisen, werden sie befolgt.

die pragmatische Funktion der buddhistischen Lehre

Diese strikt pragmatische Funktion der Lehre ist fest im Kern buddhistischer Lehren verankert. So vergleicht der Buddha seine Lehre immer wieder mit einem Floß, das eben nach seiner Tauglichkeit beurteilt wird, das andere Ufer zu erreichen.[25] So heißt es in der buddhistischen Lehre, dass ein von einem vergifteten Pfeil Getroffener die Behandlung durch einen guten Wundarzt nicht mit dem Hinweis darauf verweigern würde, „er wolle zunächst alle möglichen Informationen über den Pfeil, den Bogen, von dem er abgeschossen wurde, den Schützen usw. haben."[26]

21 Ebd.
22 Ebd., 96f.
23 Vgl. ebd., 98.
24 Vgl. ebd., 99.
25 Vgl. Schmidt-Leukel, Den Löwen brüllen hören, 511. Zur Metapher des Hinübersetzens ans andere Ufer vgl. auch noch einmal unsere Ausführungen zur *Prajñāpāramitā* im zweiten Kapitel.
26 Schmidt-Leukel, Den Löwen brüllen hören, 513 Anm. 32, mit Verweis auf Majjhima-Nikaya 63.

Andernfalls sei die Behandlung eben auch nicht möglich. Aus buddhistischer Sicht kommt alles darauf an, mit allen Energien daran zu arbeiten, den Durst und das damit verbundenen Verlangen des Egos zu überwinden und sich auf die sich selbst entleerende Leere aller Wirklichkeit einzulassen. „Die buddhistische Heilsbotschaft lautet also, daß es eine Freiheit von ‚dukkha' geben kann, wenn jene als Durst bezeichnete fehlgeleitete Intentionalität aufgegeben und das gefunden wird, dem die eigentliche Suche des Menschen gilt: das Todlose, das Nirvana."[27]

So unterschiedlich die Demut auf ontologischer Ebene begründet wird, so ähnlich sind die spirituellen Praktiken, mit denen Stolz und Anhaftung konkret bekämpft werden sollen. Beide Religionen betrachten „die Anhaftung an das eigene Ich als Hindernis, die ultimative Wahrheit zu erkennen" und in beiden Religionen wurden ähnliche Techniken der Selbstkasteiung eingeübt.[28] Immer wieder werden im Buddhismus Meditations- und Visualisierungsübungen entwickelt, „um Stolz, Nichtwissen, Anhaftung und Unlust bei ganz bestimmten Persönlichkeitstypen zu überwinden."[29] Im Pali-Kanon wird empfohlen, bei der Betrachtung der *skandhāḥs* Leib und Seele nicht als Besitztümer des Ichs anzusehen und sich nicht als ‚ich' in ihnen wahrzunehmen. In der Kultivierung von Achtsamkeit geht es im Buddhismus zentral darum, jede Regung zu bearbeiten, die zu Stolz und Anhaftung führen kann. Damit geht es letztlich immer und überall um die Kultivierung einer Haltung der Demut.

Demut als Gnade

Gerade im Reinen-Land-Buddhismus ist im Übrigen auch das Bewusstsein dafür groß, dass es letztlich Gnade ist, ob es mir gelingt, eine demütige Haltung zu entwickeln oder nicht. Von daher gibt es im Buddhismus genauso wie im Christentum die meditative und geistliche Praxis zur Einübung in die Demut wie das Bewusstsein dafür, dass die Demut letztlich nicht gemacht werden kann, sondern Geschenk ist. Eben wegen dieser Einsicht kann die erlernte Haltung der Demut auch kein Anlass für Stolz sein. D.h., ihr Gnadencharakter ist gewissermaßen die Voraussetzung dafür, um sie auch in der theologischen Reflexion demütig durchzuhalten.

27 Ebd., 474.

28 Vgl. CORNILLE, Demut und Wahrheit, 97f.

29 Ebd., 97.

Komparativ theologische Synthese: Die buddhistische Lehre vom Nicht-Selbst als Grundlage zur Wiederentdeckung der Haltung der Demut im Christentum

Bemüht man sich aus der buddhistischen Lehre heraus um eine Neuaneignung der christlichen Wertschätzung von Demut, so kann man beiden oben referierten Gefahren der christlichen Tradition entgegentreten. Durch die Verlagerung der Lehre auf die ontologische Ebene kann es gelingen, ihre moralinsauren Assoziationen zu überwinden und ihre Nutzung zur Stabilisierung von Machtasymmetrien in religiösen Gemeinschaften unmöglich zu machen. Denn die aus dem Gespräch mit dem Buddhismus wiedergewonnene Einsicht in die Nicht-Selbstheit aller Menschen gilt natürlich für Frauen genauso wie für Männer, für das einfache Volk genauso wie für theologische Eliten, für den Laien genauso wie für den Priester.

Zugleich macht es die Einsicht in die Leerheit aller Lehre notwendig, die Haltung der Demut auch auf die Glaubenslehren selbst auszudehnen. Wird diese Einsicht – wie im zweiten Kapitel vorgeführt – noch einmal kenosischristologisch und trinitätstheologisch unterfüttert, kann eine solche Aneignung auf der Grundlage der zentralen Bestandteile christlichen Glaubens erfolgen. Inspirieren lassen kann sich eine solche demütige Haltung zur eigenen Glaubenstradition an den Traditionen apophatischer Theologie, die es in einer Haltung der Demut wiederzuentdecken gilt.[30]

Lernen vom Buddhismus

Wie sehr gerade vom Buddhismus inspirierte christliche Theologinnen und Theologen durch ihre Auseinandersetzung mit der buddhistischen Tradition zu einer demütigen Haltung gegenüber der eigenen Glaubenstradition gefunden haben, wird von Cornille immer wieder erwähnt und durch unterschiedliche Gestalten aus dem buddhistisch-christlichen Dialog beispielhaft vorgeführt. So verwende etwa Joseph O'Leary den buddhistischen Begriff des *upāya*, um die christliche Haltung zur Glaubenslehre zu verändern und demütiger zu machen. Der buddhistische Einfluss helfe ihm zu mehr Leichtigkeit und Gewandtheit im Umgang mit der christlichen Lehrtradition.[31] Für ihn impliziere die Gültigkeit religiöser Lehren nicht mehr ihre Endgültigkeit und Unveränderlichkeit,[32] sodass er in seinem Denken und Sein seine de-

---

30 Vgl. Cornille, The im-possibility of interreligious dialogue, 31-42.

31 Joseph O'Leary, Religious pluralism and Christian truth, Edinburgh 1996, 251.

32 Vgl. Cornille, Demut und Wahrheit, 101.

mütige Haltung zur Glaubenslehre bezeuge. Dass eine so gewonnene Demut dann auch für das weitergehende christlich-buddhistische Gespräch von Nutzen ist, dürfte selbstverständlich sein.[33] Letztlich ist Cornille mit ihrer Theologie selbst das beste Beispiel dafür, wie sich aus den östlichen Religionen für eine glaubwürdige Haltung der Demut im Gespräch der Religionen werben lässt und wie sie in der Ausarbeitung komparativ theologischer Einsichten bleibend wirksam sein kann.

Demut und Wahrheit

Wichtig zur richtigen Einordnung von Cornilles Plädoyer für die epistemische Tugend der Demut erscheint mir, dass auch das Beharren auf der eigenen Wahrheit gegen den anderen nicht der hier geforderten Demut widerspricht, sofern man mit der Möglichkeit rechnet, auch im Widerspruch noch vom anderen zu lernen.[34] Letztlich ist es so, dass durch die Untersuchungen Komparativer Theologie der eigene Glaube in völlig neue Horizonte gerückt werden kann, so dass sich sein Verstehen mitunter radikal ändert.[35] Natürlich bergen solche Veränderungen auch verunsichernde Seiten in sich. Aber gerade dadurch, dass der christliche Glaube die Weisheiten fremder Traditionen verarbeitet und würdigt, gewinnt er an Glaubwürdigkeit und es wird sein universaler Anspruch verständlich.[36]

Einheit mit Gott als letztes Ziel

Für das Thema dieses Kapitels ist es wichtig, sich abschließend noch einmal vor Augen zu führen, dass es bei dem Thema, das christlicherseits mit der Haltung der Demut aufgegriffen wird, um das vielleicht zentralste Anliegen des Buddhismus überhaupt geht. In christlichen Kategorien ausgedrückt geht es hier letztlich

---

33 Vgl. ebd.: „Es lässt sich daher sagen, dass die Demut, die durch eine Reformulierung christlicher Wahrheitsansprüche in einem buddhistischen Bezugssystem gewonnen werden kann, Möglichkeiten für einen weitergehenden Dialog mit buddhistischen (und anderen) Lehren und Traditionen eröffnen könnte."

34 Vgl. Richard Schaeffler, Pluralistische Religionstheologie – das Gebot der Stunde? Zur Frage nach Kriterien ihrer Beurteilung und nach möglichen Alternativen. In: ThPh 83 (2008) 243-249, hier 248: „Die ‚Exklusion' fremder Wahrheitsansprüche führt dann nicht zum Abbruch des Dialogs, wenn mit der Möglichkeit gerechnet wird, auch von derjenigen Position, der man widerspricht, etwas zu lernen."

35 Vgl. James L. Fredericks, Introduction. In: Francis X. Clooney (Hg.), The new comparative theology. Interreligious insights from the next generation, London-New York 2010, ix-xix, hier xix: „We believe these essays demonstrate that doing theology comparatively is a journey whose secret destinations have only begun to show up on the horizon."

36 Vgl. John B. Cobb jr., Beyond "pluralism". In: Gavin D'Costa (Hg.), Christian uniqueness reconsidered. The myth of a pluralistic theology of religions, Maryknoll/ N.Y. 1990, 81-95, hier 91: „The test is whether in fact one *can* integrate the wisdom of alien traditions into one's Christian version."

nicht nur um Anthropologie, sondern um menschliche Vollendung und Rettung. Der Dialog mit dem Buddhismus kann uns also helfen, uns daran zu erinnern, „dass die Praxis der Demut ein ursprünglich mystisches Ziel hat – das Ziel, den Menschen dem Göttlichen selbst anzunähern."[37] Denn auch in der christlichen Mystik führe Demut letztlich zur Offenheit für Gottes Willen, ja in letzter Konsequenz zur Einheit mit ihm. Doch um klarer zu sehen, wie diese Einheit mit Gott gedacht werden kann, müssen wir genauer verstehen, was im christlichen Verständnis von Heil und Erlösung eigentlich gemeint ist.

Catherine Cornille

Catherine Cornille wuchs auf einer Schaffarm in Neuseeland auf. Sie war ca. fünf Jahre alt als ihr Vater sie mit auf eine Trauerfeier der Maori (Tangihanga oder Tangi) nahm. Ein naher Angehöriger eines Farmarbeiters war verstorben. Schon an sich war der Tod für sie als Kind eine beängstigende Realität. Doch die Konfrontation mit einer vollkommen fremden Welt von Religion und ihren Ritualen machte ihr Gefühl der Angst sogar noch stärker. Bis heute kann sie sich lebhaft an das Bild und die Geräusche der um den Sarg versammelten, trauernden Frauen erinnern; ihre Köpfe waren geschmückt mit Kränzen. Sie erinnert sich auch daran, wie verängstigt sie durch die Gesichtstätowierungen und die Dekorationen war, die eine tiefe und heilige Bedeutung in der religiösen Kultur der Maori haben.

15 Jahre später studierte sie an der Katholischen Universität Leuven und riskierte eine Reise nach Indien. Eines Tages hörte sie den Vortrag einer hinduistischen Frau, die mit tiefer Leidenschaft über ihre Liebe zu Krishna sprach. Cornille merkte, dass sie nichts von der mythologischen Welt verstand, auf die sich die Frau berief. Zugleich war sie fasziniert von der Intensität ihrer religiösen Erfahrung und wollte unbedingt mehr über eine Tradition lernen, die solch tiefe Emotionen hervorzurufen vermochte. Sie hatte – im Unterschied zu ihrem Kindheitserlebnis – einen positiven emotionalen Zugang zu der so fremden Religion gewonnen und wurde so fähig, diese Religion an sich heranzulassen und sie zu verstehen.

Als sie sich auf dieser Basis in das Studium des Hinduismus vertiefte, entdeckte sie bestimmte christliche Denker wie Henri Le Saux, Bede Griffiths und Raimon

[37] Cornille, Demut und Wahrheit, 103.

Panikkar, die versuchten, das christliche Selbstverständnis durch die Integration bestimmter hinduistisch-philosophischer Ideen und meditativer Praktiken zu weiten. Ihre Schriften haben Cornille bereichert und entfachten in ihr ein bis heute andauerndes Streben danach, die Möglichkeiten und Grenzen des interreligiösen Lernens zu erforschen. Ihre Bücher haben an dieser Stelle Maßstäbe gesetzt und markieren Eckpunkte komparativ theologischer Forschung.

Ihre Arbeit in der Komparativen Theologie ist hauptsächlich von der Frage motiviert, ob und wie wir andere Religionen verstehen und von ihnen lernen können. Nachdem sie viele Jahre mit dem Studium des Hinduismus verbrachte, besuchte sie eines Tages einen Tempel des Gottes Ganesha. Sie fühlte sich so, als habe sie eine tiefe Vertrautheit mit der Tradition aufgebaut, bis eine Frau, die Blumen mit dem Bild des Gottes anbot, in ihr Blickfeld kam. Plötzlich wurde ihr bewusst, dass sie niemals in der Lage sein würde, die Erfahrung der Hingabe dieser Frau vollkommen nachempfinden zu können. Ein Teil ihrer Forschung richtet sich daher auf die Rolle der Empathie in interreligiösem Verstehen und sie hat hier – bereits in der Einleitung referierte – Gedanken entwickelt, die auch dieses Lehrbuch zutiefst prägen. Dabei ist immer deutlich, dass Cornille ihre hermeneutischen Überlegungen nicht nur am Schreibtisch entwickelt. Vielmehr ist es Cornilles eigene Erfahrung des Lernens von anderen religiösen Traditionen, die sie dazu inspiriert hat, die theologischen und methodologischen Grundlagen für das spannende Feld der Komparativen Theologie zu legen. Inzwischen koordiniert sie schon seit vielen Jahren die komparativ theologische Arbeit am Boston College, das sich unter ihrer Ägide zu einem der weltweit führenden Zentren komparativ theologischer Forschung entwickelt hat.

Aufgaben

1. Worin besteht die Belastung des Demutsbegriffs in der christlichen Tradition? Wieso erbringt er nicht die epistemische Leistung, nach der Cornille sucht?
2. Erläutern Sie in Ihren eigenen Worten den Impuls, den Cornille in der buddhistischen Anthropologie sieht!
3. Beschreiben Sie den ontologischen und den heilspragmatischen Kern der hier referierten buddhistischen Lehre vom Nicht-Selbst!
4. Leuchtet Ihnen die Ableitung epistemischer Demut aus der buddhistischen Tradition ein? Wieviel Gewicht würden Sie selbst der epistemischen Demut in der Komparativen Theologie geben wollen?

Literatur

CORNILLE, CATHERINE, Demut und Wahrheit in der Perspektive buddhistisch-christlicher Komparativer Theologie. In: KLAUS VON STOSCH/ HERMANN-JOSEF RÖLLICKE/ DANIEL RUMEL (Hg.), Buddhismus und Komparative Theologie, Paderborn 2015 (Beiträge zur Komparativen Theologie; 17), 91-104 (*Grundlage der Überlegungen in diesem Kapitel*).

DIES., The im-possibility of interreligious dialogue, New York 2008 (*Entfaltungen zu den bereits in der Einleitung genannten fünf Tugenden für den interreligiösen Dialog, mit einer eigenen Reflexion auf die Notwendigkeit epistemischer Demut*).

O'LEARY, JOSEPH S., Buddhist Nonduality, Paschal Paradox. A Christian Commentary on the Teaching of Vimalakı-rti (Vimalakırtinirdes´a), Leuven-Paris-Bristol 2017 (Christian Commentaries on Non-Christian Sacred Texts) (*inspirierender christlicher Kommentar eines zentralen Mahayana-buddhistischen Textes in der von Cornille herausgegebenen Kommentarreihe*).

STOSCH, KLAUS VON, Zur Möglichkeit und Unmöglichkeit des interreligiösen Dialogs. Untersuchungen im Anschluss an Catherine Cornille. In: EuG 2/2011. 24 S. (*Zusammenfassung von Cornilles Überlegungen*).

Heil

7 Zur Heilsbedeutung des leidenden Gottesknechts

Debatte: Problem des Supersessionismus durch die klassische Sühnetheologie

Das klassische christliche Verständnis von Sühne und Heil knüpft stark an den Gedanken des stellvertretenden Sühneleidens Jesu Christi an. Die Grundidee besteht dabei darin, dass Jesus Christus alle Leiden und Sünden der Menschen am Kreuz auf sich nimmt und durch sein stellvertretendes Sühneleiden tilgt. Heil, Rettung und Versöhnung mit Gott sind damit allein durch Christus vermittelt und auch Israel wird erst durch, mit und in Christi Kreuzesleiden erlöst.

Probleme der klassischen Deutung

Diese prominente Denkfigur ist im Zuge der theologischen Neudurchdringung des Themas in der Moderne aus zwei Gründen fraglich geworden. Zunächst einmal leuchtet immer weniger Menschen ein, wie ein stellvertretendes Sühneleiden eigentlich funktionieren und wofür es gut sein könnte. Schuld ist im modernen Denken immer persönlich an einen Menschen gebunden, und es ist rätselhaft, wie meine Schuld von jemand anders getragen werden könnte. Es erscheint auch als zutiefst ungerecht, wenn jemand anders für meine Schuld büßen muss.

Darüber hinaus erscheint aber auch jede Betonung der Höchstgeltung Jesu Christi auf Kosten des jüdischen Glaubens als problematisch. Wir hatten ja schon in der Einleitung von dem besonderen Verhältnis von Judentum und Christentum gesprochen und von der Notwendigkeit, ein supersessionistisches Denken zu überwinden, also ein Denken, das dem Judentum eine eigene Legitimität abspricht und es nur von Christus her zu rechtfertigen vermag. Insbesondere geht es darum, eine Substitutionstheorie zu vermeiden, in der die Kirche das Judentum ersetzt und überflüssig macht. Wenn nun aber das jüdische Sühnedenken, das etwa für das Sühneritual am zentralen jüdischen Feiertag, am Jom Kippur, so wichtig ist, nur noch als *praeparatio evangelica* erscheint und im Sühneleiden Jesu Christi aufgehoben wird, liegt eben genau die Form von Substitution jüdischer Identität vor, die die Israeltheologie nach der Schoa eigentlich verhindern will.

Wie kann also die für das Christentum so zentrale Idee des Sühneleidens am Kreuz aufgenommen werden, ohne eine jüdische Sühnetheologie abzuwerten? Wie könnte gezeigt werden, dass man christlich gerade an dieser heiklen Sollbruchstelle des

Verhältnisses zum Judentum vom Judentum lernen kann? Und wie ließe sich schließlich überhaupt eine verständliche Rede vom Sühneleiden wiedergewinnen?

Um auf diese Fragen antworten zu können, liegt es nahe, sich die wichtigste Quelle für die Sühnetheologie im Alten und Ersten Testament näher anzusehen. Diese dürfte im vierten Gottesknechtslied gegeben sein (Jes 52,13-53,12). Im Folgenden will ich zunächst den Wortlaut dieses Lieds in einer eigenen Textübersetzung wiedergeben, um dann anschließend die Deutungsschwierigkeiten im Licht unserer Fragestellung darzustellen.

Jes 52,13-53,12 im Wortlaut

52,13 Seht, Erfolg haben wird mein Knecht,
er wird sich erheben, erhaben und sehr hoch sein.
14 Wie sich viele über dich entsetzt haben –
so entartet war sein Aussehen von einem Menschen
und seine Gestalt von den Menschenkindern –,
15 so wird er viele Völker besprengen[1]*,*
vor ihm werden Könige ihren Mund verschließen;
denn was ihnen erzählt wurde, sehen sie,
und was sie nicht hörten, nehmen sie wahr.

53,1 Wer traute unserer Kunde
und wem ist der Arm JHWHs offenbar geworden?
2 Er wuchs wie ein Sprößling vor ihm auf,
wie eine Wurzel aus trockener Erde.
Keine schöne Gestalt war ihm und kein Glanz;
wir schauten ihn an und an seinem Aussehen fanden wir keinen Gefallen.
3 Verachtet war er und verlassen von den Menschen,
ein Mann der Schmerzen, vertraut mit Krankheit,
wie einer, vor dem man das Gesicht verbirgt,
verachtet war er, und wir rechneten ihn nicht.
4 Aber unsere Krankheiten, er trug sie,
und unsere Schmerzen lud er auf,
doch wir rechneten ihn für einen Getroffenen,
einen Gottgeschlagenen und Niedergedrückten.
5 Er wurde verunreinigt wegen unserer Vergehen,
zerschlagen wegen unserer Sünden;
die Strafe auf ihm war unser Heil

[1] Die meisten Exegeten nehmen hier entsprechend der Septuaginta eine Konjizierung vor, sodass sich das Verb mit *staunen* übersetzen ließe. Der masoretische Text legt hier aber eigentlich einen kultischen Zusammenhang nahe.

und durch seine Wunden hat er uns geheilt.
6 Wir alle irrten wie Schafe umher,
jeder auf seinem Weg wandten wir uns ab.
Doch JHWH ließ ihn treffen
die Sünde von uns allen.
7 Er wurde bedrängt und er wurde niedergedrückt
– und er tat seinen Mund nicht auf –,
wie ein Lamm zum Schlachten geführt wird
und wie ein Schaf im Angesicht seiner Scherer verstummt
– und der tat seinen Mund nicht auf.
8 Durch Haft und Rechtsentscheid wurde er weggenommen,
und sein Geschlecht, wer bedenkt es?
Ja, er wurde abgeschnitten aus dem Land der Lebenden
und wegen des Vergehens meines Volkes war Schlag für ihn / Leiden auf ihm (nach Septuaginta heißt es an dieser Stelle: wurde er zu Tode geschlagen).
9 Man gab ihm bei den Frevlern sein Grab
und bei dem Reichen seine Grabesstätte (wörtlich: in seinen Toden),
obwohl er kein Unrecht getan hat
und kein Trug in seinem Mund war.

10 Aber JHWH hatte Gefallen an seinem Zerschlagenen, den er krank gemacht hat.
Wenn seine Seele das Schuldopfer aufgerichtet hat,
wird er Nachkommen sehen, deren Tage er lang machen wird,
und das Begehren JHWHs wird durch seine Hand gelingen.
11 Nach dem Elend seiner Seele wird er (Licht?) sehen,
satt werden an seiner Erkenntnis.

Gerecht macht mein Knecht die Vielen,
und ihre Sünden trägt er.
12 Deshalb teile ich ihn den Vielen zu
und mit den Starken teilt er die Beute.
Dafür, dass er seine Seele dem Tod entblößte
und zu den Abtrünnigen gezählte wurde.
Doch er trug das Vergehen der Vielen
und für die Abtrünnigen trat er ein.

Struktur des Textes

Der vorliegende Text wird in den Versen 52,13 bis 15 und 53,11b bis 12 durch eine Gottesrede gerahmt, die im Wesentlichen drei Elemente enthält. Zunächst einmal wird die Erhöhung des Gottesknechts angekündigt, die in der christlichen Tradition gerne mit der Auferstehung Jesu Christi verbunden wurde, die ja schon das Johannesevangelium als Erhöhung am Kreuz versteht. Dann bietet die Gottesrede eine knappe Beschreibung des Leidens des Gottesknechts, das stark das Entsetzen vor seinem entstellten Antlitz betont und ebenfalls gut auf Jesu Christus zu beziehen ist. Schließlich bietet der Text eine theologische Deutung des Leidens, das als Tragen der Sünden der Vielen und Eintreten für die Abtrünnigen angesehen wird – ein Gedankengang, der hervorragend zur Christologie passt.

In den Versen 2 bis 9 wird in der Sprache der Klagepsalmen von der Erniedrigung des Gottesknechts berichtet. Allerdings wird in diesen Bericht eine sehr ungewöhnliche Botschaft inseriert: Die Leiden des Gottesknechts werden als Tragen unserer Krankheiten und Schmerzen gedeutet. Unsere Vergehen und Sünden sind es dem Text zufolge, die den Gottesknecht kaputt machen. Doch indem er diese auf sich nimmt und auf die ihm angetane Gewalt schweigend und erduldend reagiert, heilt er unsere Wunden. Der von Gott Geschlagene und Niedergedrückte erweist sich als der, der uns einen Neuanfang ermöglicht. „Das umstürzend Neue für die hier Redenden aber ist, dass die stellvertretende oder die sühnende Kraft menschlichen Leidens hier in einem ganz gewöhnlichen, dürftigen und unbedeutenden Menschen, dessen entstellendes Leid ihm Verachtung und Abscheu einbringt, entdeckt wird."[2]

Bemerkenswert ist noch, dass in den Versen 10 bis 11a die Heilung und Wiederherstellung des Gottesknechts angekündigt wird. Sobald das Schuldopfer dargebracht ist, soll der Gottesknecht wieder Kinder sehen und eine tiefere Erkenntnis erhalten. Hier besteht vom Wortlaut her eine offensichtliche Spannung zur im Christentum üblichen christologischen Deutung des Gottesknechtslieds, weil der Text nicht die Auferstehung des Gottesknechts im Auge zu haben scheint, sondern seine Wiederherstellung in Raum und Zeit. Es ist auch umstritten, ob man überhaupt vom Tod des Gottesknechts auszugehen hat. Denn direkt ausgesagt wird der Tod des Gottesknechts nur in der Übersetzung der Septuaginta in Jes 53,8, nicht aber im ursprünglichen hebräischen Text. Immerhin beweist die Septuagintaversion, dass es schon sehr früh eine Deutung gab, die den Tod des Gottesknechts voraussetzt. In diese Richtung deutet ja auch die Rede von seinem Grab in Jes 53,9. Sicher kann es sich trotzdem nur

---

2 Claus Westermann, Das Buch Jesaja. Kapitel 40-66, Göttingen [5]1986 (ATD 19), 212.

um die Todverfallenheit des Gottesknechts handeln bzw. die schmerzvolle Erfahrung der Gottferne und nicht um seinen realen Tod.[3] Und sicher kann man den Hinweis auf seine Grabesstätte auch als Stilmittel sehen, das man beispielsweise mit Hinweis auf die Klagepsalmen erklären könnte.[4] Dennoch ist es offensichtlich, dass das vierte Gottesknechtslied einige Hinweise enthält, die sich leicht christologisch aufladen lassen.

klassische christliche Deutung

Von daher kann es nicht verwundern, dass die klassische christliche Deutung den Gottesknecht immer schon auf Jesus Christus bezieht. Diese Deutung ist bereits neutestamentlich fundiert[5] und kann sich vielleicht sogar auf die Selbstdeutung Jesu beziehen, jedenfalls aber bereits auf den theologischen Konsens der Jerusalemer Urgemeinde.[6] Im Licht dieser christologischen Deutung des vierten Gottesknechtsliedes wird Jesu Lebenshingabe am Kreuz als freiwilliges Sühneopfer und stellvertretendes Sühneleiden für unser Heil angesehen und die Prophezeiung des Gottesknechts erscheint in Jesus Christus als erfüllt.[7]

So stellt bereits Claus Westermann fest, dass der Gottesknecht geboren wird (Jes 53,3), gelitten hat (53,7), gestorben ist (53,8) und begraben wurde (53,9) und folgert daraus: „Allein die dem Apostolikum entsprechende Struktur, die in diesen vier Verben ein Menschendasein umschreibt, macht es vollkommen sicher, dass das Gottesknechtslied unter dem Gottesknecht ein Individuum versteht. Es bedarf hier keiner weiteren Argumente."[8] Im Hintergrund dieser apodiktischen Redeweise steht die Abwehr einer im Judentum fest verankerten kollektiven Deutung des Gottesknechtslieds, auf die wir noch weiter unten zurückkommen. Für die klassische christliche Deutung kommt eine solche Interpretationsmöglichkeit nicht in Betracht. Und auch schon Origenes argumentierte gegen die kollektive Deutung mit dem Hinweis auf die Verse 7 bis 9. Wenn er Leiden wegen des Vergehens des Volkes JHWHs zu erleiden hat (Jes 53,8), kann er

---

3 Vgl. Ulrich Berges, Jesaja 49-54, Freiburg-Basel-Wien 2015 (HThKAT), 263.

4 Vgl. bereits J. Alberto Soggin, Tod und Auferstehung des leidenden Gottesknechtes Jesaja 8-10. In: Zeitschrift für alttestamentliche Wissenschaft 87 (1975) 346-355, hier 353, mit Verweis auf Ps 88,5-7.

5 Vgl. Moyaert, Who is the suffering servant?, 219.

6 Vgl. Helmut Merklein, Studien zu Jesus und Paulus, Tübingen 1987 (WUNT 43), 183: „Das Bekenntnis zum stellvertretenden Sühnetod Jesu dürfte daher bereits zum gemeinsamen Glaubensbestand *aller* Jerusalemer Jesusanhänger gehört haben."

7 Vgl. Moyaert, Who is the suffering servant?, 220.

8 Westermann, Das Buch Jesaja, 213.

nicht dieses Volk sein. Von daher liegt eine individuelle Deutung nahe. Allerdings wird bei der Deutung auf das Leiden, Sterben und Auferstehen Jesu der „Widerspruch zwischen dem Gedanken des Todes und dem eines langen, mit Kindern gesegneten Lebens"[9] gerne übersehen, ebenso wie die Tatsache, dass im Text – wie bereits festgestellt – kaum von einer Auferstehung die Rede sein kann.

Eine wichtige Parallele zur christlichen Theologie liegt tatsächlich im Sühnedenken. Das Leiden des Gottesknechts wird als Schuldopfer interpretiert und dieses Schuldopfer gilt dem Text als Mittel, um eine gestörte Ordnung wiederherzustellen.[10] Doch eben dieser wichtige Bestandteil jeder traditionellen Sühnetheologie ist uns heute fraglich geworden. Ich will ihn deswegen in einer leicht zugänglichen Rekonstruktion Jürgen Moltmanns vorstellen, die zugleich auch im Blick auf das jüdisch-christliche Verhältnis ausgesprochen aufschlussreich ist.

der gekreuzigte Gott bei Jürgen Moltmann

Der bedeutende evangelische Theologe Jürgen Moltmann schildert in einem seiner bekanntesten Texte, wie zwei Erwachsene und ein Kind im Konzentrationslager von Auschwitz vor den Augen der versammelten Häftlinge erhängt werden. „Die Erwachsenen schreien: ‚Lang lebe die Freiheit' und sterben rasch, das Kind ist still."[11] Elie Wiesel schildert nun den Todeskampf des Kindes, das aufgrund seines geringen Gewichts eine halbe Stunde lang am Galgen hängt, ohne zu sterben. Einer der Lagerinsassen fragt in diesen Todeskampf hinein, wo Gott ist. Elie Wiesel antwortet in seinem Inneren: „Wo er ist? Dort – dort hängt er, am Galgen…"[12] Diese Eingebung deutet Moltmann als göttliche Stimme in Wiesel, die ihm sagt: „Gott ist nicht abwesend, sondern anwesend. Gott ist nicht verborgen, für jeden erkennbar in dem sterbenden Kind ist er da."[13] Im Blick auf die jüdische Schekhina-Vorstellung meint er auch im Sinne Wiesels sagen zu können: „Wo jenes Kind stirbt, da erleidet auch Gott selbst den Tod dieses Kindes."[14] Von einer solchen Deutung ist in Wiesels Buch freilich nicht die Rede und auch später macht er allenfalls zögernde Andeutungen in diese Richtung. Auf diese Weise entsteht der Eindruck, dass es vor allem Moltmanns Kreuzestheo-

9 SOGGIN, Tod und Auferstehung, 350.

10 Vgl. INA WILLI-PLEIN, Opfer und Kult im alttestamentlichen Israel. Textbefragungen und Zwischenergebnisse, Stuttgart 1993 (SBS 153), 96.

11 MOLTMANN, Die Grube, 163.

12 WIESEL, Die Nacht, 95.

13 MOLTMANN, Die Grube, 163.

14 Ebd., 164.

logie ist, die seine Deutung leitet. Auschwitz wird hier von Golgotha her gedeutet, und das Leiden des jüdischen Kindes wird in das Kreuzesleiden inkludiert.

Damit kann Moltmanns Theologie sehr schön dazu dienen, die Problematik der christlichen Sühnetheologie zu illustrieren. Einerseits ist der von Moltmann skizzierte Gott ausgesprochen sympathisch. Wer wollte sich nicht über einen Gott freuen, der fest an der Seite der Leidenden steht und der die menschliche Leidensgeschichte begleitet und mitträgt. Auch der Forderung an die Theologie, „das Überleben mit dieser offenen Wunde zu ermöglichen", die durch die Leidensgeschichte der Welt entsteht, nicht aber den Schmerz der Wunde zu lindern oder ihre Existenz zu leugnen, wird sich fast jede Theologin gerne anschließen. Denn: „Je mehr einer glaubt, desto tiefer empfindet er den Schmerz über das Leid in der Welt, und desto leidenschaftlicher fragt er nach Gott und der neuen Schöpfung."[15]

Kritik an Moltmann

Andererseits verkennt die Parallelisierung des nationalsozialistischen Massenmordes mit der Lebenshingabe Jesu Christi, dass die von den Nazis ermordeten Juden in der Regel keine Möglichkeit hatten, sich ihrem Schicksal zu entziehen. Sie konnten nicht heroisch für ihren Glauben in den Tod gehen, weil sie auf jeden Fall ermordet worden wären – auch dann, wenn sie oder ihre Mütter ihrem Glauben abgeschworen hätten. Als eine der besonderen Perversitäten der Nationalsozialisten kann man daher die Tötung des Martyriums ansehen, die dadurch gegeben war, dass die Nationalsozialisten den Juden nicht die Möglichkeit ließen, durch Selbstverleugnung, Preisgabe der eigenen Ideale oder Apostasie dem Tod zu entrinnen.[16] Und man kann der Verknüpfung von Auschwitz und Golgotha entgegenhalten: „Was sind die Leiden am Kreuz verglichen mit denen einer Mutter,

---

15 Beide Zitate Jürgen Moltmann, Trinität und Reich Gottes. Zur Gotteslehre, München 1980, 65.

16 Vgl. Richard L. Rubenstein, Der Tod Gottes. In: Brocke/ Jochum (Hg.), Wolkensäule und Feuerschein, 111-125, hier 119; Christoph Münz, Der Welt ein Gedächtnis geben. Geschichtstheologisches Denken im Judentum nach Auschwitz, Gütersloh 1995, 285, sowie Emil L. Fackenheim, Die gebietende Stimme von Auschwitz. In: Brocke/ Jochum (Hg.), Wolkensäule und Feuerschein, 73-110, hier 83: „In Auschwitz gab es jedoch keine Wahl; ohne Unterschied wurden alt und jung, Gläubige und Ungläubige hingeschlachtet. Kann es ein Martyrium geben, wo es keine Wahl gibt? ... Auschwitz war der äußerste, der teuflischste Versuch, der jemals unternommen wurde, das Martyrium selbst zu morden, und falls das mißlänge, allen Tod, einschließlich des Martyriums, seiner Würde zu berauben."

deren Kind unter lautem Lachen und den Klängen eines Wiener Walzers hingeschlachtet wird?“[17]

Damit sind Moltmanns Einlassungen nicht erledigt, aber es wird deutlich, dass er sich fragen lassen muss, ob er hier nicht zu schnell die Leiden des jüdischen Volkes in das Kreuz inkludiert und trinitätstheologisch aufhebt. Marianne Moyaert erinnert an dieser Stelle an die entsprechende Kritik, die bereits Johann Baptist Metz seinem Weggefährten Moltmann ins Stammbuch geschrieben hat. Durch Moltmanns Deutung werde Auschwitz in den Schmerz des trinitarisch strukturierten Gottes hineingenommen und der in Auschwitz begründete Schrecken werden dadurch spekulativ stillgestellt.[18] Vor allem muss man fragen, ob die christliche Theologie sich nicht durch ihre trinitätstheologische Auflösung der Spannung der Theodizeefrage doch wieder in eine Superioritätsposition gegenüber dem jüdischen Denken hineinmanövriert. Sicherlich will Moltmann auch das jüdische ‚Nein‘ zu Jesus Christus würdigen. Aber letztlich wird es bei dieser Zurückweisung doch zu einer vorläufigen Größe, die eschatologisch der Auflösung in Christus harrt. Wenn Moltmann hofft, dass von jüdischer Seite aus das christliche Messiasbekenntnis als *praeparatio messianica* für den Weg der Völker zum jüdischen Messias angesehen werden könne,[19] so hofft er implizit eben doch darauf, dass Juden zumindest eschatologisch die Wahrheit Jesu Christi und die Verstocktheit ihrer eigenen Zurückweisung von ihm als dem Messias Israels erkennen.

Sicher bedarf es einigen hermeneutischen Aufwandes um an dieser Stelle die eschatologische Hoffnung der Christen so auszubuchstabieren, dass wirklich jede Form des Superiorismus und Supersessionismus vermieden wird.[20] Aber ein solcher Aufwand wird deutlich erschwert, wenn bereits bei der Deutung des vier-

17 Fackenheim, Die gebietende Stimme von Auschwitz, 84. Zur Kritik an einer Analogisierung von Auschwitz und Golgotha vgl. auch Albert H. Friedlander, Das Ende der Nacht. Jüdische und christliche Denker nach dem Holocaust. Aus dem Engl. übers. v. S. Denzel u. S. Naumann, Gütersloh 1995, 111: „Und wir können, ja wir dürfen in Auschwitz nicht eine Wiederholung von Golgotha in anderem Gewand sehen.“

18 Vgl. Moyaert, Who is the suffering servant?, 225-227.

19 Vgl. ebd., 226.

20 Vgl. als ersten Gehversuch in diese Richtung meine eigenen Überlegungen in Klaus von Stosch, Die Einzigkeit Jesu Christi als Implikat der Einzigkeit Israels. Plädoyer für eine mutual inklusive Lesart der Christologie in der Israeltheologie. In: Christian Danz/ Kathy Ehrensperger/Walter Homolka (Hg.), Christologie zwischen Judentum und Christentum. Jesus, der Jude aus Galiläa, und der christliche Erlöser, Tübingen 2020 (Dogmatik in der Moderne; 30), 291-30.

ten Gottesknechtsliedes christliche Deutungsfiguren über die jüdische Tradition des Umgangs mit diesem Text gestellt werden. Übrigens kassiert Moltmanns Theologie unter der Hand eigentlich das Sühnemotiv des alttestamentlichen Textes und ersetzt es durch das hermeneutisch leichter zugängliche Motiv des Mitleidens. Aber damit wird das zu Beginn dieses Kapitels beschriebene Verständnisproblem bei der Rede vom stellvertretendem Sühneleiden dadurch gelöst, dass man es so uminterpretiert, dass es jüdischerseits nur noch mit großer Anstrengung mitvollzogen werden kann. Schauen wir also einmal genauer hin, wie die jüdische Tradition mit dem vierten Gottesknechtslied umgeht und welche Folgerungen sich aus dieser Deutungstradition für unsere Verstehensbemühungen ergeben könnten.

Impuls aus dem Judentum: Die kollektive Deutung des Gottesknechts und der Ruf in die Verantwortung

Jom Kippur als Versöhnungsritual

Die Idee des stellvertretenden Sühneleidens liegt bereits dem zentralen jüdischen Ritual des Jom Kippur zugrunde, also dem großen Versöhnungsfest, das für Juden ungefähr so wichtig ist wie für Christen Weihnachten. In Lev 16,21f wird beschrieben, wie Aaron „seine beiden Hände auf den Kopf des lebenden Bockes legen und über ihm alle Sünden der Israeliten, alle ihre Frevel und alle ihre Fehler bekennen soll. Nachdem er sie so auf den Bock geladen hat, soll er ihn durch einen bereitstehenden Mann in die Wüste treiben lassen, und der Bock soll alle ihre Sünden mit sich in die Einöde tragen." Dieser Gedanke der Übertragung der Sünden des Volkes auf einen Sündenbock liegt offenbar auch dem Gottesknechtslied zugrunde, wenn gesagt wird, dass der Knecht die Sünden der Vielen tragt (Jes 53,11) und dass JHWH ihn die Sünde von uns allen treffen lässt (Jes 53,6). Das Besprengen der vielen Völker aus Jes 52,15 erinnert daran, dass der Priester am Jom Kippur das Blut des Jungstiers und des Bocks gegen die Deckplatte spritzen soll (Lev 16,14f), um auf diese Weise das Heiligtum zu entsühnen (Lev 16,16). Auch der Altar wird mit Blut besprengt, um die Unreinheiten der Israeliten zu reinigen (Lev 16,17). Entsprechend werden nun in Jes 52,15 die vielen Völker besprengt, sodass der Gottesknecht das Versöhnungswerk in Übernahme der priesterliche Rolle Aarons zur Versöhnung der Völker mit Gott nutzt. Wahrscheinlich ist es also das Blut des Gottesknechts, dass die Rettung der Völker ermöglicht – ein Gedanke, der christlicherseits gerne christologisch interpretiert wird.

Tun-Ergehens-Zusammenhang und Karmalehre

Für einen modernen Menschen ist es erst einmal befremdlich, wie man Schuld einem Sündenbock aufladen oder wie ein leidender Gottesknecht Schuld übernehmen soll. Um diese Idee zu verstehen, ist es sinnvoll, sich den für das biblische Denken so zentralen Gedanken des Tun-Ergehens-Zusammenhangs klarzumachen. Vielleicht ist es hilfreich, diesen etwas sperrigen Gedanken dadurch zu plausibilisieren, dass man ihn von dem buddhistischen Verständnis der Karmalehre her deutet. Denn tatsächlich zielen beide auf dieselbe anthropologische Grunderfahrung ab. Die Grunderfahrung besteht darin, dass durch böse Taten eine negative Energie in die Welt hineinkommt, die über die konkreten Folgen der Tat hinausgeht und die den Lebensraum von Menschen beschädigt. Der Schaden muss dabei nicht unbedingt, den Verursacher selbst treffen, sondern es geht eher darum, dass eine negative Tatsphäre entsteht, die irgendwo zur Auswirkung kommt.

Wenn beispielsweise ein Ehemann seine Frau betrügt, so kann er zwar freundlich zu seiner Frau bleiben und sein Tun verbergen. Wenn die Frau, mit der er fremd gegangen ist, gut verhütet hat und keine weiteren Ansprüche an ihn stellt, mag es sein, dass das Ganze ohne sichtbare Folgen bleibt und seine Ehefrau nie etwas davon erfährt. Und doch geht von dieser Tat eine negative Kraft aus, die möglicherweise seine Ehe gefährdet, jedenfalls aber negative Energie in die Welt bringt, weil er das Vertrauen seiner Ehefrau missbraucht hat. Liebe braucht Vertrauen und Vertrauen kann nur dauerhaft bestehen, wenn beide Seiten so handeln, dass das Vertrauen gerechtfertigt ist. Sonst gerät etwas in Unordnung und aus dem Gleichgewicht. Diese in Unordnung geratene Wirklichkeit wird von den östlichen Religionen als Karma bezeichnet. Interessant am Buddhismus ist, dass dieses Karma nicht als individuelle Schuld gedacht wird, sondern als negative Energie, die das Zusammenleben der Menschen insgesamt negativ auflädt. Entsprechend geht es beim Sündenbockritual ja auch um die Entsühnung des ganzen Volkes und nicht um eine individuelle Schuldvergebung. Durch das gemeinsame kultische Tun soll der negativen Energie etwas entgegengesetzt werden. Im Fall des Gottesknechts nimmt dieser freiwillig die Rolle des Sündenbocks ein, um die negative Energie an sich zur Auswirkung kommen zu lassen. Für die Deutung des Gottesknechtslieds bedeutet das: „Er (JHWH; Vf.) lässt einen *fremden Tun-Ergehen-Zusammenhang so am Gottesknecht zur Auswirkung* kommen, dass der eigentlich Schuldige, nämlich Israel, in die Position des Erretteten erlangt – während der Unschuldige daran zerbricht."[21] „Das Gesetz fortzeugender Gewalt tobt sich an dem unbedingt Friedfertigen aus."[22]

Dieser Gedanke findet sich etwa in der esoterischen Praxis von Familienaufstellungen wieder, die darauf abzielen, dass eine ungesühnte Tat oder ein nicht aufgearbeitetes Problem, das eine Familie beschäftigt, angeschaut und von einem der Nachkommen bearbeitet wird. Der Erfolg solcher Familienaufstellungen in der Esoterik der Gegenwart zeigt, dass auch dem modernen Menschen ein solcher Zusammenhang von negativer Tatsphäre und eigener Möglichkeit der Verantwortungsübernahme einleuchten kann. Im Ahnenkult indigener Religionen wird derselbe Gedanke ebenfalls verarbeitet und wie gesagt auch in der Idee der Auswirkung des Karmas in den östlichen Religionen. Offenbar haben viele Menschen ein Gespür für das, was das alttestamentliche Denken als Tun-Ergehens-Zusammenhang beschreibt. Hält man einen solchen Zusammenhang für möglich, wird verständlich, wie ein Sündenbock einen Schlag bzw. eine negative Tatsphäre an sich zur Auswirkung kommen lassen kann (Jes 52,8). Der Gottesknecht heilt so die gemeinschaftlichen Beziehungen und ermöglicht einen Neuanfang.

Vielleicht kann man diesen Gedanken auch durch eine Analogie zum Treibhauseffekt verständlicher machen: Wenn wir in den Urlaub fliegen oder mit dem Auto fahren, setzen wir Treibhausgase frei, die zur Erderwärmung beitragen. Auch wenn ein Flug oder eine Autofahrt nicht nur zum Vergnügen erfolgt ist, sondern beruflich notwendig war, verstärkt es den Treibhauseffekt. Der Treibhauseffekt wird also durch die Tatsphäre vieler einzelner Menschen verursacht – ganz unabhängig davon, ob sie individuell schuldig werden oder nicht. Die Treibhausgase können nun an einem neu gepflanzten Wald gewissermaßen zur Auswirkung kommen, der ihre negativen Effekte aufnimmt und das Kohlendioxid in Sauerstoff umwandelt. Der Wald hätte dann einen ähnlichen Effekt wie der Gottesknecht und sorgt also für mehr frische Luft auf der Erde – so wie der Sündenbock für mehr positive Energie sorgt.

die bleibende Notwendigkeit individueller Versöhnung

Wichtig bei dem alttestamentlichen Konzept des stellvertretenden Sühneleidens ist, dass es nicht etwa die Notwendigkeit individueller Versöhnung obsolet macht. Denn fraglos gibt es Schuldzusammenhänge, die nicht einfach durch ein Sündenbockritual

21 Bernd Janowski, Er trug unsere Sünden. Jesaja 53 und die Dramatik der Stellvertretung. In: ZThK 90 (1993) 1-24, hier 20. Der Wandel Israels vollzieht sich dann in den Versen 4-6 durch das Schuldbekenntnis.

22 Ebd., 22.

erledigt sind. Natürlich ersetzt das Versöhnungsritual nicht die zwischenmenschliche Versöhnung. Wenn ich meinem Freund weh getan habe, wird das nicht dadurch wieder gut, dass ich an einem Versöhnungsritual teilnehme. Stattdessen braucht es an dieser Stelle die Bitte um Vergebung bei meinem Freund und ehrliche Reue und Wiedergutmachung. Doch oft kommen wir Menschen bei diesen Versuchen an Grenzen, und Beziehungen können nicht wieder heil werden, auch wenn wir uns noch so sehr abmühen. Das Versöhnungsritual kann hier helfen, heilende Kraft zu entwickeln, wo meine eigenen Kräfte nicht ausreichen. Es kann auch Mut machen, in einen individuellen Versöhnungsprozess einzutreten. Die Tatsphäre kann stärker sein als das, was ich individuell reparieren kann. Und eben an dieser Stelle braucht es das Handeln des Gottesknechts.

Wer ist der Gottesknecht?

Hat man einmal verstanden, wie wichtig das stellvertretende Sühneleiden des Gottesknechts dafür ist, um menschliche Beziehungen wieder in Ordnung zu bringen, versteht man, wie wichtig die Frage nach der Identität des Gottesknechts ist. Wenn es der Gottesknecht ist, der die Vergehen Israels trägt, hängt ja gewissermaßen die Rettung Israels am Gottesknecht. Damit wird Jesus Christus durch die Identifizierung mit dem leidenden Gottesknecht automatisch zum Messias Israels und Israel braucht ihn für seine Erlösung. Es kann wenig überraschen, dass diese Deutung von jüdischer Seite zurückgewiesen wird, bedroht sie doch die eigene Identität. Wie wird also jüdischerseits die Identität des Gottesknechts gesehen?

Auch wenn es in der jüdischen Tradition durchaus individuelle Deutungen für die Identität des Gottesknechts gab und diese gelegentlich auch mit messianischen Erwartungen aufgeladen waren, so dominiert in der jüdischen Auslegung des vierten Gottesknechtsliedes schon immer eine Deutungsperspektive, die den Gottesknecht als kollektive Figur sieht und daher mit Israel oder einem Teil Israels identifiziert. Sicher hat zur Zurückweisung der messianischen Deutung auch beigetragen, dass diese Deutung christlicherseits „allzu oft unter Vorzeichen anti-jüdischer Enteignung durch christologische Überbietung" stand.[23] Es würde aber zu kurz greifen, die jüdische Bevorzugung der kollektiven Deutung einfach nur als Reaktion auf die christliche Aneignung des Liedes zu sehen. Denn offenkundig ist die kollektive Deutung älter als das Christentum.

---

23 Berges, Jesaja, 228.

Die neuere christliche Exegese wenigstens kommt mehr und mehr zu der Einsicht, dass diese Deutung auch der ursprünglichen Intention des Autors des Liedes am nächsten kommt. So versteht beispielsweise der Bonner Alttestamentler Ulrich Berges das Lied so, dass es die Frage nach der theologischen Bedeutung des Leidens Israels im Exil klärt.[24] In seiner Deutung ist der Gottesknecht eine fiktionale, nicht aber eine fiktive Gestalt, die das Schicksal Israels in exilisch-nachexilischer Zeit personifiziert und dabei durchaus auch Einzelne im Blick hat.[25] Der Gottesknecht wäre dann also das exilierte Israel, das im Exil für die Sünden Israels büßt und der aus den Fugen geratenen Weltordnung einen Neubeginn ermöglicht. Im Hintergrund dieser Deutung steht der Konflikt der Rückkehrer, die im Exil durch die alleinige Bindung an JHWH ihre Identität bewahrt haben, mit den daheim gebliebenen Judäern, die sich während der Abwesenheit der theologischen Eliten mehr und mehr an die kanaanäischen Religionen assimiliert haben. Während das exilierte Israel immer mehr zur Überzeugung kam, dass es keinen Gott gab außer JHWH und eine Gesamtdeutung der eigenen Geschichte von seiner JHWH-Beziehung her vornahm, wurde der JHWH-Glaube der zu Hause Gebliebenen immer mehr in die kanaanäischen Religionen integriert. Wie tief der Riss durch Israel hindurchging und wie groß die Herausforderung des Zusammenkommens beider Gruppen in nachexilischer Zeit war, spiegelt sich an vielen frühen nachexilischen Texten wieder, die beispielsweise die Landnahmegeschichten recht martialisch aufladen, um den neu entwickelten Monotheismus des exilierten Israels zu verteidigen.[26] Durch das vierte Gottesknechtslied erhält das Leiden Israels im Exil einen tieferen Sinn für Gesamtisrael und bietet die Chance einer Geschichtstheologie, die Mut zu einem gemeinsam Neuanfang macht. Ja, selbst die Völker kommen in den Blick des durch das exilierte Israel vermittelten Heilshandelns Gottes. Durch seine Selbstdeutung im Licht des Liedes wird das exilierte Israel also zum Zeugen und Boten Gottes für Gesamtisrael und die Welt.[27]

Personifizierung Israels in exilisch-nachexilischer Zeit

---

24 Vgl. ebd., 277.

25 Vgl. ebd., 229.

26 Vgl. etwa die entsprechende Deutung von Dtn 7 bei Andreas Michel, Gewalt bei der Landnahme Israels. Eine historisch-kritische Auslegung von Dtn 7,1-6. In: Hamideh Mohagheghi/ Klaus von Stosch (Hg.), Gewalt in den Heiligen Schriften von Islam und Christentum, Paderborn u.a. 2014 (Beiträge zur Komparativen Theologie; 10), 33-50, hier 48.

27 Vgl. Berges, Jesaja, 230.

Es ist also eine sehr plausible Fortschreibung dieser ursprünglichen Deutung des Gottesknechtslieds, wenn Israel sich gerade als exiliertes, versprengtes und geschundenes Volk mit dem Gottesknecht identifiziert. In dieser Perspektive ist es Israels Leidensgeschichte mit unzähligen Pogromen und Vertreibungen, die uns im Gottesknecht vor Augen geführt wird. Gerade die Unschuld des Gottesknechts ist in dieser Tradition wichtig und ermöglicht ihre Übertragung auf die Schoa.[28] Liest man das Lied mit dieser Hermeneutik, so ist es nicht mehr Jesus Christus, dem Erfolg verheißen wird, sondern dem geschundenen Israel (Jes 52,13). Auf diese Weise ist der Erfolg dann auch ein innerweltlicher Erfolg und es ergibt viel mehr Sinn, dass am Ende von den Nachkommen des Gottesknechts die Rede ist (Jes 53,10), die dann eben das Überleben Israels zum Heilszeichen für die Welt macht. Nicht mehr Jesus wäre es, der durch seinen Tod am Kreuz die Völker rettet, sondern Israels Leidensgeschichte geschieht zu ihrem Heil (Jes 52,15). Die negativen Tatsphären und Unheilszusammenhänge der Welt kämen an Israel zur Auswirkung, das eben selbst in der Schoa den Mund nicht auftut und sich wie das Schaf zur Schlachtbank führen lässt (Jes 53,7). Die eigentliche Wende kommt nicht durch militärische Stärke, sondern durch das Handeln Gottes.

Übertragung auf die Schoa

So wie dieses Handeln Gottes zur Beendigung des Exils durch den Perserkönig Kyros vermittelt ist, so braucht es zur Befreiung der Juden von Nazideutschland ebenfalls der militärischen Stärke von außen. Und so wie Israel nach dem Exil eine neue Rolle gefunden hat, so ist auch für das heutige Israel nur zu verständlich, dass es sich nicht noch einmal auf die Schlachtbank führen lassen will. Von daher sollte man das Lied nicht missverstehen als Perpetuierung des Leidens und als Absage an jede Form von eigener Stärke. Es deutet einfach nur die Erfahrungen des Unheils in der Geschichte Israels und zeigt, dass auch in der Passivität eine ungeheure Macht stecken kann, die eben nicht nur für Israel wichtig ist, sondern den Lauf der Geschichte insgesamt ändert und allen Völkern einen Zugang zum Heil ermöglicht.

Entscheidend bei der jüdischen Inanspruchnahme des Gottesknechtsliedes für eine neue Geschichtstheologie ist die Tatsache, dass hier die Schuldfrage ganz anders verhandelt wird als im deuteronomistischen Geschichtswerk und den sonst üblichen Verarbeitungen des Exils. Wird das Exil sonst als Strafe für das Vergehen Israels gesehen und kann so dann auch die abgründi-

28 Vgl. Moyaert, Who is the suffering servant?, 220.

ge Idee entstehen, als sei die Schoa eine Bestrafung Israels für seine Sünden und Hitler dementsprechend ein Werkzeug Gottes,[29] so unternimmt das vierte Gottesknechtslied den im ganzen Alten und Ersten Testament einmaligen Versuch, die Infragestellung des Tun-Ergehens-Zusammenhangs durch das Leiden des Gerechten in einer Stellvertretungstheologie zu überwinden, in der der Gerechte nicht für die eigenen Vergehen, sondern für die der Vielen leidet und diese so trägt. D.h., der Schuldgedanke im Tun-Ergehens-Zusammenhang wird aufgebrochen und ein Verständnis bricht sich Bahn, das dem oben explizierten buddhistischen Verständnis der Karmalehre entspricht. Israels Schicksal im Exil und in der Schoa sind damit keine Strafe mehr für Israels Verfehlungen, sondern eine von Gott bestimmte Erniedrigung des gerechten Volkes, um die Gottlosigkeit der Heidenvölker zu sühnen und ihnen den Weg zum Heil freizumachen.[30] Damit wird gewissermaßen die Gleichung „Heil für Israel, Unheil für die Völker" umgekehrt – ein in der Religionsgeschichte beispielloser Vorgang.

Emmanuel Levinas: Gottes Spur im Ruf in die Verantwortung

Marianne Moyaert, die für die grundlegende Idee dieses Kapitels Pate gestanden hat,[31] markiert bei ihrer Deutung des Gottesknechtslieds noch deutlicher, als ich das bisher markiert habe, wie sehr sich die jüdische Deutung vom klassischen christlichen Verständnis des Liedes unterscheidet. Sie nimmt dabei Überlegungen des jüdischen Religionsphilosophen Emmanuel Levinas (1906-1995) in Anspruch, der ganz auf der Linie der bisherigen Überlegungen eine Chance sieht, sich auf der Basis der totalen Passivität des Leidens des Gottesknechts auf das Grauen von Auschwitz zu beziehen. Dabei kritisiert er jedoch scharf jede christliche Kenosistheologie, die wie bei Moltmann Gott in letzter Wehrlosigkeit und Ohnmacht dem Leiden aussetzt. Eine solche Theologie sei schlechterdings zu kostspielig für die Leidenden. Gott rufe uns durch das Antlitz der Leidenden in die Verantwortung und eben in diesem Ruf werde die Spur Gottes sichtbar.[32] Die Passivität des Knechts zeige dann nicht die Ohnmacht Gottes, sondern mache den Ruf in die Verantwortung unausweichlich. Und Gott werde nicht im Leidenden, sondern

---

29 Vgl. beispielsweise Ignaz Maybaum, Der dritte Churban. In: Brocke/ Jochum (Hg.), Wolkensäule und Feuerschein, 9-19, hier 15.

30 Vgl. so bereits J. van Oorschot, Babel und Zion, Berlin-New York 1993 (BZAW 206).

31 Vgl. Moyaert, Who is the suffering servant?, 216-237.

32 Ebd., 228, eingeschlossenes Zitat Levinas, Judaism and Christianity after Rosenzweig. In: Jill Robins (Hg.), Is it righteous to be? Interviews with Emmanuel Levinas, Stanford 2001, hier 261.

im ethischen Sollen erfahrbar. Diese Form der Präsenz Gottes sei typisch jüdisch, weil Gott eben nicht durch Verleiblichung und Verbildlichung konkret werde, sondern durch das Gesetz bzw. durch die Evidenz eines unbedingten ethischen Sollens.[33] Levinas wörtlich: „Im Nächsten ist reale Anwesenheit Gottes. In meiner Beziehung zum Anderen vernehme ich Gottes Wort. ... Ich sage nicht, daß der Nächste Gott ist, aber dass ich in seinem Antlitz Gottes Wort höre."[34]

Moltmanns Impuls zur Entschuldigung Gottes dadurch, dass Gott auf der Seite der Leidenden steht und ohnmächtig dem Leiden gegenübersteht, wird bei dieser Neuinterpretation abgelehnt. Die Theodizeefrage bleibt also in aller Schroffheit bestehen. Levinas will gar nicht erst versuchen, Gott zu entschuldigen oder das Leiden zu erklären. Ihm geht es um den Menschen und darum, dass diesem kein Ausweg bleibt, auf dem er seiner Verantwortung entkommen kann. Von daher geht es in seinem Denken auch nicht zuerst um Gott, sondern um unsere Verantwortung. Die Ethik ist für ihn die erste Philosophie. Und ihrem Imperativ zu gehorchen, sei die höchste Tugend des Menschen. Für Levinas müssen wir die Tora mehr lieben als Gott.[35] Das Hören auf seinen Ruf, die Wahrnehmung unserer Verantwortung, die Reaktion auf seine eindringliche Bitte um Hilfe im Antlitz des Leidenden erscheint so als unsere alleinige Aufgabe – nicht die spekulative Deutung des Leidens.

Menschliche Subjektivität wird bei Levinas ganz und gar als Gehorsam, Dienst und Verantwortung gedeutet.[36] Auf dieser Linie kann er sogar eine messianische Interpretation des Gottesknechtsliedes akzeptieren, aber nur ohne christologische Zuspitzung. Für Levinas wird jeder Mensch zum Messias, der auf den Ruf antwortet und bereit ist, Verantwortung für die Leiden aller Menschen zu übernehmen.[37] Diese Verantwortung kann unter Umständen auch bedeuten, negative Energien aufzunehmen und stellvertretend zu erleiden. Aber sie kann niemals vom Einsatz für diejenigen befreien, die meine Hilfe brauchen. Die Idee eines stellvertretenden Sühnetods zur Befreiung von unseren Sünden ist für Levinas eine gefährliche Idee, die unsere

33 Moyaert, Who is the suffering servant?, 229.

34 Emmanuel Levinas, Zwischen uns. Versuch über das Denken und den Anderen, München-Wien 1995, 140.

35 Vgl. Moyaert, Who is the suffering servant?, 229.

36 Vgl. ebd., 229.

37 Emmanuel Levinas, Difficult freedom. Essays in Judaism, London 1990, 89f.: „All persons are the Messiah. The Self (Moi) as Self, taking upon itself the whole world, is designated solely by this role".

persönliche Verantwortung aus dem Blick rückt.[38] Wir sollten uns also von Levinas zur Verantwortung rufen lassen und unsere Theologie so entwickeln, dass die Notwendigkeit unseres Beitrags zur Gottesherrschaft wieder sichtbar wird.[39]

Komparativ theologische Zusammenschau: Eckpunkte für jede christliche Aneignung der Kategorie des stellvertretenden Sühneleidens

Um die grundlegenden Herausforderungen der soeben referierten Einsprüche adäquat aufarbeiten zu können, bedürfte es eines vollständigen Neuentwurfs der christlichen Soteriologie. Diesen können wir an dieser Stelle nicht leisten. Wir werden aber im nächsten Kapitel zwei zeitgenössische Ansätze zur Soteriologie auch unter der hier entwickelten Perspektive einer näheren Betrachtung unterziehen. An dieser Stelle kann es nur darum gehen, Eckpunkte für den christlichen Umgang mit dem vierten Gottesknechtsliedes zu formulieren.

Jesus als leidender Gottesknecht

Zunächst einmal ist es wichtig, dass die christliche Theologie die jüdischen Denkanstöße und Einsprüche zwar ernst nehmen muss. Das bedeutet aber nicht, dass sie auf eigene Akzente verzichten darf. Da Jesus selbst sein eigenes Leiden und Sterben wahrscheinlich im Licht des vierten Gottesknechtsliedes gedeutet hat und diese Deutung fest im Neuen Testament verankert ist, erscheint es mir als wenig hilfreich, die Verknüpfung der Figur des leidenden Gottesknechts mit Jesus Christus aufzugeben. Dieser Zusammenhang ist so fest in den christlichen Liturgien und Identitäten verankert, dass es nicht darum gehen kann, die individuelle Deutung auf Jesus Christus hin einfach durch die kollektive Deutung zu ersetzen. Mir scheint es nur darum zu gehen, die kollektive Deutung als weitere Deutungsmöglichkeit anzuerkennen. Letztlich erscheint es mir aus christlicher Perspektive unmöglich, hier eine richtige von einer falschen Deutung zu unterscheiden. Und wahrscheinlich ist es sogar rein philologisch und historisch so, dass hier unterschiedliche Deutungen legitim sind.[40] Von daher wäre zu überlegen, ob man nicht die kollekti-

---

[38] Vgl. Moyaert, Who is the suffering servant?, 234: „Christianity suffers from its forgetting of the other and the responsibility to which the subject is called. Redemption depends on us and not on a Messiah sent by God. The idea that someone else died for our sins is, according to Levinas, a dangerous idea, for it minimilizes our personal responsibility."

[39] Vgl. ebd., 234.

[40] Vgl. das entsprechende Plädoyer bei D.J.A. Clines, I, He, We and They. A literary approach to Isaiah 53, Sheffield 1976, repr. 1983 (JSOTS 1), 60f.

ve Deutung auf Israel hin auch christlicherseits als legitime Deutung anerkennen kann, ohne deswegen auf die christologische Deutung zu verzichten. Entsprechend wäre zu prüfen, ob sich die kollektive Deutung nicht in die christologische Deutung inkludieren ließe.

An dieser Stelle erscheint mir die Intervention von Levinas ausgesprochen hilfreich zu sein, weil sie uns davor bewahrt, die Christologie einfach auf jüdische Mittlergestalten auszudehnen und so die trinitarische Denkform auch im Judentum zu finden.

Inklusion Israels in die Theologie des leidenden Gottesknechts

Von daher wird man durch die Inklusion Israels in die Theologie des leidenden Gottesknechts demselben in der Gestalt Israels keine erlösende Funktion zukommen lassen müssen. Wenn jüdischerseits der Gottesknecht durch seine restlose Passivität und Unschuld das Wort Gottes als ethischen Anruf erfahrbare Wirklichkeit werden lässt, dann wird er selbst nicht zu einer Mittlergestalt, sondern zum Anlass der Gotteserfahrung. Entsprechend könnte dann christlich zugegeben werden, dass in Israels Leidensgeschichte Gottes Wort an uns ergeht und uns bedingungslos und unmittelbar in die Pflicht nimmt. Der Anspruch Gottes, der so durch Israel für uns erfahrbare Wirklichkeit wird, steht an Kraft und Eindringlichkeit dem Anspruch Gottes in Jesus Christus in nichts nach. Er ist allerdings anders vermittelt, weil er als ethisches Sollen, als Gesetz, als Ruf in die Pflicht nimmt, während der Anspruch Gottes in Jesus Christus zunächst einmal die Gestalt des Rufens selbst zur Zusage macht. Diese Dialektik von Anspruch und Zuspruch Gottes, die wir im elften Kapitel noch etwas genauer reflektieren wollen, denkt den Anspruch von der Zusage her und entwickelt den Gottesgedanken deswegen aus dem Gedanken der Liebe – so wie wir das ja bereits im zweiten Kapitel versucht haben. Dagegen würde dieselbe Dialektik jüdischerseits wenigstens in der Deutung von Levinas vom Sollen her entwickelt, sodass die Zusage Gottes erst in einem umfassenden Sinn erhandelt werden muss.

keine Ermäßigung des Sollens durch das Sühneleiden

So gelassen man diese unterschiedlichen Akzente christlicherseits stehen lassen und als Bereicherung erkennen kann, so sehr muss man doch den Einspruch von Levinas ernst nehmen, dass das ethische Sollen nicht durch die Rede von stellvertretenden Sühneleiden ermäßigt werden darf. Vielmehr wäre es ein Prüfstein für jede christliche Rede vom stellvertretenden Sühneleiden, ob sie in die Verantwortung ruft oder den Eindruck erweckt, dass alles Relevante bereits von Christus getan ist, sodass ich die eigenen Hände in Unschuld waschen kann.

Auf der Ebene der Christologie wiederum sollte klar sein, dass die Gestalt Jesu Christi als des leidenden Gottesknechts niemals exklusiv verstanden werden darf, sondern immer inklusiv. Wenn es stimmt, dass Gott selbst am Kreuz leidet, dann leidet er auch in Auschwitz, beim Völkermord an den Tutsi in Ruanda und in jedem Kind, das zu Tode gemartert wird. Diese Einsicht löst nicht das Theodizeeproblem und entlastet uns auch nicht vom Kampf gegen Leid und Ungerechtigkeit. Aber richtig verstanden kann sie vielleicht doch einen Zuspruch Gottes sichtbar machen, der uns die Kraft gibt, den von Levinas zu Recht betonten Sollensanforderungen standzuhalten.

Marianne Moyaert

Als Marianne Moyaert im Jahr 1997 mit ihrem Studium der Katholischen Theologie in Leuven begann, war bereits von Anfang an die Aufarbeitung des schwierigen Verhältnisses von Judentum und Christentum eines ihrer zentralen Anliegen. Schon während ihres Bacherlorstudiums wollte sie besser verstehen, warum Juden ‚Nein' zum Glauben an Jesus Christus sagten und wie es möglich ist, dass dieses ‚Nein' katholischerseits als unverzichtbares Glaubenszeugnis gewürdigt wird. Besser verstehen wollte sie auch das Verhältnis von christlichem Antijudaismus und nationalsozialistischem Antisemitismus. Wie – so fragt sie sich in ihrer Theologie bis heute – lässt sich gerade aus der Affirmation der Besonderheit des christlichen Glaubens heraus eine Wertschätzung des jüdischen Selbstverständnisses gewinnen? Wie kann der Dialog zwischen Juden und Christen zu ihrer Versöhnung beitragen?

Moyaert fiel schon früh auf, dass derartige Fragen vor allem christentumsintern gestellt werden. Christliche Theologinnen und Theologen haben nach der Schoa zwar gelernt, wie wichtig das Judentum ist und sprechen außerordentlich wertschätzend vom Judentum. Aber nur selten versuchen sie vom Judentum zu lernen. Zwar hat sich in den großen Kirchen eine eigene Israeltheologie entwickelt, aber nur selten wird der Versuch unternommen, von Israel zu lernen. Auch in der Komparativen Theologie, die ja dadurch definiert ist, aus nichtchristlichen Theologien zu lernen, gibt es nur selten fruchtbare Auseinandersetzungen mit dem Judentum. Diese Scheu gerade in der deutschsprachigen Theologie hält Moyaert zwar einerseits für verständlich, weil man natürlich nach der verhängnisvollen Geschichte des christlichen Antijudaismus nicht erneut in die Falle einer Verwendung des jüdischen Glaubens für eigene Zwecke tappen will. Und doch ist es in ihren Augen betrüblich, wenn sich Komparative Theologie auf immer aufwendigere und aufregendere Weise mit den östlichen Religionen beschäftigt, aber viel zu selten, das lebendige Gespräch mit dem Judentum sucht. An dieser Stelle fühlte sie sich schon früh herausgefordert, eigene theologische Gehversuche zu entwickeln, die zeigen, wie man christlich vom rabbinischen und zeitgenössischen Judentum lernen kann.

Neben ihren Fallstudien zum christlichen-jüdischen Dialog hat sich Moyaert vor allem durch ihre hermeneutische Arbeit einen Namen gemacht. In verschiedenen Büchern hat sie insbesondere die Hermeneutik Paul Ricœurs für die Komparative Theologie fruchtbar gemacht und so wertvolle Grundlegungsarbeit für diese neue Disziplin geleistet.

Seit 2012 leistet sie diese Arbeit als Professorin für Komparative Theologie an der Freien Universität Amsterdam. In ihrer Arbeit mit Studierenden aus ganz unterschiedlichen Kulturen und Religionen versucht sie immer wieder klarzumachen, dass Theologie nicht unschuldig und neutral sein kann. Gerade die Bekämpfung antijüdischer Denkmuster und Stereotype sieht sie als eine ihrer zentralen Aufgaben als theologische Lehrerin an. In behutsamer Relektüre klassischer christlicher Texte versucht sie deren antijudaistische Schlagseite offenzulegen und durch kreative Neuansätze zu überwinden. Wie man an dem Beispiel in diesem Kapitel sieht, versucht sie dabei auch ausdrücklich, auf jüdische Stimmen zu hören und sie ins theologische Gespräch einzubeziehen.

Aufgaben

1. Wie wird klassischerweise im Christentum das vierte Gottesknechtslied gedeutet? Wie haben Sie selbst es bisher gehört bzw. wie wirkt es beim ersten Lesen auf Sie?
2. Worin besteht die Gefahr des Supersessionismus im christlich-jüdischen Dialog? Wie versucht Marianne Moyaert dieser Gefahr zu begegnen?
3. Worin besteht die Kritik von Moyaert und Levinas an Jürgen Moltmann? Halten Sie diese Kritik für gerechtfertigt?
4. Wer ist aus jüdischer Sicht der leidende Gottesknecht? Lässt sich diese Deutung christlicherseits in die eigene Deutung integrieren?

Literatur

Brocke, Michael/ Jochum, Herbert (Hg.), Wolkensäule und Feuerschein. Jüdische Theologie des Holocaust, Gütersloh 1993 *(gelungene Zusammenstellung jüdischer Bearbeitungsversuche der Schoa).*

MOLTMANN, JÜRGEN, Die Grube – Wo war Gott? Jüdische und christliche Theologie nach Auschwitz. In: DERS., Gott im Projekt der modernen Welt. Beiträge zur öffentlichen Relevanz der Theologie, Gütersloh 1997, 155-173 *(markanter Aufsatz zu Moltmanns kreuzestheologischer Deutung der Schoa).*

MOYAERT, MARIANNE, Who is the suffering servant? A comparative theological reading of Isaiah 53 after the Shoah. In: MICHELLE VOSS ROBERTS (ed.), Comparing faithfully. Insights for systematic theological reflection, Fordham University Press 2016, 216-237 *(wichtigste Grundlage dieses Kapitels).*

DIES., Fragile identities. Towards a theology of interreligious hospitality, Leiden 2011 (Currents of Encounter; 39) *(hermeneutische Grundlegung Komparativer Theologie mit Hilfe von Ricœur).*

WIESEL, ELIE, Die Nacht. Erinnerung und Zeugnis, Freiburg-Basel-Wien [5]1996 *(bedrängendes Zeugnis eines Auschwitzüberlebenden über den dehumanisierenden Alltag im Konzentrationslager).*

8 Erlösung in unseren letzten Abgründen

Probleme im westlichen Erlösungsdenken

In der christlichen Tradition wird Erlösung normalerweise verstanden als die Wiederherstellung der liebenden Verbindung zwischen Gott und Mensch und die Überwindung aller Hindernisse, die dieser Verbindung entgegenstehen.[1] Hindernisse, die den Menschen an der Gemeinschaft mit Gott hindern, werden theologisch gerne als Sünde bezeichnet. Wenn die christliche Anthropologie also vom Leiden des Menschen an der Sünde spricht, so meint sie, dass Menschen daran leiden, nicht vollständig mit Gott und seiner Liebe verbunden zu sein. Und die zentrale Botschaft des Christentums besteht darin, dass durch Jesus Christus, insbesondere durch sein Leiden, seinen Tod und seine Auferstehung, ein Weg zur Gemeinschaft mit Gott für alle Menschen eröffnet wird.

Im Folgenden will ich zwei zeitgenössische theologische Theorien vorstellen, die verständlich machen wollen, wie diese Erlösungsbotschaft des Christentums genauerhin durchdacht werden kann. Beide Wege sollen jeweils exemplarisch für eine der großen Traditionen des Erlösungsdenkens im Christentum stehen. Heuristisch sollen sie erst einmal als westliche und östliche Wege des Erlösungsdenkens bezeichnet und an Eleonore Stump und Thomas Pröpper veranschaulicht werden. Nach der Vorstellung beider Modelle versuche ich im Gespräch mit einem bestimmten Koranvers Perspektiven zu entwickeln, die die Schwächen beider Modelle überwinden.

Probleme im westlichen Erlösungsdenken und der Lösungsversuch Eleonore Stumps

In ihrem Buch zum Erlösungsdenken unterscheidet die bekannte amerikanische Thomistin Eleonore Stump (*1947) drei verschiedene Modelle des Erlösungsdenkens in der christlichen Tradition.[2] Die beiden prominentesten Wege, der anselmianische und der thomistische Weg, sind beide in der lateinischen bzw. westlichen Tradition des Christentums verwurzelt. Um diese beiden Wege soll es hier zunächst einmal gehen. Den dritten Weg,

---

1 Das vorliegende Kapitel ist in seiner Struktur und Grundidee eng angelehnt an: KLAUS VON STOSCH, How Q 5:75 can help Christians conceptualize atonement. In: CORNILLE (Hg.), Atonement and Comparative Theology (im Erscheinen).

2 Vgl. ELEONORE STUMP, Atonement, Oxford 2018 (Oxford Studies in Analytic Theology).

der eher auf die patristischen Ressourcen der östlichen Tradition verweist, werden wir dann in einem weiteren Reflexionsgang reflektieren.

Anselmianisches Modell

Die Grundidee des anselmianischen Erlösungsmodells besteht in der Idee, dass die menschliche Sünde einen gerechten Gott daran hindere, sich mit den Menschen zu versöhnen, solange keine ausreichende Sühneleistung zur Genugtuung Gottes geleistet wurde. Gottes Gerechtigkeit nimmt in diesem Denken Schaden, wenn Gott einfach ohne Vor- und Nachbedingungen vergibt. Denn die Gerechtigkeit Gottes verlangt die Sühne von Sünde und Schuld.

Auch die Ehre Gottes scheint durch das Versagen der Menschen bedroht zu sein, weil eine gut funktionierende Weltordnung mit einem Menschen, der seine Pflicht erfüllt, ja eigentlich ein wunderbarer Verweis auf die Macht und Ehre Gottes wäre. Stattdessen begehen die Menschen eine Sünde nach der anderen und verdunkeln so die Sicht auf Gott. Es war vor allem der atheistische Philosoph Friedrich Nietzsche (1844-1900), der diesen Rekurs auf die Ehre Gottes zum Anlass beißender Kritik nahm. So schrieb er:

> Ob mit der Sünde sonst Schaden gestiftet wird, ob ein tiefes, wachsendes Unheil mit ihr gepflanzt ist, das einen Menschen nach dem andern wie eine Krankheit fasst und würgt – das lässt diesen ehrsüchtigen Orientalen im Himmel unbekümmert: Sünde ist ein Vergehen an ihm, nicht an der Menschheit![3]

Nietzsches Kritik ist allerdings etwas ungenau. So macht beispielsweise Gisbert Greshake klar, dass die Ehre Gottes in Anselms Denken von der Weltordnung her zu verstehen ist. Wenn Peter seiner Schwester wehtut, dann geschieht etwas, das nicht sein soll und es ist etwas in der Weltordnung gestört.[4] Es existiert eine Wunde, die geheilt werden muss und die nicht einfach durch einen göttlichen Erlass aus der Welt geschafft werden kann. In der Regel braucht es eine versöhnende Handlung von Peters Seite, vielleicht sogar eine Wiedergutmachung. Vielleicht reicht es auch, etwas Zeit vergehen zu lassen oder Peter kann durch sein konstruktives Verhalten die Sache vergessen machen. Aber

---

3 Vgl. Friedrich Nietzsche, Die fröhliche Wissenschaft. In: ders., Kritische Studienausgabe Bd. 3: Morgenröte. Idyllen aus Messina, Die fröhliche Wissenschaft, hg. v. Giorgio Colli und Mazzino Montinari, München 1999, 135.

4 Vgl. Gisbert Greshake, Erlösung und Freiheit. Zur Neuinterpretation der Satisfaktionstheorie Anselms von Canterbury. In: Theologische Quartalsschrift 153 (1973) 332-345.

Gott kann ein solches Handeln Peters nicht ersetzen. Es braucht hier eine zwischenmenschliche Versöhnung und entsprechende zwischenmenschliche Handlungen, die nicht einfach durch Gottes unbedingte Versöhnungsbereitschaft ersetzt werden können.

Stump kritisiert wie schon Nietzsche und viele zeitgenössische Theologen Anselms Modell, weil das Hindernis für die Erlösung bei Gott liege.[5] Aber wie Greshake völlig zu Recht klarmacht, geht es nicht darum, dass Gott nicht genug liebt oder dass er sich in seiner Ehre verletzt fühlt – wie Nietzsches ehrsüchtiger Orientale im Himmel.[6] Vielmehr ist es einfach so, dass objektiv durch Peter etwas in der Welt in Unordnung gebracht wurde, das durch zwischenmenschliches Handeln wieder in Ordnung gebracht werden muss. Also liegt auch bei Anselm das eigentliche Problem gar nicht bei Gott oder einer kritikwürdigen Gottesvorstellung, sondern beim Menschen. Und deswegen ist das anselmianische Modell gar nicht so weit vom thomistischen Modell entfernt, wie Stump und andere Kritikerinnen und Kritiker der anselmianischen Tradition meinen.

thomistisches Modell

Der Vorteil des thomistischen Modells ist in Stumps Augen die Tatsache, dass das Hindernis für die Erlösung nicht auf Seiten Gottes, sondern allein auf Seiten des Menschen liegt. In diesem Denken ist es die Sünde des Menschen, die Erlösung erst einmal unmöglich macht, also die selbstgewählte Trennung des Menschen von Gott. Gottes Liebe ist nach Thomas unveränderlich und Gott bleibt immer barmherzig um den Menschen bemüht. Gottes Liebe will sich unentwegt vom Menschen erreichen und bewegen lassen.

Im anselmianischen Modell ist es tatsächlich so, dass Gott für den Sünder nicht mehr erreichbar ist. Allerdings geht dieser Bruch nicht auf eine Bestrafungsaktion Gottes zurück und folgt auch nicht aus einer willkürlichen Handlung Gottes, sondern sie folgt aus der objektiven Störung der Weltordnung, die Gott alleine nicht wiedergutmachen kann. D.h., Gott fordert Genugtuung nicht für sich selbst, sondern im Namen der Opfer und Besiegten der Geschichte. Er braucht Genugtuung bzw. Sühneleistungen nicht für sich selbst, sondern für die Menschen, die ohne solche Leistungen nicht wieder zusammenfinden. Gott nimmt hier also

---

5 Vgl. Stump, Atonement, 115.

6 Diese abwertende Einschätzung des Orientalischen ist schon für das 19. Jahrhundert kennzeichnend, wie Nietzsches Sprachgebrauch zeigen. Sie ist natürlich aus komparativ theologischer Sicht hochproblematisch, und es ist hoffentlich klar, dass ich sie mir nicht zu Eigen machen will. Sie wird hier nur zitiert, um am Originalwortlaut Nietzsches zu bleiben.

das menschliche Unvermögen ernst und verpflichtet sich dazu, menschliche Freiheit zu respektieren und nicht am Menschen vorbei Versöhnung zu ermöglichen. D.h., das eigentliche Problem aller westlichen Modelle des Erlösungsdenkens lässt sich von der menschlichen Sünde her beschreiben und der Unordnung in der Weltordnung, die durch sie gestiftet wird. Da Gott die der Sünde zugrunde liegende freie menschliche Willensentscheidung ernst nimmt, entsteht hier durch die menschliche Schuld ein Problem, dass Gott nicht einfach durch einen Federstrich seines souveränen Willens beseitigen kann. Das Problem besteht hier im Kern darin, dass Menschen nicht in Gottes guten und versöhnenden Willen einstimmen wollen, und das Resultat einer solchen Verweigerung ist eine Trennung von Gott und Mensch.[7]

In der thomistischen Tradition werden dieses Problem und seine Lösung so konzipiert, dass analytisch zwischen den Elementen der Rechtfertigung und der Heiligung im Erlösungsprozess unterschieden wird. Dabei ist die Rechtfertigung des Sünders der erste Schritt im Erlösungsprozess und erst auf seiner Grundlage kann dann die Heiligung des Menschen gelingen, deren erfolgreicher Abschluss die Erlösung zur Vollendung bringt. Die Rechtfertigung des Sünders ist also gewissermaßen die Voraussetzung, um in den Prozess der Heiligung eintreten zu können, an dessen Ende die Vereinigung mit Gott und damit die Erlösung steht.

Die rechtfertigende Gnade ist in der thomistischen Tradition ein Angebot Gottes, das bei jedem Menschen wirksam wird, der sich nicht gegen Gottes guten Willen verschließt. D.h., Gott will die Rechtfertigung des Sünders, auch ohne jede Vorleistung, nicht einmal die Vorleistung des Glaubens ist erforderlich. Denn Gottes liebende und versöhnende Zuwendung geschieht bedingungslos. Die Rechtfertigung des Sünders vor Gott geschieht also allein aus Gnade, wie beispielsweise viel später Luther so wichtig wurde. Menschen haben an dieser Stelle nichts zu leisten. Sie können aber Gottes Heilungsabsicht durchkreuzen, indem sie sich seinem guten Willen entgegenstellen. In der thomistischen Tradition ist also nur eine einzige Sache erforderlich, damit der Mensch bei Gott gerechtfertigt werden kann: der Verzicht des Menschen, sich gegen Gott zu stellen. Positiv könnte man auch sagen, dass es die Ergebung des Menschen in Gottes Willen braucht. Stump sagt an dieser Stelle ausdrücklich, dass es ihr nicht

---

7 Vgl. Stump, Atonement, 23. Stumps Überlegung bezieht sich eigentlich nur auf das thomistische Modell. Aber wie oben expliziert scheint es mir auch auf die anselmianische Tradition anwendbar zu sein.

um Unterwerfung und Unterordnung geht, sondern um Hingabe des Menschen an Gott.[8] Die Rechtfertigung des Sünders wird also von Gott allein getan, und der menschliche Wille hat hier nur eine Art Vetomacht. Stump vergleicht das Wirken der Gnade an dieser Stelle gerne mit einem Auto, das in diesem Bild auch ohne den Menschen fährt, solange dieser nicht den Rückwärtsgang einlegt. In dem Bild würde also sogar das Einlegen des Leerlaufs ausreichen, ganz ohne menschliche Fahrleistung, um die Rechtfertigung des Menschen zu erreichen.

Auf die Rechtfertigung folgt im thomistischen Denken wie gesagt die Heiligung. Während die Rechtfertigung nur in diesem Leben geschehen kann, kann der Prozess der Heiligung auch nach dem Tod weitergehen. Während die Rechtfertigung allein aus Gnade von Gott geleistet wird, solange sich der Mensch nicht widersetzt, erfordert die Heiligung eine Kooperation von Gott und Mensch.[9] Heiligung ist im thomistischen Denken ein Prozess, der von Gottes kooperierender Gnade begleitet wird, aber eben auch die Kooperation des Menschen braucht – etwa durch das Tun guter Werke, durch den Weg einer spirituellen Reifung und durch Arbeit an sich selbst. Ich will hier nicht in die Details dieses interessanten Modells einsteigen, sondern nur auf ein Problem aufmerksam machen, dass sich aus ihm ergibt. Gott will diesem Modell zufolge mit jedem Menschen kooperieren und wird in seiner unendlichen Liebe auch Wege für eine solche Kooperation finden, wenn der Mensch sich ihm gegenüber öffnet, und so behutsam einen Weg zur Vollendung des Menschen finden. Unklar bleibt jedoch der für das Christentum so entscheidende Punkt, wieso hier Gott eigentlich Leben, Tod und Auferstehung Jesu Christi braucht. Wenn Rechtfertigung nichts braucht als die Hingabe des Menschen an Gott und wenn auch die Heiligung funktionieren kann, sobald sich der Mensch Gott hingibt und öffnet, wird fraglich, an welcher Stelle es eigentlich Jesus Christus und sein Erlösungshandeln braucht. Insbesondere das Leiden und der Kreuzestod Jesu Christi können durch dieses Denken nicht in seiner Heilsrelevanz erschlossen werden.[10]

---

8 Stump, Atonement, 210, 369.

9 Vgl. ebd., 27, 202.

10 Manche Theologen beharren deswegen auf der Erschließungskraft der anselmischen Tradition. Sie basiert in ihrer klassischen Gestalt nicht nur auf einem germanischen Rechtsdenken, sondern auch auf einer neuplatonischen Philosophie und dem augustinischen Konzept der Erbsünde. Vgl. als gründliche Kritik all dieser Prämissen Aaron Langenfeld, Das Schweigen brechen. Christliche Soteriologie im Kontext islamischer The-

Stump ist sich dieses Defizits ihrer eigenen Tradition bewusst und sie versucht es durch ein eigenes Denkangebot zu beheben. Sie bezeichnet ihre eigene Idee als marianisches Modell und fasst sie folgendermaßen zusammen:

marianisches Modell

> On the Marian interpretation of the doctrine of the atonement, in his passion and death, Christ provides unilaterally one part of what is needed for union between God and human beings, namely the indwelling of human psyches in God; and he also provides the most promising means for the other part, namely, the surrender to God by human beings alienated from themselves and from God. … This return of estranged human persons *is* something that God would otherwise not have had; it *is* a gift given to God through Christ.[11]

Stump geht in ihren Überlegungen von der Beobachtung aus, dass Menschen mit einem desintegrierten Willen nicht mit Gott vereinigt werden können. Mit einem geteilten oder desintegrierten Willen spielt Stump darauf an, dass es im Menschen Neigungen gibt, die ihn daran hindern, mit ganzem Herzen das zu tun, was er sich eigentlich vorgenommen hat. Nehmen wir beispielsweise an, dass Albert eigentlich in Maria verliebt ist, mit ihrem religiösen Glauben aber nichts anfangen kann und sich über sie lustig macht, wenn sie betet. Dadurch verletzt er sie und versteht sie nicht, obwohl er eigentlich nur Gutes für sie will und wohl auch denkt, dass es gut für Maria wäre, wenn sie nicht mehr an Gott glaubte. Oder nehmen wir an, dass Peter so sehr in das Gespräch mit seinem Chef vertieft ist, dass er einen Passanten schroff abweist, der dringend seine Hilfe braucht. Eigentlich würde Peter notleidenden Menschen gerne helfen wollen, aber seine Karriere ist ihm so wichtig, dass das Gespräch mit seinem Chef ihn daran hindert, offen für die Not eines Dritten zu sein. Nehmen wir als letztes Beispiel noch Ulli, die so viele schlechte Erfahrungen mit der Liebe gemacht hat, dass sie der Liebe Gottes nicht trauen kann, obwohl sie es gerne möchte. Menschen wie Albert, Peter und Ulli haben also einen desintegrierten Willen, dem es nicht gelingt, die eigentlich angestrebten Ziele konsistent umzusetzen. Dadurch können sie auch nicht Partner Gottes im Prozess der Heiligung der eigenen Person sein bzw. sie versagen jeweils an einem wichtigen Punkt, den Gott nicht einfach übergehen kann.

---

ologie, Paderborn 2016 (Beiträge zur Komparativen Theologie; 22), 68-154.

11 Stump, Atonement, 397.

Gott kann ihnen zwar Hilfestellungen geben, die sie auf die Desintegrationen aufmerksam machen. Aber Gott kann nicht an ihrer Stelle die Willensanstrengung aufbringen, die sie dazu befähigt, abgespaltene Teile ihrer Persönlichkeit zu integrieren. Albert müsste in unserem Beispiel daran arbeiten, einen neuen Zugang zum Beten zu finden, um hier nicht mehr so aggressiv auf Maria zu reagieren. Peter müsste versuchen, seinen Willen um berufliches Fortkommen nicht automatisch über seine Aufmerksamkeit für die Bedürfnisse Dritter zu stellen. Und Ulli müsste langsam lernen, wieder der Liebe zu vertrauen und sich ihr zu öffnen. All das erfordert Kraft und Übung und auch glückliche Lebensumstände, die entsprechende Heilungsprozesse ermöglichen. Gott stünde bei diesem Heiligungsprozess zur Kooperation zur Verfügung, aber Menschen suchen sich oft Ausflüchte, die sie daran hindern, einen solchen Weg der Integration zu gehen. Peter könnte einfach Angst haben, seinen Job zu verlieren und seine Familie nicht mehr ernähren zu können. Albert könnte als Kind belastende Erfahrungen mit Religion gemacht haben, die ihn nun aggressiv machen, wenn er religiöse Praxis sieht. Und Ulli könnte einfach den Glauben an die Liebe verloren haben. Alle drei können deswegen vielleicht nicht die Kraft finden, an sich zu arbeiten und ihr Wille bleibt desintegriert. Sie könnten damit daran scheitern, ihre eigene Schwäche, ihre Desintegration und ihr Unvermögen vor Gott zu bringen, sodass Gott es wenden kann.

Eine solche Desintegration des Willens macht nun ein direktes versöhnendes Handeln Gottes unmöglich. Was es hier braucht, ist eine Kraft, die es dem Menschen erlaubt, seine inneren Kräfte zu fokussieren und zusammenzubinden. Und diese Kraft muss vom Menschen ausgehen und kann nicht durch Gott herbeigezaubert werden, weil Gott sonst die Integrität, Subjektivität und Freiheit des Menschen nicht achten würde.

stellvertretendes Sühneleiden am Kreuz

An dieser Stelle führt Stump nun ihre Interpretation des stellvertretenden Sühneleidens Jesu Christi am Kreuz ein. Sie stellt sich dieses Leiden so vor, dass Jesus Christus in seinem Verlassenheitsschrei am Kreuz alle menschliche Verlassenheit real erlebt. Wenn Jesus Christus ruft: „Mein Gott, mein Gott, warum hast Du mich verlassen?“ (Mt 27,46) – so erlebt er nach Stump aufgrund seines göttlichen Allwissens jede menschliche Verlassenheit der gesamten Geschichte. Er erträgt sie und hält sie durch seinen Verzweiflungsschrei Gott hin. Er spürt Alberts Unfähigkeit, die negativen Erfahrungen mit Religion zu überwinden, er fühlt Peters Angst um seinen Job und er erlebt die unerfüllte Liebessehnsucht Ullis und bricht verzweifelt unter alledem zusammen. Es bleibt am Ende nur noch sein Schrei, in dem er in einem wörtlichen Sinne alle Entzweiungen des Menschen trägt und vor Gott bringt. Stump schreibt dazu:

> The human psyche of the person of Christ is opened on the cross to the psyches of all human beings. At one and the same time, Christ mind-reads the mental states found in all the evil human acts human beings have ever committed. … Flooded with such a horror, Christ might well loose entirely his ability to find the mind of God the Father.[12]

Jesus Christus erlebt also selbst die Desintegration des Willens, unter der so viele Menschen leiden. Er erleidet selbst die Form von Trennung von Gott, die weder Gott noch Mensch zu überwinden vermag. Er tut das nicht aus eigener Schuld, sondern wegen der Größe seiner Empathie. Er erleidet im Wortsinn alle Sorgen, Nöte, Schmerzen, Fragmentierungen und Entfremdungen der Menschheitsgeschichte und trägt sie. Er fühlt sogar die Trennung von Gott, die dadurch hervorgerufen wird, und leidet auch unter ihr. Aber er wendet sich deshalb nicht gegen Gott, sondern er trägt das Zerbrochene und hält es Gott hin. "Through mind-reading, then, Christ can have all human sin within himself on the cross without himself being sinful."[13]

In Stumps Christologie bleibt es wie in den meisten traditionellen Christologien undenkbar, dass Jesus sich wirklich selbst von Gott distanziert und dadurch sündigt. Allerdings fühlt er die Nähe Gottes nicht mehr, sodass die Fragmentierung seines Willens und die Entfremdung von Gott auch ihn, den Sündlosen, betrifft und an ihm zur Auswirkung kommt. Er ist zwar moralisch gesehen nicht für seine Entfremdung von Gott verantwortlich, weil er sie nicht durch moralisch verwerfliche Taten verursacht hat. Aber er ist dennoch davon betroffen, weil die Last der Sünde ihn erdrückt.

Dadurch entsteht das paradoxe Resultat, dass sich Jesus Christus nicht gegen Gott stellt und das auch gar nicht kann, weil in Stumps Konzeption sonst die Hypostatische Union zerbrechen würde. Genau wie schon Maximus Confessor vermag Stump keinen libertarischen Willen in Jesus zu denken[14] und sieht ihn

[12] Ebd., 164f.

[13] Ebd., 169.

[14] Vgl. Karl-Heinz Uthemann, Christus, Kosmos, Diatribe. Themen der frühen Kirche als Beiträge zu einer historischen Theologie, Berlin-New York 2005, 172: „Ein gnomischer Wille ist ein Wille, der zur Entscheidungs- und Willensfreiheit befähigt ist oder, richtiger gesagt, nicht befähigt ist, son-

also bei aller Anfechtung und Verzweiflung immer in unzerstörbarer Willenseinheit mit dem Vater. Jesus Christus hatte also nicht die Freiheit, sich im Garten Getsemani zur Flucht zu entscheiden und nach Galiläa zurückzukehren, obwohl der biblische Bericht diesen Eindruck erweckt (Mt 26,36-46). Er konnte auch nicht der Versuchung des Teufels nachgeben – wiederum gegen den Augenschein des biblischen Zeugnisses (Lk 4,1-12). Es gibt in Stumps Konzeption keine logisch mögliche Welt, in der Jesus Christus sich gegen Gottes Willen stellt und seiner eigenen Wege geht – eben weil sein menschlicher Wille hypostatisch mit dem göttlichen geeint ist.[15]

Die Lösung des Dramas um die Erlösung des Menschen besteht in der marianischen Variante also darin, dass ein Mensch alle Entzweiungen, Entfremdungen und Desintegrationen des menschlichen Willens dadurch heilt, dass er sie Gott hinhält. In seinem Verlassenheitsschrei bringt er sie vor Gott und bittet um seine integrierende Hilfe und Verwandlung. Dadurch kann dann für jeden Menschen, der dieses stellvertretende Sühneleiden Jesu Christi annimmt, der Heiligungsprozess gelingen, der ihm dann Schritt für Schritt erlaubt, psychologisch nachzuvollziehen, was in Christus bereits im Voraus geschehen ist – spätestens im Vollendungsgeschehen nach dem Tod.

Diese schöne Vision hat allerdings einen Makel. Sie wird errungen von einem Menschen, der an zwei Stellen nicht die Eigenschaften besitzt, die für alle anderen Menschen von essentieller Bedeutung sind. Er besitzt keine libertarische Freiheit und kein begrenztes Wissen. D.h., in Stumps marianischer Erlösungslehre wird Erlösung durch einen Menschen vermittelt, der selbst ontologisch von dem größten Problem menschlicher Existenz, der selbst verschuldeten Trennung von Gott, bewahrt ist. Problematisch erscheint dabei weniger, dass Jesus nicht sündigt, sondern dass er gar nicht sündigen kann und dadurch in seiner Freiheit vor dem letzten Abgrund menschlicher Freiheit bewahrt ist. Das größte Problem des Menschseins soll also gelöst werden durch einen Menschen, der aufgrund supranaturaler Eigenschaften vor den letzten Abgründen des Menschseins bewahrt bleibt. Das

---

dern mit dieser Wahlfreiheit belastet ist und nur in defizienter Weise frei sein kann." Das bedeutet, dass eine Person ohne gnomischen Willen keine Wahlfreiheit und damit auch keine libertarische Freiheit besitzt.

15 Vgl. zu der hier im Hintergrund stehenden Frage nach der Versuchbarkeit Jesu und seiner Möglichkeit zu sündigen Johannes Grössl/ Klaus von Stosch (Hg.), Impeccability and temptation. Understanding Christ's divine and human will, London-New York 2021.

scheint mir kein sehr erfolgversprechender Weg für das christliche Erlösungsdenken zu sein.

Grundidee des östlichen Erlösungsdenkens

Einer schon älteren, aber immer noch hilfreichen Unterscheidung Gisbert Greshakes zufolge ist die östliche Erlösungsvorstellung von der griechischen Paideia-Vorstellung geprägt.[16] Ihr geht es Greshakes Analyse zufolge darum, dass Gott bzw. der göttliche Logos in einem erzieherischen Prozess die menschliche Freiheit umwirbt und in einen Heils- und Heilungsprozess auf größere Freiheit hin einbeziehen will. Damit werde der Anknüpfungspunkt der im hellenischen Kontext kosmologisch eingebetteten Paideia-Vorstellung so verschoben, dass in der christlichen Paideia-Konzeption Freiheit und Personalität von Gott und Mensch in den Mittelpunkt rückten. Ihr Ziel und damit auch das Ziel der östlichen Erlösungsvorstellungen sei die Formung und Heranreifung des Menschen zu sich selbst, um so das Göttliche im Menschen Gestalt werden zu lassen. Es gehe nicht um eine Moralpädagogik im modernen Sinne, sondern um die Eigentlichwerdung des Menschen durch Nachahmung (Mimesis) Gottes und um seine Teilhabe (Methexis) am Leben Gottes. Christus biete nicht Vorschriften für moralisch gute Handlungen, „sondern bewirkt durch die Offenbarung des göttlichen Urbilds die Erneuerung des Bildes Gottes im Menschen und damit die neue dynamisch-ontologische Partizipation des Menschen mit Gott."[17]

Anders als im westlichen Denken war das östliche Denken also nie so sehr auf die Schuld des Menschen und das Trauma der Sünde fixiert. Dafür ist es in diesem Paradigma schwieriger, die Erlösungsbedürftigkeit des Menschen und die Heilsnotwendigkeit von Leben, Tod und Auferstehung Jesu Christi aufzuzeigen. Denn gerade die dynamische Anlage des Erlösungsprozesses erweckt den Eindruck, dass das Heil auch durch andere Bilder und Mittlergestalten vorangebracht werden kann. Sicher bewahrt die Rede vom göttlichen Urbild in Jesus Christus die Bedeutung der Einzigkeit Jesu Christi, es wird eben nur nicht so recht einsichtig, warum es dieses Urbild eigentlich braucht und wieso es Teilhabe am Leben Gottes nicht auch anders geben soll, als durch die Geschichte dieses einen Menschen hindurch. Welches jeden Men-

---

[16] Vgl. Gisbert Greshake, Der Wandel der Erlösungsvorstellungen in der Theologiegeschichte. In: Leo Scheffczyk (Hg.), Erlösung und Emanzipation, Freiburg-Basel-Wien 1973 (QD 61), 69-101. Die folgenden Ausführungen zu Greshake wiederholen meine entsprechenden Überlegungen aus Klaus von Stosch, Einführung in die Systematische Theologie, Paderborn [4]2019, 194f.

[17] Vgl. Greshake, Der Wandel der Erlösungsvorstellungen in der Theologiegeschichte, 80.

schen betreffende Dilemma macht hier Gottes Selbsteinsatz in Jesus Christus erforderlich? Im westlichen Paradigma ist hier durch das Thema der Sünde schnell eine Antwort gegeben. Das Profil im östlichen Paradigma bleibt dagegen etwas unscharf, sodass auch hier ein moderner Denkansatz vorgestellt werden soll, der sich bewusst von der westlichen Erlösungslogik mit ihrer Fixierung auf die Schuld abwendet, um Raum für ein Erlösungsdenken in Kategorien der Freiheit zu gewinnen, das sehr gut mit tragenden Einsichten des östlichen Denkens harmoniert.

Pröppers Erlösungsdenken im Paradigma des Freiheitsdenkens

Ich denke an dieser Stelle an die Soteriologie des Münsteraner Theologen Thomas Pröpper (1941-2015), der sein Erlösungsdenken von einem Grunddilemma der menschlichen Freiheit her entwickelt, das beansprucht, für jeden Menschen auch unabhängig vom christlichen Glauben nachvollziehbar zu sein. Ich will im Folgenden nicht diskutieren, ob Pröppers beeindruckende Analyse tatsächlich philosophisch zwingend ist, sondern nur den dadurch erzielten Paradigmenwechsel für die Soteriologie herausstellen.[18]

Wie bereits im vierten Kapitel ausführlicher dargelegt wurde, geht Pröpper davon aus, dass aus dem Ineinander der beiden oben ausführlich beschriebenen Komponenten der Freiheit – der formell unbedingten und unableitbaren Selbst-Ursprünglichkeit der Freiheit bei gleichzeitiger materialer Bedingtheit, also konkret geschichtlicher Realisierung ihrer Wirklichkeit – ein Grunddilemma menschlicher Freiheit folgt. Die eigentliche Dignität, die in der transzendentalen Unbedingtheit der Freiheit liegt, lässt sich nur realisieren, wenn Freiheit ihr eigenes unbedingtes Wesen im einzelnen Freiheitsakt und damit im Bedingten realisiert. Damit bestehe aber die Gefahr, dass Freiheit in ihrer konkreten Realisierung widerrufe (insofern diese notwendigerweise bedingt sei), was ihr eigentliches Wesen ausmache (eben das formell gesehen Unbedingte).

Grundaporie am Grund menschlicher Freiheit

Man kann Pröppers recht abstrakten Gedanken auch mit Hilfe der Existenzphilosophie Albert Camus' (1913-1960) auszudrü-

[18] Eine philosophische Würdigung der Überlegungen Pröppers machte ein Eingehen auf die Grundsätze von Fichtes Wissenschaftslehre von 1794 und deren Adaption durch Hermann Krings notwendig, die im Rahmen dieses Beitrags weder geleistet werden kann noch zielführend ist. Vgl. zur nachfolgenden Darstellung Thomas Pröpper, Erlösungsglaube und Freiheitsgeschichte. Eine Skizze zur Soteriologie, München [3]1991, 182-194. Die folgende Darstellung orientiert sich eng, an vielen Stellen wörtlich, an Klaus von Stosch, Über Erlösung reden. In: rhs 52 (2009) 80-87, hier 82-84.

cken suchen.[19] Camus geht davon aus, dass wir Menschen nach unbedingter Einheit bzw. absolutem Verstehen streben. Gelegentlich artikuliert er diese Sehnsucht auch im Kontext der Liebe. Demnach sehnen sich Menschen nach einer Unbedingtheitsdimension der Liebe, die ihnen doch als endlichen und bedingten Wesen *per definitionem* verwehrt bleibt. Ihr Leben erscheint deswegen absurd. Die Kluft zwischen menschlicher Sinnerwartung und menschlicher Fähigkeit, die Kluft zwischen dem Bedürfnis nach unbedingter Einheit in der Liebe und ihrer nur zeichenhaft und vorläufig möglichen Realisierung, die Kluft zwischen unendlichem Ausgriff und endlicher Realisierung der Freiheit, bleibt für Camus unüberwindbar und kennzeichnet das menschliche Dasein als absurd. Auch in Pröppers Freiheitsanalyse bleibt der Versuch endlicher Freiheit, sich anderer Freiheit unbedingt anerkennend zuzuwenden, aporetisch.

Diese aporetische Grundsituation des Menschen ändert sich erst, wenn der Mensch auf eine Freiheit verweisen kann, die tatsächlich auch in konkreter, geschichtlicher Weise im Bedingten unbedingt Ja sagen kann. Eben die Idee einer solchen Freiheit sieht Pröpper in der Idee einer Menschwerdung Gottes gegeben. Denn nur Gott sei unbedingte Freiheit, die auf unbedingte Weise einen unbedingten Gehalt anerkennen könne. Und so könne nur Gott die Wirklichkeit sein, die im Bedingten, die Inanspruchnahme unbedingter Anerkennung anderer Freiheit sinnvoll erscheinen lasse.

Gottes unbedingtes Ja in Jesus Christus

Worin besteht nun bei dieser Kennzeichnung menschlicher Freiheit der Erlösungsgedanke? Darin, dass in Jesus Christus die unbedingte Liebe Gottes vollmächtig in der Geschichte Wirklichkeit geworden ist und uns in die Ambivalenz und Gebrochenheit unserer Freiheit hinein das unbedingte „Ja" der Liebe Gottes zuspricht und uns ermächtigt, sein unbedingtes „Ja" einander symbolisch in Inanspruchnahme seiner Liebe schenken zu dürfen. Gott offenbart sich demnach in Leben, Sterben und Auferstehung Jesu als jedem Geschöpf zugewandte Liebe.[20] Als diese unbedingte Liebe vergibt Gott bedingungslos jede Schuld und spricht sein „Ja" in die Ambivalenz der Freiheit des Menschen hinein. Damit darf ich sein „Ja" in der Bejahung des Anderen in Anspruch nehmen und somit symbolisch eine Wirklichkeit versprechen, die ich nicht herstellen kann, die vom Unbedingten selbst her

19 Vgl. ALBERT CAMUS, Le mythe de Sisyphe. Essai sur l'absurde, Paris 1942; LANGENFELD, Das Schweigen brechen, 158-181.

20 Vgl. PRÖPPER, Erlösungsglaube und Freiheitsgeschichte, 197.

aber als letzte, auch den Tod noch einmal überwindende Wirklichkeit für den Anderen verbürgt ist:

> In Jesu Tod und Auferweckung wird also bewährt und als endgültig sichtbar, was schon mit Jesu Verkündigung begann: Gottes Selbstoffenbarung als unbedingte Liebe zum Menschen. Und *diese Offenbarung ist unsere Erlösung* – vorausgesetzt nur, dass man Offenbarung als das Freiheitsgeschehen begreift, in dem Gottes Selbstbestimmung für den Menschen durch die ihr entsprechende Freiheit Jesu Wirklichkeit für uns wird.[21]

In der Gegenwart kann diese Erlösung allein im darstellenden Tun des Menschen sichtbar werden. Denn Liebe ist nur Wirklichkeit, wenn sie geschieht, d.h., nur durch Menschen kann die Liebe Gottes bei uns ankommen und bleiben.[22] Diese Realisierungsversuche bleiben allerdings immer symbolische Inanspruchnahme dessen, was in Jesus Christus endgültig zum Durchbruch gekommen ist, das zugleich aber noch in eschatologisch gespannter Hoffnung und Erwartung ersehnt wird: der unbedingten und geschichtlich allumfassenden Selbstzusage Gottes.[23]

Ich will an dieser Stelle keine umfassende Würdigung der Soteriologie Pröppers versuchen,[24] sondern mich nur auf den christologischen Kern seiner Theorie konzentrieren. Denn die Soteriologie Pröppers steht und fällt mit der Plausibilität seiner Annahme, dass im Menschen Jesus Christus tatsächlich die unbedingt für den Menschen entschiedene Liebe Gottes erfahrbare Wirklichkeit wird. Von daher kann sie nur gelingen, wenn es gelingt, diesen soteriologischen Kerngedanken christologisch überzeugend abzusichern. Wie stellt Pröpper also sicher, dass im Menschen Jesus von Nazaret tatsächlich das göttliche Zusagewort erfahrbare Wirklichkeit wird?

Interessanterweise wählt Pröpper an dieser Stelle nicht den klassischen Weg der Zwei-Naturen-Lehre, sondern bemüht sich um eine der Denkform der Freiheit angemessene Lösung, die nicht bei der Natur Jesu ansetzt, sondern bei seiner Freiheit. Ausführlich ausgearbeitet wurde seine Christologie erst durch Pröppers Schüler Georg Essen, der in seiner Habilitationsschrift die christologische Ausarbeitung zu Pröppers Soteriologie liefert.

Freiheit Jesu als Freiheit des Logos

Zentrale These seiner Überlegungen ist die Behauptung einer formellen und numerischen Identität der Freiheit Jesu mit der

21 Ebd., 59.
22 Vgl. ebd., 210.
23 Vgl. ebd., 215ff.
24 Vgl. dazu meine Nachfragen in von Stosch, Über Erlösung reden, 84-87; sowie Langenfeld, Das Schweigen brechen, 250-300.

Freiheit des innertrinitarischen Logos.[25] Sein Grundgedanke besteht darin, dass sich die Freiheit des innertrinitarischen Logos dazu bestimmt, in der Freiheit des Menschen Jesus von Nazaret da zu sein. Die Freiheit Jesu wird also als Fortbestimmung der Freiheit des innertrinitarischen Logos gedacht.[26]

Dennoch fasst Essen die ontologische Besonderheit der Freiheit Jesu nicht in einer hier vorliegenden Durchbrechung des Wesensgesetzes menschlicher Freiheit, sondern in Jesu Bewusstsein unvermittelter Unmittelbarkeit des Vaters.[27] Jesu Besonderheit besteht ihmzufolge also darin, sich in seiner Freiheit „ursprünglich aus der bedingungslosen Zuwendung des Vaters bestimmen"[28] zu lassen. Die Freiheit Jesu ist nach Essen also insofern identisch mit der Freiheit des innertrinitarischen Logos, als sie sich wie diese aus der unvermittelten Unmittelbarkeit des Vaters bestimmt. Die ontologische Besonderheit der Freiheit Jesu besteht also darin, dass sie – und damit das Selbstbewusstsein Jesu – unvermittelt und unmittelbar von der Liebe Gottes bestimmt ist. Also lebt Jesus aus einer Willenseinheit mit dem Vater, „die durch ihre ursprüngliche und nicht geschichtlich-symbolisch vermittelte Beziehung"[29] bestimmt ist, m.a.W. es gibt nur eine Freiheit Jesu und des Logos, während das traditionelle Dogma von einer hypostatischen Einheit zweier Freiheiten ausgeht.[30]

---

25 Vgl. Georg Essen, Die Freiheit Jesu. Der neuchalkedonische Enhypostasiebegriff im Horizont neuzeitlicher Subjekt- und Personphilosophie, Regensburg 2001, 291. Im Folgenden nehme ich teilweise wörtlich Überlegungen auf aus Klaus von Stosch, Neuzeitliche Denkwege zur Hypostatischen Union. Eine Positionsbestimmung im Gespräch mit Fichte und Wittgenstein. In: Christian Danz/ Georg Essen (Hg.), Dogmatische Christologie in der Moderne. Problemkonstellationen gegenwärtiger Forschung, Regensburg 2019 (ratio fidei; 70), 89-109, hier: 90-95.

26 Vgl. Essen, Die Freiheit Jesu, 312.

27 Vgl. ebd., 289.

28 Ebd., 308. Jesus ist also auf einmalige Weise von der Liebe Gottes bestimmt und sich „seiner ursprünglich-unmittelbaren Beziehung unvermittelt gewiß und mit dessen Liebe einig" (ebd., 295); „unmittelbar bezieht sich (dabei; Vf.) das Selbstbewußtsein Jesu nicht auf den göttlichen Logos als die zweite trinitarische Person, sondern auf Gott den Vater, mit dessen Willen er sich eins wußte" (ebd., 283).

29 Ebd., 296f.

30 Vgl. Magnus Lerch, Selbstmitteilung Gottes. Herausforderungen einer freiheitstheoretischen Offenbarungstheologie, Regensburg 2015 (ratio fidei; 56), 298: „In seiner Funktion als das die gott-menschliche Einheit begründende … transzendentale Prinzip zieht der kringssche Subjektbegriff die Konsequenz nach sich, der einen Person Jesu Christi auch nur einen Willen prädizieren zu können."

Die Besonderheit der Freiheit Jesu scheint für Essen also darin zu bestehen, dass er durch die Unverlierbarkeit der unvermittelten Vertrautheit seiner Gottesnähe eben die Abgründe der Verzweiflung gar nicht erst kennenlernen kann, welche die menschliche Freiheit zutiefst bedrücken und in Frage stellen. Oder mit Magnus Lerch gesprochen:

> Wie lässt sich unter der Bedingung einer solchermaßen definierten Gottesgewissheit noch anschaulich machen, dass Jesus von Nazaret *menschlich* glaubt, zweifelt, mit seinem Schicksal, seiner Sendung und dem Willen des Vaters ringt?[31]

Jesus ohne libertarische Freiheit

Wenn Jesus aber nicht die Zweifel haben kann, die wir haben, weil er die Abgründe der Sünde nicht kennt, die wir kennen, stehen wir vor denselben Problemen, die wir schon bei Eleonore Stump kennengelernt haben und die letztlich darauf hinauslaufen, die libertarische Freiheit Jesu zu leugnen. Essen nimmt also genauso wie Stump die These des Maximus Confessor auf, nach der Jesus keine gnomische Freiheit hatte. Er konnte also nicht fliehen, in der Nacht des Verrats und auch nicht der Versuchung des Teufels erliegen. Derartige Entfernungen vom Willen Gottes waren aufgrund seiner unvermittelten Bezogenheit auf ihn nicht möglich. Will Essen diese Verkürzung der menschlichen Freiheit Jesu vermeiden, muss er aufgrund der Behauptung der numerischen und formellen Identität der Freiheit Jesu mit der Freiheit des innertrinitarischen Gottes annehmen, dass sich der innertrinitarische Sohn in seiner Freiheit gegen den Willen des Vaters stellen kann – eine These, die offenkundig den Boden des Monotheismus verlassen würde und auch von Essen nicht angezielt ist.[32] Es scheint Essen im Rahmen seiner Theoriebildung also keine andere Möglichkeit zu bleiben, als die libertarische Freiheit Jesu zu leugnen.[33]

Damit wird aber das soteriologische Grundanliegen des Christentums an entscheidender Stelle gestört. Denn nach einem altkirchlichen Diktum, das beispielsweise Gregor von Nazianz immer wieder ins Feld geführt hatte, kann nur erlöst werden, was auch von Gott geteilt wird.[34] Wenn Jesus Christus also nicht

---

31 Ebd., 307.

32 Vgl. zur hier im Hintergrund stehenden sozialen Trinitätstheologie Klaus von Stosch, Trinität, Paderborn 2017, 112-136.

33 Für eine ausführlichere Debatte um Essens Christologie vgl. von Stosch, Neuzeitliche Denkwege zur Hypostatischen Union, 90-97; Lerch, Selbstmitteilung Gottes, 290-318.

34 Wörtlich heißt es bei ihm: « [...] car ce qui n'a pas été assumé n'a pas été guéri, mais c'est ce qui a été uni à Dieu qui est sauvé ». In eigener

wirklich unsere menschliche Natur geteilt hat und nicht wirklich unverändert die menschliche Natur zu seiner gemacht hat, können wir nicht von ihm berührt und verwandelt werden – so die altkirchliche Überzeugung. Wenn Jesus Christus also immer schon vor den letzten Abgründen der Möglichkeit unserer Freiheit und von ihrem Fallen in die Gottesferne bewahrt ist, dann kann er diese Abgründe auch nicht mit Gott versöhnen.

Impuls aus dem Islam: Die koranische Intervention in Q 5:75

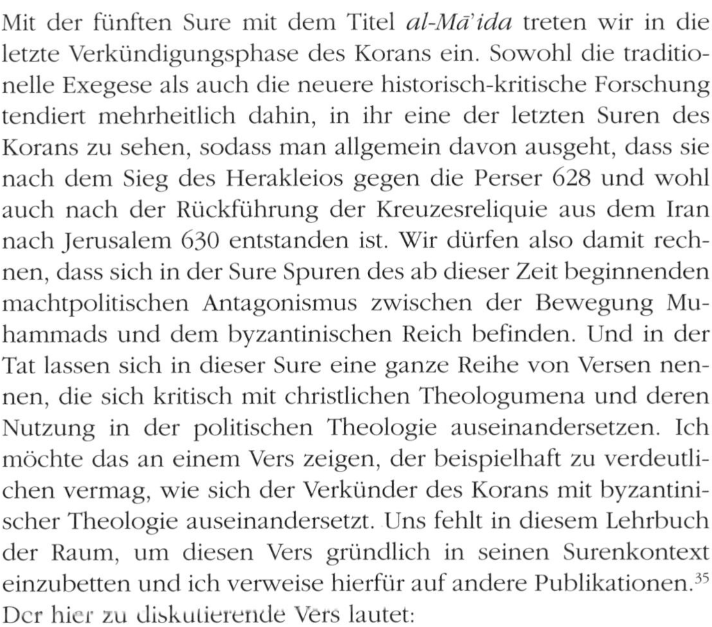

Mit der fünften Sure mit dem Titel *al-Māʾida* treten wir in die letzte Verkündigungsphase des Korans ein. Sowohl die traditionelle Exegese als auch die neuere historisch-kritische Forschung tendiert mehrheitlich dahin, in ihr eine der letzten Suren des Korans zu sehen, sodass man allgemein davon ausgeht, dass sie nach dem Sieg des Herakleios gegen die Perser 628 und wohl auch nach der Rückführung der Kreuzesreliquie aus dem Iran nach Jerusalem 630 entstanden ist. Wir dürfen also damit rechnen, dass sich in der Sure Spuren des ab dieser Zeit beginnenden machtpolitischen Antagonismus zwischen der Bewegung Muhammads und dem byzantinischen Reich befinden. Und in der Tat lassen sich in dieser Sure eine ganze Reihe von Versen nennen, die sich kritisch mit christlichen Theologumena und deren Nutzung in der politischen Theologie auseinandersetzen. Ich möchte das an einem Vers zeigen, der beispielhaft zu verdeutlichen vermag, wie sich der Verkünder des Korans mit byzantinischer Theologie auseinandersetzt. Uns fehlt in diesem Lehrbuch der Raum, um diesen Vers gründlich in seinen Surenkontext einzubetten und ich verweise hierfür auf andere Publikationen.[35] Der hier zu diskutierende Vers lautet:

Christus, Marias Sohn, ist nichts als ein Gesandter, vor dem andere Gesandte dahingegangen sind. Seine Mutter ist eine Gerechte. Sie beiden pflegten zu essen! Schau, wie wir ihnen die Zeichen klarmachen! Und noch einmal: Schau, wie können sie nur so verblendet sein? (Q 5:75)

Da dieser Vers eine Reihe von diskussionswürdigen Themen anschneidet, verkleinern wir unseren Fokus noch einmal und konzentrieren uns nur auf die auffälligste Formulierung des Ver-

---

Übersetzung: „Denn das, was nicht angenommen wurde, wurde nicht geheilt, aber das, was mit Gott geeint wurde, ist gerettet." (Ep 101,32: SC 208,50)

35 Vgl. beispielsweise Khorchide/ von Stosch, Der andere Prophet, 156-175.

Maria und Jesus pflegten zu essen

ses, in der es heißt, dass Maria und Jesus beide zu essen pflegten (Q 5:75).[36] Irritierend ist diese Formulierung deswegen, weil angefangen von der Hochzeit zu Kana (Joh 2) das Essen und Trinken von Jesus und Maria neutestamentlich eine große Rolle spielt, sodass es nur schwer verständlich ist, warum der Verkünder des Korans meint, Christen an diese Tatsache erinnern zu müssen. Denkt man daran, dass die christliche Erinnerung an Jesus Christus zentral auch Erinnerung an sein letztes Abendmahl ist, wird die koranische Ermahnung vollends rätselhaft.

Wenig hilfreich ist hier auch die klassische muslimische Kommentarliteratur. Sie ignoriert einfach den christlichen Einspruch und erklärt die koranische Aussage so, dass hier die Christen zur Räson gebracht werden müssen. Denn einhellig wird konstatiert, dass das Essen als Zeichen der Abhängigkeit der Geschöpfe vom Schöpfer zu werten ist. Die Tatsache, dass Jesus und Maria essen müssen, unterstreiche deshalb ihre Geschöpflichkeit und ihre Abhängigkeit von Gott.[37] Doch aus christlicher Sicht würde man hier natürlich immer erwidern, dass man ja ganz einverstanden sei und Maria und Jesus natürlich Geschöpfe seien, sodass sie ganz normal der menschlichen Natur entsprechend essen müssen. Warum also erfolgt hier diese Erinnerung?

Zunächst einmal könnte man versucht sein, nach einer christlichen Sondermeinung zu suchen, derzufolge Jesus und Maria nichts essen mussten. Und in der Tat gab es im 6. und 7. Jahrhundert nach Christus auf der arabischen Halbinsel eine weitverbreitete christliche Gruppierung, an die man hier denken könnte und deren Lehre heute weitgehend in Vergessenheit geraten ist.[38] Und zwar hatte sich bereits Anfang des 6. Jahrhunderts ausgehend von dem Bischof Julian von Halikarnassus (gest. ca. 527) eine Lehre entwickelt, die die Notwendigkeit des Essens bei Jesus leugnet. Sie wird gerne als Aphthartodoketismus bezeichnet, weil sie davon ausgeht, dass Jesus nur scheinbar essen und leiden muss.

Aphthartodoketismus/Julianismus

---

36 Im Folgenden wiederhole ich teilweise wörtlich Überlegungen aus Tatari/ von Stosch, Prophetin – Jungfrau – Mutter, 269-275.

37 Vgl. beispielhaft Muḥammad ibn ʿUmar Faḫr ad-Dīn Ar-Rāzī, at-Tafsīr al-kabīr: Mafātīḥ al-ġayb. Bde. 1–32, Beirut 1981, hier Bd. 12, 65.

38 Vgl. zur Verbreitung des Julianismus vom 6 bis 8 Jahrhundert auf der arabischen Halbinsel Muriel Debié, Les controverses miaphysites en Arabie et le Coran. In: Flavia Ruani (Hg.), Les controverses religieuses en syriaque, Paris 2016 (Etudes Syriaques; 13), 137-156, hier 145-148. Interessanterweise erscheint gerade Nağrān als ein Zentrum des Julianismus.

Für Julian kennt der Mensch vor dem Sündenfall weder den Hunger noch den Tod oder das Leiden. Zugleich ist für ihn klar, dass Jesus ohne Sünde geboren und nicht von den Folgen des Sündenfalls betroffen ist. Wenn Jesus dennoch hungern, leiden und sterben musste, dann nicht durch seine Natur, sondern weil er das so wollte. Für Julian war Jesus dennoch wahrer Mensch – nur eben mit den menschlichen Eigenschaften vor dem Sündenfall.[39] Julian will also keineswegs leugnen, dass Jesus wirklich müde oder hungrig war und immer wieder gelitten hat. Auch seinen Körper erhält Jesus wie wir durch Essen und Trinken.[40] Sein inkorruptibler, d.h. unverweslicher und damit unzerstörbarer, Leib nimmt eine wahrhaft menschliche Natur an.[41] Insofern will Julian gar nicht die Realität des Leidens Jesu leugnen, sondern besteht nur darauf, dass dieser sich auch im Leiden frei entscheidet zu leiden, d.h., seine Natur bleibt leidensimmun und es bedarf seines freiwilligen unverfügbaren Willensaktes, damit er leiden kann und dann auch leiden muss.[42] Julian besteht also auf der völligen Freiheit und Souveränität Jesu – auch in der Passion und eben beim Essen und Trinken. Wenn Jesus also nach 40 Tagen Fasten in der Wüste zurückkehrt, verspürt er nur deswegen so großen Hunger, weil er das aus Solidarität mit uns gerne möchte.

Die Idee einer Nicht-Notwendigkeit des Essens und Trinkens Jesu war aber keine julianistische Besonderheit, sondern auch unter den syrischen und griechischen Kirchenvätern verbreitet. Insgesamt gab es bei den griechischen Kirchenvätern zwei Schulen, die in ihren theologischen Auffassungen zu der Annahme führten, dass Jesus nichts essen musste. Beide Schulen waren einflussreich, aber nicht unumstritten. Die erste der Schulen vertrat die Idee, dass Jesus wegen seiner göttlichen Natur nichts essen musste. In diesem Sinne vertrat etwa Maximus die Auffassung, die Hypostatische Union verändere sein Verhältnis zu den natürlichen Bedürfnissen der menschlichen Natur. Diese theologische Interpretation ist sicher nicht auf Maria anwendbar. Von daher kann sie nur dann als Erklärung von Q 5:75 verwendet werden, wenn man dem Verkünder des Korans unterstellt,

39 Vgl. René Draguet, Julien d'Harnicasse et sa controverse avec Sévère d'Antioche sur l'incurrupitibilité du corps du Christ. Etude d'histoire littéraire et doctrinale suivie des fragments dogmatiques de Julien (Texte syriaque et traduction grecque), Louvain 1924, 119.

40 Vgl. ebd., 160.

41 Vgl. ebd., 161.

42 Vgl. ebd., 187.

dass er die christliche Mariologie missversteht. Interessanter ist deswegen die andere Schule, die vor allem den Julianismus geprägt hat, aber sich durchaus auch in einigen Positionen des Maximus Confessor widerspiegelt.

der biologische Körper als Folge des Sündenfalls

Sie besagt, dass der biologische Körper selbst als Folge des Sündenfalls anzusehen ist. Angeknüpft wird hier an den Lendenschurz, den Eva und Adam sich laut Gen 3,7 machen müssen, um ihre Blöße zu bedecken. Dieser wird typologisch zum Sinnbild des Leibes, der also in seinen üblichen biologischen Funktionen erst nach dem Sündenfall gegeben ist und eben dann auch erst essen muss. Diese bereits von Origenes und Gregor von Nyssa vertretene Position kommt dem Julianismus weit entgegen. Sie läuft darauf hinaus, die biologischen Körperfunktionen zum Gegenstand eines freien Willensaktes zu machen. D.h., der Mensch vor dem Sündenfall und damit auch Jesus muss in dieser theologischen Lehre nur essen, weil er essen müssen will. Durch die Begründung über die Sündenfallgeschichte und die Konzeption Jesu als neuer Adam wird die Lehre auch anwendbar auf Maria, die ja bei den Kirchenvätern fast unisono als neue Eva angesehen wurde, auch wenn es für diese Anwendung nur wenige direkte Belege gibt. Es ist jedenfalls sehr wahrscheinlich, dass Theologen aus dem Umfeld des Julianismus oder in Auseinandersetzung mit dem Julianismus auch Maria in die Doktrin der Unverweslichkeit des Leibes Jesu Christi aufnahmen. Ja, man kann Q 5:75 sogar als historischen Beleg für diese Entwicklung verstehen.

Besonders interessant ist es, wenn man sich näher anschaut, wie die Lehre der Unverweslichkeit der Leiber von Jesus und Maria, die bei den Kirchenvätern als der Grund dafür angesehen wurde, dass sie nichts essen und trinken mussten, in Byzanz politisch in Anspruch genommen wurde. Schon gegen Ende des 5. Jahrhunderts wurden die Maria geweihten Kirchen von Blachernai und Chalkoprateia errichtet und mit entsprechenden Reliquien ausgestattet (wahrscheinlich Schleier und Mantel). Mit ihrem Mantel beschützte Maria nach der damaligen Auffassung die ganze Welt.[43] Von daher war die Gottesmutter auch schon vor der existenziellen Bedrohung von Byzanz in der Entstehungszeit des Korans in der Stadt und der imperialen Theologie omnipräsent, sodass Konstantinopel als die Stadt der Gottesgebärerin

Inanspruchnahme der Unzerstörbarkeit des Leibes Mariens in der imperialen Theologie von Byzanz

43 Vgl. Antoine Wenger, L'intercession de Marie en Orient du sixième au dixième siècle. In : Etudes Mariales 23 (1966) 51-75, hier 75.

verehrt wurde.[44] Die erste Rettung Konstantinopels durch die Gottesmutter fand bereits 619 bei einer Belagerung durch die Awaren statt.[45] Das in der Kirche von Blachernai aufbewahrte Kleidungsstück Marias wurde damals zum Schutz gegen die Belagerer herausgeholt und war dabei wunderbarerweise noch völlig intakt. Den Menschen erschien es so, als habe die Jungfrau ihre eigene Unverderblichkeit auf ihre Kleidung übertragen.[46]

Wenn die menschlichen Naturen Jesu und Mariens also so konzipiert werden, dass sie unzerstörbar sind, kann man leicht denken, dass sie an der Unzerstörbarkeit Gottes Anteil haben und deshalb auch in militärischen Bedrohungssituationen wirkungsvollen Schutz verleihen können. Denn wenn Mariens Leib nicht verderben kann und deswegen ja auch ihr Mantel nicht verdirbt, liegt es nahe, dass auch ihr Bild die Mauern und Tore von Byzanz zu schützen vermag und ihr Weg zur faktischen Schutzgöttin der imperialen Politik ist vorgezeichnet.

Einspruch des Korans

Gegen derartige Konstruktionen erinnert der Verkünder des Korans daran, welche Zeichenfunktion Jesus und Maria haben (Q 5:75) und beharrt darauf, dass Gott allein der Hörende und Wissende ist (Q 5:76), d.h., gegen die imperiale Propaganda setzt der Koran seine Zeichentheologie, in die hinein er Jesus und Maria integriert.

Übrigens bemüht sich der Verkünder des Korans dabei durchaus den theologischen Intuitionen der christlichen Hörerinnen und Hörer seiner Botschaft entgegenzukommen. Denn bereits die Sure *Āl 'Imrān* hatte ja die Reinheit Mariens konzediert (Q 3:42). Zugleich ist es in der Kindheit Mariens so, dass sie immer von den Engeln mit Essen versorgt wird. Während andere Menschen – biblisch gesehen als Folge des Sündenfalls – im Schweiße ihres Angesichts durch Arbeit Nahrung finden (Gen 3,17-19), versorgt Gott bzw. sein Engel Maria direkt (Q 3:37) und bewahrt sie so vor dem, was Christen als die Folgen des Falls ansehen. Auch bei ihrer Niederkunft in Sure *Maryam* kommen die Datteln zu ihr, ohne dass sie arbeiten muss (Q 19:25f). Maria wird also konsequent als die beschrieben, die von Gott bewahrt und begleitet und damit auch vor der Sünde und ihren Folgen bewahrt wird. Das bedeutet aber nicht, dass ihre menschliche Natur ver-

---

[44] Vgl. Antoine Wenger, Les interventions de Marie dans l'église orthodoxe et l'histoire de Byzance. In: Ponteficia Academia Mariana Internationalis (Hg.), De primordiis cultus Mariani, Rom 1970, 423-431, hier 423f.

[45] Vgl. ebd., 424.

[46] Vgl. ebd.

ändert ist. Ähnliches ließe sich aus koranischer Sicht selbstverständlich auch von Jesus sagen.

Komparative Zusammenschau

Ich hatte zu Beginn dieses Kapitels Erlösung definiert als die Wiederherstellung der liebenden Verbindung zwischen Gott und Mensch und die Überwindung aller Hindernisse, die dieser Verbindung entgegenstehen. Zugleich hatte ich darauf aufmerksam gemacht, dass aus christlicher Sicht Jesus Christus derjenige ist, der allen Menschen eine heilbringende Verbindung mit Gott ermöglicht. Mit Eleonore Stump und Hans Urs von Balthasar würde auch ich in dem Schrei der Verlassenheit am Kreuz ein zentrales Moment dafür sehen, dass Gott in Christus die menschliche Verzweiflung, Desintegration und Entfremdung von Gott auf sich nimmt. Allerdings würde ich nicht so weit gehen, Jesus an dieser Stelle supranaturale Fähigkeiten zuzuschreiben. Mir scheint es problematisch und für das marianische Modell auch gar nicht notwendig zu sein, wie Stump zu behaupten, dass Jesus keine libertarische Freiheit und kein begrenztes Wissen besitzt.

Kreuz als Offenbarung des Mitleidens Gottes nicht nur am Kreuz

Statt also anzunehmen, dass Jesus die Fähigkeit besaß, am Kreuz alle menschliche Entfremdung zu erleben, würde ich lieber annehmen wollen, dass am Kreuz offenbar wird, wie sich der Logos Gottes auch an anderer Stelle verhält. So wie Jesus Christus das menschliche Leiden trägt und Gott hinhält und dadurch verwandelt, dürfen wir hoffen, dass es dem göttlichen Zusagewort immer gelingt, menschliches Leiden zu integrieren und Gott hinzuhalten. Durch das Kreuz können wir also lernen, wer Gott eigentlich ist und wie er sich zum Leiden des Menschen stellt. Er darf nicht als die geschichtsbestimmende Macht verstanden werden, die den Menschen durch sein Leiden erziehen will – das wäre der ehrsüchtige Orientale im Himmel, den Nietzsche zu Recht kritisiert –, sondern Gott muss als barmherzig und seinen Geschöpfen zugewandt gedacht werden, als eine Instanz, die auch in die schlimmsten Abgründe des Leidens und der Gottferne hineingeht und sie so mit sich versöhnt. Völlig zu Recht macht Thomas Pröpper deutlich, dass dieses Hineingehen in die Abgründe der Gottferne und Verzweiflung in Jesus Christus Wirklichkeit wird und dieser in seiner Freiheit das Ja Gottes zu Menschen erfahrbar werden lässt.

Der Verkünder des Korans wendet sich nicht etwa gegen dieses Bild eines Gottes, der das Leiden von innen her verwandelt und aufbricht. Er wendet sich nicht einmal gegen die hohe Christologie als solche, d.h., er bestreitet nicht, dass sich Gottes guter Wille und seine Menschenfreundlichkeit in gültiger Weise an Jesus Christus und seinem Lebenseinsatz ablesen lässt. Wogegen sich der Verkünder des Korans wendet, scheint mir in dreierlei zu bestehen. Zunächst einmal wehrt er sich gegen die Verkürzung der Menschheit Jesu, die sich in der Christologie immer wieder findet und die nicht nur in der Spätantike, sondern auch noch bei Stump und Pröpper zu finden ist. Das koranische Insistieren auf der wahren Menschheit Mariens und Jesu ist übrigens ja auch für die christliche Theologie von zentraler Bedeutung. Denn in der christlichen Erlösungslehre hängt ja wie bereits gesehen alles davon ab, dass Gott wirklich alle menschlichen Nöte berührt und heilsam verwandelt. Wenn Jesus also nicht das wirkliche und unausweichliche Ausgeliefertsein an das Hungern kennen würde, könnte er uns auch nicht aus derartigen Nöten erlösen – so müsste man in der christlichen Theologie sagen. Unser Problem besteht eben nicht darin, dass wir mitunter hungern, dürsten und leiden müssen – alles drei kann in guter Weise zum spirituellen Wachstum genutzt werden. Unser Problem besteht darin, dass Menschen hungern, dürsten und leiden müssen, die unter diesen Erfahrungen zusammenbrechen. Hier ist aus christlicher Sicht Erlösung nur denkbar, wenn Gott selbst sich des Risikos des Zusammenbruchs aussetzt und also auch in seiner Freiheit die Abgründe unseres Ringens und Suchens miterlebt. Das menschliche Problem besteht eben nicht in der Freiheit als solcher, sondern in der wankenden Freiheit, die traditionell als gnomischer Wille beschrieben wird, und ich vermag nach wie vor nicht zu sehen, wie Jesus uns in dieser Situation berührend helfen kann, wenn er ontologisch in seiner Freiheit vor diesem Abgrund der Freiheit bewahrt ist.

Einspruch gegen die Verkürzung der Menschheit Jesu um der Erlösung willen

Offenkundig ist das Nicht-Essen-Müssen in der Spätantike Teil eines Bündels theologischer Annahmen, die durch Q 5:75 vermutlich insgesamt angegriffen werden. Dieses Bündel an Annahmen, das für die spätantike christliche Theologie prägend ist, geht davon aus, dass Jesus vor allen Folgen des Sündenfalls bewahrt ist und deswegen keinen gnomischen Willen bzw. keine libertarische Freiheit besitzt, nichts essen und nichts trinken muss und auch dem Leiden und Tod nur dann ausgesetzt ist, wenn er das möchte. Wir hatten bereits gesehen, dass dieses Bündel in der Moderne so zwar nicht mehr in Geltung ist, aber die Bewahrung des Willens Jesu vor den Irrungen libertarischer Freiheit immer noch gerne behauptet wird. Insofern hat zumindest auf dieser Ebene die koranische Intervention nichts an Aktualität eingebüßt.

Einspruch gegen jede imperiale Politisierung von Religion

Zugleich erinnert uns der koranische Einspruch aber – und das ist mein zweiter Punkt – auch an die Gefahren einer Politisierung von Religion. Denn offenkundig war ja gerade die Lehre, dass Maria und Jesus aufgrund ihres Bewahrtseins von der Ursünde unzerstörbar waren, ausgesprochen wichtig für die imperiale Inanspruchnahme ihrer Bilder in Byzanz. Nur aufgrund dieser Eigenschaft der Inkorruptibilität konnte der Eindruck entstehen, dass Bilder von Maria und Jesus und die Anrufungen ihrer Namen im Krieg für die eigene Partei genutzt werden können – eben weil sich die Unzerstörbarkeit des Mantels Mariens auf Byzanz übertragen ließ. In Q 5:17 wird diese imperiale Auffassung der Unzerstörbarkeit Jesu und Mariens direkt vom Verkünder des Korans kritisiert, wenn es heißt, dass Gott auch Christus und seine Mutter vernichten kann, wenn er es will, und dass allein Gott alle Herrschaft gehört. Wenn also Christologie und Mariologie politisch aufgeladen werden und etwa der Sieg von Byzanz gegen die Awaren 626 auf die Interventionen von Maria als Kriegsgöttin zurückgeführt werden, macht der Verkünder des Korans unmissverständlich klar, dass nichts vor Gott zu schützen vermag. Diese Betonung der Souveränität Gottes, die nicht für militärische und politische Zwecke missbraucht werden darf, scheint mir eine zweite bleibende, beherzigenswerte Botschaft des Korans zu sein – auch über den in diesem Kapitel beschriebenen Zusammenhang der Soteriologie hinaus.

Einspruch gegen die Singularität der Manifestation des Logos

Ein dritter spannender Punkt der koranischen Relektüre der Christologie und Soteriologie besteht darin, dass der Verkünder des Korans zwar eine eigene Sprache für die Besonderheit Jesu entwickelt, indem er nur ihn als Wort Gottes und Messias bezeichnet (vgl. z.B. Q 3:45). Selbst die inhaltliche Bestimmung des biblischen Gottesbildes wird an zentralen Punkten koranisch affirmiert – etwa in der grundlegenden Spannung von Barmherzigkeit und Gerechtigkeit.[47] Allerdings wehrt sich der Verkünder des Korans dagegen, die Selbstoffenbarung des Logos Gottes nur in Jesus Christus zu sehen. Damit will er uns davon entlasten, die Geschichte Jesu wie Eleonore Stump supranaturalistisch aufzuladen oder wie Georg Essen zum Teil der Geschichte der Selbstbestimmung Gottes selbst zu machen. Der Verkünder des Korans

[47] Vgl. MUNA TATARI, Gott und Mensch im Spannungsverhältnis von Gerechtigkeit und Barmherzigkeit. Versuch einer islamisch begründeten Positionsbestimmung, Münster 2016 (Graduiertenkolleg Islamische Theologie; 4).

ist zwar durchaus bereit, der einzigartigen Besonderheit Jesu Christi Raum zu geben. Aber normative Grundlage seiner Theologie ist nicht Jesus Christus, sondern der Koran selbst und entsprechend erschließt sich der koranischen Gemeinde die Menschenfreundlichkeit Gottes auch zuallererst über den Wortlaut des Korans und nicht über die Geschichte Jesu Christi. An dieser Stelle wäre zu überlegen, ob einem solchen Deutungsangebot auch dann von christlicher Seite widersprochen werden muss, wenn der Verkünder des Korans zugleich Gottes Selbstzusage in Jesus Christus als erlösendes Wort Gottes anerkennt. Scheinbar entwickelt der Koran ja eine Form von Wertschätzung Jesu Christi, die dem Christentum sehr nahe kommt. Aber anders als das Christentum macht es diese Wertschätzung nicht zur kriterialen Grundlage seines Wirklichkeitszugangs. Damit entsteht eine Herausforderung christlicher Theologie, die in ihrer Tragweite bisher kaum erkannt wurde.

Daniel A. Madigan

Der australische Jesuit Daniel Madigan ist einer der ersten christlichen Theologen, der verstanden hat, dass der Islam nicht etwa diametral den zentralen Intuitionen des Christentums widerspricht, sondern sie durch Akzentverschiebungen herausfordert. So bestreitet der Verkünder des Korans Madigans Einsichten zufolge nicht das Leiden Gottes in seinem Wort. Vielmehr bestätigt er die biblische Botschaft eines barmherzigen, mit den Menschen mitfühlenden Gottes. Zugleich macht der Verkünder des Korans seine Botschaft aber nicht an Leben, Sterben und Auferstehung Jesu Christi fest, sondern am Koran selbst. Entsprechend redet Madigan von einer Passion Gottes im Koran, das sich nicht am Kreuz, sondern an der Ablehnung des Korans selbst festmacht. Minutiös zeigt er auf, wie das ganze Passionsvokabular auf den Koran übertragen wird, um auf diese Weise die Botschaft vom mitfühlenden und vergebungsbereiten Gott, der die Sünde der Menschen an sich zum Austragen bringt, auf eine andere Weise zum Ausdruck zu bringen.

Gerade durch seine große Nähe wird Madigan der Islam zur Herausforderung und er sieht es als eine der zentralen Aufgaben einer christlichen Theologie der Gegenwart an, konstruktiv auf den Islam zu reagieren, also *responsive to Islam* zu sein, wie er sich ausdrückt. Dieser Aufgabe hat er sich lange in seiner Tätigkeit als Gründungsdirektor des Instituts für das Studium der Religionen und Kulturen an der Gregoriana in Rom und dann an der Georgetown University in Washington D.C. gewidmet. Besonders prägend waren dabei neben seinen Publikationen vor allem die von ihm jahrelang verantworteten Begegnungen von Christen und Muslimen unter dem Titel *Building Bridges*.

In einem der aus diesen Begegnungen hervorgegangenen Bände beschreibt Madigan, wie er gemeinsam mit zwei jüdischen Rabbinern bei einer seiner muslimischen Studentinnen und ihrer Familie zum Essen eingeladen ist. Spontan schließen sich an das Essen Danksagungen aus der Perspektive der verschiedenen Religionen an. Wörtlich schreibt er: „Für uns alle war das ein Augenblick voller Dankbarkeit für das Aufscheinen der so seltenen Einstimmigkeit und Gemeinschaft der Glaubenden über Religionsgrenzen hinweg. Möglich war dieser gemeinsame liturgische Moment allerdings nur durch das gemeinsame Studium, die vielen alltäglichen Begegnungen in der Universität und das ständige und aufrichtige Bemühen um gegenseitiges Verstehen."[48] Wichtig ist ihm, dass der Moment des gemeinsamen Gebets nicht der Anfang der gemeinsamen Arbeit ist, sondern als unverfügbares Ereignis und Ergebnis eines langjährigen Prozesses entstehen kann. Er macht so eine tiefe Verbundenheit von Judentum, Christentum und Islam deutlich, die dem Verkünder des Korans bereits als Vision vor Augen stand und die wir erst in der Gegenwart mühsam wiederentdecken.

Aufgaben

1. Erläutern Sie entweder das Erlösungsdenken von Eleonore Stump oder das von Thomas Pröpper! Ist es für Sie verständlich geworden? In welche Probleme führt es?
2. Erklären Sie möglichst knapp, warum Q 5:75 so deutlich darauf beharrt, dass Jesus und Maria essen mussten!
3. Wieso ist dieses Insistieren so wichtig für die christliche Soteriologie? Formulieren Sie den Kern des christlichen Erlösungsdenkens in Ihren eigenen Worten!
4. Nehmen Sie Stellung zu den drei Lernmöglichkeiten, die Ihnen in der komparativen Zusammenschau angeboten werden!

5 Halten Sie ein gemeinsames Gebet von Juden, Christen und Muslimen für sinnvoll?

48 Vgl. Daniel Madigan, A Christian Perspective of Muslim Prayer. In: D. Marshall/ L. Mosher (Hg.), Prayer. Christian and Muslim Perspectives. A Record of the Tenth Building Bridges Seminar, Washington DC 2013, 65-72, hier: 70f.

Literatur

CORNILLE, CATHERINE (Hg.), Atonement and Comparative Theology. The Cross in Dialogue with Other Religions, New York 2021 *(Profilierung des christlichen Heils- bzw. Erlösungsgedankens durch christliche komparativ theologische Beiträge im Dialog mit verschiedenen Religionen).*

KHORCHIDE, MOUHANAD/ VON STOSCH, KLAUS, Der andere Prophet. Jesus im Koran, Freiburg 2018 *(Entfaltung der koranischen Christologie im Dialog mit dem Christentum).*

LANGENFELD, AARON, Das Schweigen brechen. Christliche Soteriologie im Kontext islamischer Theologie, Paderborn 2016 (Beiträge zur Komparativen Theologie; 22) *(Profilierung christlicher Soteriologie im Gespräch mit ausgewählten islamisch-theologischen Entwürfen).*

MADIGAN, DANIEL A., The Qur'ân's self-image. Writing and authority in Islam's scripture, Princeton-Oxford 2001 *(vorzügliche Einführung in das koranische Selbstbild).*

DERS., Gottes Botschaft an die Welt: Christen und Muslime, Jesus und der Koran. In: Communio 32 (2003) 100-112 *(hilfreiche Zusammenfassung von Madigans Grundidee).*

TATARI, MUNA/ VON STOSCH, KLAUS, Prophetin – Jungfrau – Mutter. Maria im Koran, Freiburg 2021 *(Entfaltung der koranischen Mariologie im Dialog mit dem Christentum).*

9 Erlösung durch das Kind im Stall

Problemstellung: Singularität oder Pluralität der Inkarnation

Im zweiten Kapitel haben wir bereits die Logik des christlichen Inkarnationsglaubens kennengelernt. Diese Logik ist auch für manche Nichtchristen durchaus nachvollziehbar und, wie wir gesehen haben, durchaus kompatibel mit einem Grundgedanken östlicher Religionen. Sie besteht im Kern darin, dass Gott sich dem Menschen in menschlicher Gestalt zeigt, um so ein Freiheitsverhältnis zu ermöglichen, das Grundlage gegenseitiger Liebe sein will.

Allerdings gibt es an dieser Stelle einen Stein des Anstoßes, den wir im zweiten Kapitel ausgeklammert hatten und der uns jetzt im letzten Kapitel herausgefordert hat. Denn selbst wenn einem die Geschichte vom König und dem armen Mädchen gefällt, kann man fragen, warum Gott sich nur einmal inkarniert.

Warum nicht mehr als eine Inkarnation annehmen?

Wäre es nicht wirkungsvoller, wenn Gott sich mehrfach inkarnierte und dem Menschen unterschiedliche Angebote machte? Wäre es angesichts der Vielfalt menschlicher Hoffnungs- und Sinnentwürfe nicht angemessener, unterschiedliche Mittlergestalten zu konzipieren? Die pluralistische Theologie der Religionen versucht, beispielsweise beim Ansatz Perry Schmidt-Leukels, den Gedanken der mehrfachen Inkarnation starkzumachen.[1] Und in der Tat ist es angesichts der Größe und Unendlichkeit Gottes klar, dass es Gott möglich sein muss, sich mehrfach zu inkarnieren. Zum bedrängenden Problem für den christlichen Glauben wird diese Möglichkeit dadurch, dass sie in den östlichen Religionen auch explizit behauptet wird. Hier kommen immer wieder Inkarnationen der Götter oder auch des einen Göttlichen vor. Ist es im Islam so, dass zwar andere Gegebenheitsweisen des Wortes Gottes angenommen werden, aber nicht eine Mehrzahl von Menschen als Wort Gottes angesehen wird, scheint genau diese Mehrzahl in den östlichen Religionen behauptet zu werden.

---

[1] Vgl. Klaus von Stosch, Komparative Theologie als Wegweiser in der Welt der Religionen, Paderborn u.a. 2012 (Beiträge zur Komparativen Theologie; 6), 44-48, 267-269.

Von daher stellt sich umso mehr die Frage, wieso die meisten christlichen Theologinnen und Theologen der Gegenwart so sehr darauf beharren, dass es nur eine Inkarnation Gottes gibt, nämlich die in Jesus Christus. Ist diese Singularitätsbehauptung nicht ausgesprochen arrogant und angesichts des empirischen Befundes unterschiedlicher Bekenntnisse zu Inkarnationen in der Welt der Religionen auch wenig naheliegend? Wir wollen diese Frage zu klären versuchen, indem wir uns exemplarisch einem östlichen Inkarnationsgedanken zuwenden, und zwar dem der Inkarnation des Dao in Lao-Tse im Daoismus, d.h., wir versuchen uns etwas in die Welt chinesischer Religionen hineinzudenken.

Impuls zu Geburtsmythen des Lao-Tse im daoistischen Huahu Jing

Eine der wichtigsten chinesischen Religionen ist der Daoismus. Der Daoismus kann nicht nur religiös interpretiert werden, sondern auch als Philosophie. Sein wichtigster Protagonist ist Lao-Tse, der als Autor des berühmten Tao-Te-King gilt, das gerne als Juwel östlicher Weisheit und eines der bedeutendsten Bücher der Weltliteratur bezeichnet wird.[2] Wenn Lao-Tse gelebt hat, was in der historischen Forschung umstritten ist, dann im 6. Jahrhundert vor Christus in China. Er galt zunächst als Weiser und Philosoph, doch im 2. Jahrhundert nach Christus beginnen die meisten Daoisten ihn als Inkarnation des Dao zu verehren.

Lao-Tse als Inkarnation des Dao

In dieser Neudeutung des Daoismus steigt Lao-Tse als Verkörperung des Dao in die Welt herab, um sie wieder zu ihrem natürlichen Zustand des Friedens und des Wohlergehens zurückzubringen. Außerdem soll er den Herrschenden Führung geben und Heilige Schriften übermitteln. Durch seine Weisheit und Führung findet die Welt wieder zurück zu Prosperität, Wachstum und Glück. Lao-Tse gilt in dieser populären Weiterentwicklung des Daoismus als Quelle vollkommener göttlicher Weisheit. Seine Inkarnation macht ihn zu einer berührbaren Verkörperung des geheimnisvollen Dao; er wird Teil der Menschheit und mit ihren Angelegenheiten vertraut.

Das Dao ist allerdings nicht transzendent, sondern im Daoismus ist der ganze Kosmos Dao. Lao-Tse ist also nicht ein zur Erde niedersteigender Gott, sondern er ist das Gesicht des Dao, der so sehr Resonanz des Dao ist, dass er mit ihm identifiziert werden darf. Wenn Menschen nicht mehr im Einklang mit dem Dao sind,

[2] Vgl. Lao-Tse, Tao-Te-King. Das heilige Buch vom Tao und der wahren Tugend, Interlaken [2]1992.

ist es deswegen heilsam, sich auf ihn auszurichten. Das Dao selbst ist kein personaler Gott, sondern eine körper- und formlose und berührbare Kraft, die sich ohne bewusste oder aktive Willenskraft bewegt und die überall präsent ist. Sie wird dann erst in der Figur des Lao-Tse zu einem personalen Schöpfergott.[3] Erst in der Gestalt des Lao-Tse kann das Dao sich in einer freien Willensentscheidung entschließen, eine menschliche Gestalt anzunehmen.[4]

Für den mittelalterlichen Daoismus gewinnt das Dao in der Gestalt von Lao-Tse entsprechend die gleiche Rolle wie der Schöpfergott im Christentum.[5] Das Dao ist dadurch einerseits *wu* und damit verborgener Urgrund aller Wirklichkeit, unverstehbar und unzerstörbar, der nicht als Seiendes verstanden werden kann, und *yu,* das als Seiendes den namenlosen Urgrund mit der Welt in Beziehung bringt – ganz wie der Logos etwa bei Philo von Alexandrien.[6] Während *wu* das Wesen des Dao beschreibt, ermöglich *yu* seine Manifestation.[7] Diese Manifestation ist kein intentional bestimmter Vorgang, sondern Emanation aus dem Dao im neuplatonischen Sinn,[8] also ganz im Sinne der im ersten Kapitel beschriebenen ursprünglichen Intuition des klassischen Theismus. Das Dao als *wu* manifestiert sich also, indem es das *yu* aus sich hervorbringt, das wiederum allen Geschöpfen Formen und Namen gibt.[9] Nicht nur Lao-Tse, sondern jeder weise Mensch kann zur Inkarnation des Dao werden, wobei diese Inkarnation nicht aktiv erreicht wird, sondern gerade durch *wu-wei,* also Nicht-Handlung Wirklichkeit wird[10] – eine theologische Position, die stark an grundlegende Einsichten des Buddhismus erinnert, die wir weiter oben entfaltet haben. Jesu Einssein mit dem Vater aus Joh beschreibt aus daoistischer Sicht perfekt, was hier gemeint ist. Allerdings ist dieses Eins-Sein bei Joh durch ein personales Liebesverhältnis hervorgebracht, während es im Daoismus eher wie in der Einheitsmystik gedacht wird.[11]

---

3 Vgl. LIVIA KOHN, Embodiment and transcendence in medieval taoism. In: ROMAN MALEK (Hg.), The Chinese face of Jesus Christ, Sankt Augustin 2002, 65-86, hier 85f.

4 Vgl. KOHN, God of the Dao, 235.

5 Vgl. KOHN, Embodiment and transcendence, 69, 71.

6 Vgl. WONG, Tao – Logos – Jesus, 102f.

7 Vgl. ebd., 103.

8 Vgl. ebd., 104.

9 Vgl. ebd., 124.

10 Vgl. ebd.

11 Vgl. ebd.

Geburtsgeschichte des Lao-Tse aus dem Huahu Jing

Im Zusammenhang der Zuordnung einer Heilsbedeutung zu Lao-Tse entstehen auch Geburtslegenden, die im daoistischen Glauben der Spätantike als historisch angesehen werden.[12] Ähnlich wie die lukanische Weihnachtserzählung werden sie durch Angaben zu geschichtlichen Ereignissen gerahmt und somit in der konkreten Geschichte verortet. Näher betrachtet werden soll hier eine solche Geburtsgeschichte aus dem *Huahu Jing*. Dieses Buch wurde während der Herrschaft der Wei-Dynastie (386-535 n.Chr.) im heutigen Nordchina verwendet, um bei Hof veranstalteten theologischen Streitgesprächen den Daoismus starkzumachen. Im Rahmen dieser Streitgespräche verwenden also die Daoisten das *Huahu Jing*, um die Überlegenheit des Daoismus über den Buddhismus herauszustellen, um auf diese Weise die Gunst der Herrscher für ihre Religion zu gewinnen. Der Buddhismus erscheint diesem Werk zufolge als bloße Unterform des Daoismus, der zuallererst aus dem Daoismus entstanden ist. Die Geburtsgeschichte des Lao-Tse ist damit nicht nur die Gründungsgeschichte einer chinesischen Religion, sondern wird zum entscheidenden kosmischen Ereignis schlechthin stilisiert. Religionsgeschichtlich kann man dagegen zeigen, dass der Daoismus an vielen Stellen vom Buddhismus beeinflusst ist, u.a. auch bei der Geburtsgeschichte des Lao-Tse, die an bereits vorher entstandene Geburtsgeschichten des Buddha erinnert. Dabei ist es aus Sicht der heutigen historischen Forschung weder bei Buddha noch bei Lao-Tse sicher, dass es sie als historische Personen überhaupt gab. Heute würden Daoisten und Buddhisten wohl auch sagen, dass es völlig unerheblich ist, ob es jemals einen historischen Lao oder Buddha gab.

Das *Huahu jing* ist um 300 n.Chr. entstanden und danach mehrfach überarbeitet worden. Die bei Benjamin Bede Bidlack diskutierte Version des Buches stammt aus dem frühen 8. Jahrhundert; in ihr erscheint Lao-Tse als Schöpfer des Universums, Unterstützer der Herrscher, Quelle aller Schriften und Personifizierung des Dao. Im Blick auf die Geburt des Lao-Tse wird genauso wie bei Jesus eine jungfräuliche Geburt geschildert, wobei er in manchen Versionen der Geschichte auch aus der linken Seite seiner Mutter herauskommt. Viele Versionen der Geschichte in der daostischen Tradition berichten von einer 81-jährigen Schwangerschaft seiner Mutter und erzählen davon, wie er schon im Mutterleib die Heiligen Schriften rezitiert.[13] Er wird von neun

12 Die nachfolgenden Gedanken orientieren sich eng an Bidlack, What child is this?, 195-215.

13 Vgl. Kohn, God of the Dao, 240.

Drachen gebadet, die in etwa der Rolle von Engeln in den biblischen Texten entsprechen, weil Drachen in der chinesischen Mythologie als Boten zwischen Himmel und Erde zum Einsatz kommen. Sie helfen auch dabei, die Transzendenz des Dao zu wahren.

Altehrwürdiger Kopf und Weisheit bei der Geburt

Schon bei der Geburt hat Lao-Tse einen altehrwürdigen Kopf, was umso auffälliger ist, da die chinesische Kultur der Zeit eher jugendliche Energie mit dem Göttlichen assoziiert hätte. Auch die sonst in der daoistischen Ikonographie üblichen schwarzen Haare kommen nicht zum Einsatz, Lao macht seinem Namen auch in der Haarfarbe alle Ehre – denn Lao heißt „alt". Direkt bei seiner Geburt ist Lao-Tse in der Lage zu gehen, zu sprechen und seinen Machtanspruch zu erklären.[14] Und sofort wird er als Erlöser der Welt identifiziert. Seine langen, dicken und festen Ohren mit drei inneren Öffnungen symbolisieren seine Weisheit und Offenheit für Gott.[15] Seine lange Zunge wirft all seine Zähne heraus und zeigt so symbolisch, dass das Weiche das Harte besiegen, und der Schwache die Mächtigen kontrollieren kann.[16] Insgesamt gibt es 81 rein körperliche Merkmale, die Lao-Tse als Verkörperung des Dao ausweisen; „he is set apart from ordinary people while still sharing the basic human characteristics of having a name and a body."[17] Auch wenn Dao in Lao-Tse in einer menschlichen Gestalt inkarniert ist, ist seine physische Form himmlisch.[18]

In der Geburtsgeschichte des Lao-Tse finden wir also keine Niedrigkeit und Verborgenheit seiner Herrlichkeit. Vielmehr sagt Lao-Tse ganz direkt: „Ich soll das höchste Gesetz des Dao offenbaren. Ich soll alle Dinge retten … Ich soll all die führen, die noch nicht gerettet sind."[19] Lao-Tse erhält hier also die Rolle eines Retters und Erlösers und er weiß von Anfang an um diese seine Rolle.[20] Er bringt die Harmonie zurück, wenn die Zeit ins Chaos gerät und führt die Herrscher wieder zurück auf den Weg des Dao. Sobald das Königreich wieder in Harmonie mit dem Dao ist, kehrt Lao-Tse zurück in den Himmel. Er erscheint immer

---

14 Vgl. ebd., 241f.

15 Vgl. ebd., 246; Kohn, Embodiment and transcendence, 79.

16 Vgl. Kohn, God of the Dao, 246.

17 Vgl. ebd., 250.

18 Vgl. Kohn, Embodiment and transcendence, 69.

19 Bidlack, What child is this?, 203 (eigene Übersetzung).

20 Entsprechend verkündet er selbst seine höhere Stellung im Himmel und auf der Erde (Kohn, Embodiment and transcendence, 81). Der Held lebt zwar in der Welt, stammt aber nicht von ihr und ist „free from its fetters" (ebd., 82).

wieder, bis am Ende aller Tage im endzeitlichen Königreich der große Friede (*Taiping*) herrscht. Viele Chinesen sahen in der Tang-Dynastie (617-907) die Erfüllung dieses großen Friedens – eine Zeit, die auch in der Forschung als einer der Höhepunkte der chinesischen Kultur gilt. Ziel des Lao-Tse ist also niemals die Ersetzung weltlicher Herrscher, sondern deren Beeinflussung damit sie wieder im Einklang mit dem Dao leben und herrschen.

Schon früh wird die Gefährdung des Lao-Tse durch Dämonen, Monster und andere Feinde geschildert.[21] Ähnlich wie im Christentum wird durch den Retter eine Ära des großen Friedens und der Gerechtigkeit eingeläutet und es werden Bilder eines apokalyptischen Endkampfes beschworen.[22] Lao-Tse wird als Retter der Menschheit konzipiert[23] und erhält eine göttliche und eine menschliche Natur.[24] Doch wie bereits gesagt ist das Dao nicht nur in Lao-Tse, sondern manifestiert sich in der ganzen Schöpfung, selbst in den Exkrementen; die Inkarnation im Menschen ist also nur Ausdruck der Tatsache, dass das Dao in der ganzen Natur inhärent ist.[25] Sie schafft also nicht die Verbindung zum Dao, sondern zeigt nur, was immer schon der Fall ist. Entsprechend muss man auch keine direkte Verbindung mit der Manifestation des Dao im Lao-Tse haben, um gerettet zu sein.[26]

Vergleich mit der christlichen Tradition: Reaffirmation der Kindwerdung Gottes

Im Vergleich zur Geburtsgeschichte Jesu im Lukasevangelium (Lk 2,1-21) fällt auf, dass sich in beiden Erzählungen ähnliche Motive und Theologumena finden. Genauso wie Jesus Christus wird auch Lao-Tse als Retter und Erlöser gesehen und aus einer Jungfrau geboren. Beide vermitteln die letzte Wirklichkeit, beide erhalten in der späteren theologischen Reflexion eine göttliche und menschliche Natur zugesprochen, beide bringen Frieden, Wohlergehen und Glück. Die Rolle Lao-Tses ist dabei sicherlich stärker auf das Diesseits bezogen und auch stärker politisch wirksam. Aber man darf ihn keineswegs auf seine beratende Rolle für die Herrscher reduzieren. Ja, die daoistische Betonung der politischen Dimension des Handelns Lao-Tses könnte auch helfen, die

21 Vgl. KOHN, Embodiment and transcendence, 83.
22 Vgl. ebd., 84.
23 Vgl. KOHN, Embodiment and transcendence, 80.
24 Vgl. ebd., 85.
25 Vgl. ebd., 74.
26 Vgl. WONG, Tao – Logos – Jesus, 124.

politischen Dimensionen der lukanischen Weihnachtserzählung in Erinnerung rufen, wie Bidlack in seinen Analysen überzeugend zeigt.[27] Auch christlich geht es ja um die Errichtung des Königreiches Gottes in der Geschichte, auch wenn wir den politischen Aspekt dieser Botschaft gerne spiritualisieren. Und auch die Tatsache, dass die Heilung der Geschichte immer neu erfolgen muss, kann christlich akzeptiert und ekklesiologisch und sakramententheologisch aufgegriffen werden.[28]

Ähnlichkeiten zwischen Lao-Tse und Jesus

Sowohl Lao-Tse als auch Jesus Christus werden in ihren jeweiligen Religionen also als Retter der Menschheit geglaubt, die Frieden und Gerechtigkeit bringen. Gott wird in ihnen für den Menschen konkret und berührbar. Wir hatten ja gesehen, dass sich das Dao als *wu* manifestiert, indem es das *yu* aus sich hervorbringt, das wiederum allen Geschöpfen Formen und Namen gibt. Dieser Gedanke ist in einer neuplatonisch beeinflussten Version des Christentums durchaus nachvollziehbar. Denn auch hier wird Schöpfung ja als Emanation gedacht und wir hatten im ersten Kapitel gesehen, wie stark dieses Denken des klassischen Theismus in allen drei monotheistischen Religionen präsent ist. Christlich könnte man also sagen, dass Gott sich im Logos manifestiert, indem dieser Logos in der Gestalt von Jesus von Nazaret für uns da ist. In diesem neuen Adam lässt uns Gott die Wirklichkeit neu sehen und die vom alten Adam gegebenen Namen der Geschöpfe tiefer verstehen.

Auffällig ist außerdem, dass in beiden Religionen eine mythologisch wirkende Geburtsgeschichte als historische Begebenheit erzählt und plausibilisiert wird. Sicher ist es für heutige Daoisten nicht mehr wichtig, ob diese Geschichte historisch verbürgt. Die Geschichtlichkeit des Lao-Tse ist mindestens für intellektuell versierte Daoisten genauso wenig entscheidend wie für Buddhisten die Geschichtlichkeit Buddhas. Doch sollte man er auch nicht überbetonen, weil er in der mittelalterlichen Gestalt des Daoismus sicher anders ausgeprägt war, und gerade das beiden Traditionen gemeinsame Motiv der jungfräulichen Geburt zeigt, dass es auch im gegenwärtigen Christentum nicht Wenige gibt, die der Geschichtlichkeit von Kernbotschaften des Christentums misstrauen. Von daher bleibt auf der Ebene der Bilderwelt eine verblüffende Ähnlichkeit beider Traditionen.

Unterschiede

Doch ebenso offensichtlich wie die Ähnlichkeiten sind auch die Unterschiede beider Religionen. Das Dao selbst bleibt ein

[27] Vgl. Bidlack, What child is this?, 211.
[28] Vgl. ebd., 212.

überpersonales Prinzip, das im Unterschied zum Christentum nicht transzendent gedacht wird. Die Rolle eines Schöpfergottes bekommt das Dao erst durch seine Manifestation in Lao-Tse, d.h., die Berührbarkeit und Personalität Gottes ist nur in Lao-Tse gegeben, während sich Gott in der christlichen Vorstellung in Jesus in seiner Zugänglichkeit zeigt, aber diese Zugänglichkeit nicht zuallererst durch Jesus konstituiert wird. Sie besteht ja schon im Blick auf JHWH in seiner Beziehung zu Israel. Auch hier zeigt sich Gott schon als der für sein Volk daseiende und fürsorgende Gott. Doch dieser Unterschied ist vielleicht dann vermittelbar, wenn man etwa einen christlichen Panentheismus vertritt, sodass ich diesen Punkt nicht überbetonen will. Wir hatten ja auch schon im ersten Kapitel gesehen, dass es im klassischen Theismus gar nicht vorgesehen ist, Gott als personal anzusehen.

Singularität versus Pluralität der Inkarnation

Ein zweiter Unterschied liegt sicher in der mehrfachen Inkarnation des Dao in Lao-Tse im Vergleich zur Singularität der Inkarnation im Christentum. Während im Christentum in einem einmaligen geschichtlichen Ereignis eine kosmische Wunde geheilt wird, geht es in der daoistischen Sicht um immer neue Inkarnationen des Lao-Tse, um die Welt immer neu in den Fluss des Dao hineinzuholen. Im Prinzip kann jeder Mensch Inkarnation des Dao werden. Wir hatten weiter oben schon angedeutet, dass das allerdings noch kein entscheidender Unterschied sein muss, weil ja auch in der Christologie von modernen Theologen wie Karl Rahner jeder Mensch zum Ereignis der Selbstmitteilung Gottes wird.[29] Das heißt auch christlich lässt sich der Gedanke der Präsenz Gottes in allen Geschöpfen starkmachen. Allerdings müsste dieser Gedanke christlich immer christologisch vermittelt werden. Wenn also die Präsenz des Dao selbst in den Exkrementen gelehrt wird, so wäre die hierbei benutzte plausibilisierende Denkfigur im Daoismus eher pantheistisch konzipiert, während der Gedanke christlich als letzte Zuspitzung einer kenotischen Christologie gedacht werden könnte. Hier scheint sich also ein erster wirklich entscheidender Unterschied zeigen zu lassen. Im christlichen Denken ist alle Theologie christologisch vermittelt und jeweils auf die eine Gestalt Jesu Christi fokussiert, im daoistischen Denken wird eben diese Exklusivität aufgebrochen.

Nun ist es aber ja gerade das Aufbrechen eines solchen Exklusivitätsanspruchs, die das östliche Denken für viele moderne

[29] Vgl. Karl Rahner, Grundkurs des Glaubens. Einführung in den Begriff des Christentums. 5. Aufl. der Sonderausgabe, Freiburg-Basel-Wien 1984, 123f.

Menschen interessant macht. Von daher könnte man überlegen, ob sich nicht gerade dieses Motiv aufgreifen ließe, um den traditionellen christlichen Überlegenheitsanspruch gegenüber anderen Religionen zu überwinden. Zumindest die pluralistische Theologie der Religionen empfiehlt uns ja diesen Weg.

Allerdings gibt es zwei weitere Unterschiede zwischen dem Geburtsmythos des Lao-Tse im Huahu Jing und der Geburtsgeschichte Jesu Christi im Lukasevangelium, die uns skeptisch werden lassen sollten, ob wir diesem freundlichen Angebot aus pluralistischer Sicht wirklich folgen können. Zunächst einmal ist es so, dass Lao-Tse im Huahu Jing und vielen anderen vergleichbaren daoistischen Texten in einem hierarchischen Verhältnis gegenüber anderen Mittlergestalten gesehen wird. D.h., Lao-Tse erscheint als die wirkungsvollste und beste aller Mittlergestalten. Buddhistische Motive werden an vielen Stellen aufgegriffen, um sie zu überbieten. Vom oben geschilderten religionspolemischen Kontext am chinesischen Kaiserhof her ist dieser Punkt sehr einsichtig, aber er weist doch auf einen Aspekt hin, der für das pluralistische Anliegen nicht gerade hilfreich ist. Und er scheint mir in dieser Weise in der lukanischen Weihnachtsgeschichte nicht antreffbar zu sein.

superioristische Elemente im Daoismus

Sicher hat auch das Christentum eine unerfreuliche Tradition voller Superioritätsbehauptungen gegenüber anderen Religionen hinter sich. Gerade das Verhältnis zum Judentum ist hier sehr belastet und Bede Benjamin Bidlack meint deshalb den daoistischen Überbietungsanspruch gegenüber dem Buddhismus mit einem christlichen Überbietungsanspruch gegenüber dem Judentum vergleichen zu können.[30] Religionsgeschichtlich ist an diesem Vergleich sicherlich etwas dran. Allerdings hat die katholische Theologie gelernt, ihre Tradition ohne solche Superioritätselemente zu denken und gerade die unselige Tradition des Antijudaismus überwunden. In der Christologie besteht der Kniff gerade darin, in Jesus Christus nicht eine hierarchisch überlegene Mittlergestalt zu sehen, die die Mittlergestalten anderer Religionen überbietet, sondern die verbindliche und normative Form der Selbstzusage Gottes. Er allein ist für Christinnen und Christen der Mensch, an dem sich ablesen lässt, wer Gott ist. Damit bleibt die Offenheit für jede andere Manifestation Gottes. Sie wird eben nur von Christus her kriterial orientiert. An dieser Stelle geben Christinnen und Christen gerne zu, dass ihr Verstehen der Christuswirklichkeit begrenzt ist, so dass sie durch andere Manifestationen Gottes auch

30 Vgl. Bidlack, What child is this?, 209.

Neues über Christus lernen können. Aber sie beharren eben darauf, dass in Jesus von Nazaret Verbindliches und Bleibendes gesagt ist, dass nicht durch neue und andere Erkenntnisse obsolet werden kann. Von daher werden sie immer versuchen, alle neuen Erkenntnisse mit ihrem Wissen von Jesus Christus zu verbinden.

Gottes Schwäche und Bedürftigkeit im Säugling im Stall

Eine der für das Christentum konstitutiven christlologischen Erkenntnisse liegt darin, dass Gott sich in Jesus Christus nicht nur in seiner Schwäche für den Menschen zeigt – dieser Aspekt wäre ja daoistisch noch irgendwie übersetzbar –, sondern auch, dass es gerade die Kindheit des Menschen Jesus ist, in der sich Gott zuallererst zeigt. Der Säugling im Stall hat jeden nur denkbaren Wettbewerb um Weisheit und Selbstreflexion mit Mittlergestalten anderer Religionen immer schon verloren. Selbst der koranische Säugling Jesus kann wenigstens sprechen (Q 19:30-33). Der biblische Jesus kann nichts dergleichen und unterscheidet sich im Stall überhaupt nicht von anderen Säuglingen. Er ist genauso hilfsbedürftig, triebgesteuert und unreflektiert wie jeder andere Mensch seines Alters.

Es ist interessant, dass in der Geburtsgeschichte des Lao-Tse eben dieser Aspekt ausgeschlossen wird. Lao-Tses Mutter hat eine 81-jährige Schwangerschaft, um zu ermöglichen, dass das Kind direkt ein weiser Mann ist, der dann in der Lage ist, zu gehen, zu sprechen und seinen Machtanspruch zu erklären. Auch seine veränderte Anatomie an Ohren und Zunge zeigt seine göttliche Herkunft. Lao-Tse weiß von Anfang an, wozu er da ist und präsentiert sich als der Retter. Eben an dieser Stelle unterscheidet er sich von Jesus von Nazaret – und zwar nicht nur in historisch-kritischer Hinsicht, sondern auch auf der Ebene der erzählten Geschichte in den Evangelien. Der biblische Jesus muss seine Sendung erst nach und nach verstehen und ist zeit seines Lebens ein Lernender. An seiner Gestalt ist nichts, was seine göttliche Gestalt beweist, sondern er muss solche Zeichen durch sein Handeln wirken und auch diese Zeichen werden selbst von seinen Jüngerinnen und Jüngern missverstanden, sodass Jesus sie bitten muss, nicht über diese Zeichen zu sprechen. Und Jesus beginnt als gänzlich unfertiges Kind, das sich in seiner Hilfsbedürftigkeit von keinem anderen Kind der Welt unterscheidet. Lukas schildert diesen Punkt durch die Geschichte von der Geburt im Stall sehr eindrücklich. Man kann also etwas zugespitzt vielleicht von einer Kindwerdung Gottes sprechen und damit von einer Umwertung aller Werte. Erst diese Umwertung aller Werte macht es möglich, von Jesus Christus aus

Gott in allen Dingen zu finden und damit dann auch wieder einer Grundintuition des Daoismus nahezukommen. Erst der Skandal der Singularität eröffnet für das Christentum also die Gesprächsmöglichkeit, die für die Komparative Theologie so interessant ist.

Umwertung aller Werte: Ein Kind als Ereignis der Selbstzusage Gottes

Der Allmächtige offenbart sich in der Gestalt eines Kindes.[31] Dieses Thema, das uns jedes Jahr neu an Weihnachten rührt und beschäftigt, kann in seiner revolutionären Kraft kaum hoch genug eingeschätzt werden. Es verändert nicht nur unser Denken von Gott, sondern auch unser Denken vom Menschen, ja es stellt eine radikale Umwertung unserer gängigen Wertvorstellungen dar.

Denn Gott wird seit jeher als ein Wesen gedacht, über das hinaus ein Größeres, Vollkommeneres und Mächtigeres nicht gedacht werden kann. Ein Kind dagegen ist ein Wesen, das per definitionem noch wächst und reift und von anderen abhängig ist. Es kann gar nicht größer sein als alle anderen, seine Vollkommenheit muss noch im Wachsen sein und seine Macht kann nicht alle anderen Mächte übertreffen. Wenn in der Schwäche des Kindes die Machtfülle Gottes offenbar werden kann, wird deutlich, dass diese Macht nicht in den Koordinaten menschlicher, allzu menschlicher Potenz gedacht werden darf. Offenbar müssen Macht, Vollkommenheit und Größe neu und anders gedacht werden, wenn ein Kind ihr Träger in einer menschlich unüberbietbaren Weise sein kann. Offenbar darf Macht nicht mehr im Gegensatz zur Schwäche gedacht werden, Vollkommenheit nicht mehr im Gegensatz zur Entwicklungsbedürftigkeit und Größe nicht mehr im Gegensatz zur Kleinheit. Gott – so die Botschaft christlicher Inkarnationstheologie – zeigt seine Macht nicht anders als in der Schwäche und seine Größe nicht anders als indem er sich klein macht. Vollkommenheit wird so von einer statischen Größe zu einem Prozess. Gott offenbart sich am anderen seiner selbst, indem er sich in seiner Entwicklungsfähigkeit und frei gewählten Entwicklungsbedürftigkeit zeigt. Gott will seine Macht nicht anders zeigen als durch die Schwäche des Menschen, so dass sein Kleinsein für und mit den Menschen erfahrbar wird. Der parteilich an der Seite der Schwachen und Ausgegrenzten stehende Gott der Bibel offenbart sich so in

---

[31] Im Folgenden nehme ich immer wieder wörtlich Gedanken auf, die ich bereits publiziert habe, und zwar in Klaus von Stosch, Gott wird Kind. Das Gottes- und Menschenbild der Inkarnationstheologie. In: ThPQ 162 (2014) 380-389; Ders., Wunder Kinder. Was es bedeutet, Kinder zu haben. In: Herder Korrespondenz Spezial: Kinder, Kinder. Ethische Konflikte am Lebensanfang 1 (2017) 4-6.

seiner Schwäche für den Menschen und macht deutlich, dass er keine anderen Mittel zur Durchsetzung seines guten Willens verwendet als die Mittel der Liebe. Gott wird so sichtbar als mitfühlender Gott, dem die Menschen nicht gleichgültig sein können und der nicht anders als mit ihnen und damit auch in Abhängigkeit von ihnen seine Liebesmacht zeigt.

Zugleich revolutioniert die Inkarnationstheologie unser Bild vom Menschen. Nicht der entwickelte große Mensch wird hier in den Mittelpunkt gestellt, sondern der bedürftige und schwache. Menschsein erscheint so nicht als lebenslanger Weg und Reifungsprozess, in dem der Mensch sich immer größeren Zielen widmen und dafür immer größere Opfer bringen muss. Nicht das Lernen, Leisten und Schaffen steht im Mittelpunkt. Vielmehr ist das Menschsein schon am Ziel im Kind. Bereits hier kann alles da sein, worauf es im Menschsein ankommt. Bereits das Kind kann Subjekt der Gottesbegegnung sein und uns die Liebe schenken, die das Leben liebens- und lebenswert macht. Bereits das Kind hat alles erreicht, worum sich die Erwachsenen vergeblich mühen.

Kindwerdung Gottes

Denn Gott macht sich erkennbar und berührbar in einem Kind. Gerade als Kind ist der Gottmensch vorzüglicher Ort der Erfahrung eines Menschen, der ganz und gar aus seiner Beziehung zu Gott lebt. Die Angstfreiheit und die Tiefe der Gottesbeziehung, die Jesus dem christlichen Zeugnis von Anfang an ausgezeichnet hat, kann in der Tat auch von einem Kind ausgestrahlt werden. Auch ein Kind kann so sehr vom Geist Gottes erfüllt sein, dass es Gottes Blick auf den Menschen erfahrbar macht.

Was an dieser Stelle von dem Kind Jesus von Nazaret bekannt werden darf, gilt für alle Kinder. So wie das Geheimnis der Inkarnation ja nicht nur den Menschen Jesus verändert, sondern jeden Menschen als Ort der Selbstmitteilung Gottes erkennbar macht,[32] so verändert Gottes Selbstoffenbarung in Jesus von Nazaret auch unseren Blick auf Kinder. Kinder machen alles neu und ganz anders. Sie verändern den Alltag und geben ihm Sinn. Zugleich laden sie ein, dem Leben zu vertrauen und sich in seine Rhythmen hineinnehmen zu lassen. Sie zeigen mir meine Verantwortung, ja sie nehmen mich in die Pflicht. Zugleich schenken uns unsere Kinder Sinn – gerade dann wenn wir diesen Sinn nicht erwarten.

Es ist kein geringerer als Karl Rahner, der uns daran erinnert, wie sorglos sich Kinder dem Spiel hingeben und wie neugierig

32 Vgl. RAHNER, Grundkurs des Glaubens, 123-132.

sie sich dem Leben öffnen. Rahner assoziiert Kindheit deshalb mit Offenheit und nennt – in seiner etwas gestelzten Sprache – auch noch weitere Kennzeichen der Kindheit: „das vertrauende Über-sich-Verfügenlassen, der Mut, neue Horizonte, immer neu, immer größer vor sich aufgehen zu lassen, die Bereitschaft zur Fahrt ins Unerprobte – und all dies mit jenem tiefen und letzten und scheinbar unausgewiesenen Urvertrauen, das die Skeptiker und die am Leben Gescheiterten bitter als ‚naiv' bezeichnen."[33] In diesem Urvertrauen der Kinder, aber vor allem in ihrer ausgreifenden Neugierde erkennt er „jene glaubend, vertrauend und liebend angenommene Transzendenz gegeben und vollzogen, die eben das letzte Wesen des religiösen Aktes ausmacht … [und die] das herrscherliche, tätige Greifen zur Ergriffenheit werden lässt."[34] Das transzendierende Moment, das man sicherlich auch für das Erleben der Eltern in Anspruch nehmen könnte, die von ihren Kindern immer wieder über ihre Grenzen hinausgeführt werden, erschließt sich bereits beim Betrachten von Kindern, die in all ihrem Sein die transzendierende Dynamik verkörpern, die den Menschen zum Menschen macht.

Derartige Reflexionen kann man vielleicht auch aus der Perspektive des Daoismus begründen und sie beanspruchen an keiner Stelle besonders originell zu sein oder exklusiv für das Christentum. Sie gründen nur in der christlichen Logik in der Weihnachtsbotschaft und sie brauchen als konstitutives Moment den Gedanken, dass Gott sich uns in der Gestalt eines Kindes zuwendet. Und sie machen sich fest an der Lebensgeschichte eines Menschen, der zeit seines Lebens Lernender blieb und gerade auch in seiner Schwäche und Bedürftigkeit etwas von Gott erfahrbar macht – einem Gott, der sich biblisch eben als lernwilliger und beziehungsbedürftiger Gott offenbart (siehe Kapitel 3). Und eben diese Beziehungsbedürftigkeit und Lernwilligkeit Gottes drückt sich in der Geburt des 81-jährigen weisen Mannes Lao-Tse nicht aus, weswegen die Geburtsgeschichten beider Religionen bei aller oberflächlichen Ähnlichkeit doch in sehr unterschiedliche Richtungen weisen.

---

33 Karl Rahner, Gedanken zu einer Theologie der Kindheit. In: Ders., Sämtliche Werke. Bd. 12: Menschsein und Menschwerdung Gottes, Freiburg-Basel-Wien 2005, 476-488, hier 486.

34 Ebd.

Robert C. Neville

Einer der bekanntesten Kenner chinesischer Religionen und Philosophien innerhalb der Komparativen Theologie ist der ordinierte methodistische Theologe und Religionsphilosoph Robert C. Neville. Für Neville ist es gerade der zentrale Unterschied des Christentums zum Daoismus und Konfuzianismus, dass diese Religionen die letzte Wirklichkeit apersonal denken. Von daher wäre er mit diesem Kapitel nicht ganz glücklich, weil es mit der Geburtsgeschichte des Lao-Tse eine wenig repräsentative Facette dieser Religion aussucht. Allerdings muss man gerade im Blick auf die östlichen Religionen manchmal auch deren Geschichte und Ausprägung in der Volksfrömmigkeit bedenken, um nicht zu einseitigen Gegenüberstellungen zu kommen.

Anders als in diesem Kapitel möchte Neville nicht Impulse aus einer anderen religiösen Tradition aufgreifen, um den eigenen Glauben zu vertiefen, sondern diejenigen Aspekte von Religion zusammendenken, die ihn argumentativ am meisten überzeugen, um auf diese Weise eine transreligiöse Theologie zu entwickeln. Den anselmschen Grundsatz *fides quarens intellectum* dreht er um und geht von der Vernunft aus, die nach dem Glauben sucht. Wahrheit dürfe nicht am Anfang, sondern müsse am Ende des theologischen Prozesses stehen. Und die Suche nach ihr solle sich eben nicht auf eine religiöse Tradition beschränken. Überhaupt spricht er nicht gerne von religiösen Traditionen, weil ihm diese viel zu heterogen sind, sondern lieber von religiösen Ideen. In seinen Augen ist es ein typisch katholischer Fehler, sich so sehr für Traditionen zu interessieren. Der Theologie müsse es vielmehr um einen Wettbewerb der besten Ideen gehen.

Theologie versteht er als Untersuchung (*inquiry*); sie stelle Fragen und teste Antworten. Sie wolle etwas Neues über Gott erfahren und gewissermaßen hinter die Masken Gottes schauen und dürfe deshalb nicht nur in kritizistischer Manier darauf achten, den Irrtum auszumerzen, sondern müsse auch konstruktiv arbeiten und in religionsverbindender Weise Hypothesen über die letzte Wirklichkeit aufstellen und begründen. Sie könne nur zufällig apologetisch oder kerygmatisch wirken und kümmere sich nicht um Konsistenz mit der Tradition, sondern allein um Wahrheit. Gegen jede Form von neoorthodoxer oder postliberaler Theologie gelte es, Theologie als Untersuchung und nicht als Zeugnis zu verstehen. Sie richte sich an die globale Öffentlichkeit, so dass die Theologien anderer Religionen genauso wie die Kunst, das Recht und alle Wissenschaften zum Erkenntnisort der Wahrheit für sie werden könne, nicht nur die Bibel und die inspirierte Tradition.

Gerade seit den 90er Jahren propagiert Neville deshalb programmatisch die Entwicklung einer öffentlichen Theologie, die keine spezielle Gemeinde, sondern nur die Welt insgesamt als Adressaten habe. Ähnlich wie Keith Ward bezeichnet Neville diese Form komparativer Theologie auch gerne als globale Theologie und sieht in ihr offenbar die Zukunft liberaler Theologie verwirklicht. Da man Theologie für die globale Öffentlichkeit und nicht nur für die eigene Kirche mache, solle man so viele philosophische Positionen und religiöse Ideen wie möglich in den eigenen Ansatz integrieren. Die Objektivität und Wissenschaftlichkeit der Theologie bestehe in der Theologie wie in den anderen Wissenschaften darin, dass ihre Ergebnisse der öffentlichen Kritik nachhaltig standhalten. Theologie müsse also in dem gleichen Sinne öffentlich und objektiv sein wie die Religionswissenschaften. Neville ist damit profilierter Vertreter einer metakonfessionellen Ausrichtung Komparativer Theologie, die in diesem Lehrbuch kein prägendes Gewicht erhält, durch seine Person aber wenigstens vorgestellt sei.

Aufgaben

1. Zeigen Sie anhand der Geburtsgeschichten von Lao-Tse und Jesus, welche Gemeinsamkeiten es zwischen diesen beiden Figuren in ihren jeweiligen Religionen gibt!
2. Worin bestehen die zentralen Unterschiede zwischen beiden Geschichten?
3. Inwiefern sind Kinder Zeichen des Anspruchs und Zuspruchs Gottes?
4. Wieso kann man sagen, dass Kinder helfen, die Wirklichkeit tiefer wahrzunehmen? Inwiefern entspricht diese Rolle im christlichen Verständnis der Rolle Jesu Christi?
5. Welche Lernformen der Komparativen Theologie sind in dem vorliegenden Text realisiert? Vergleichen Sie ihn in dieser Hinsicht mit den bisherigen Texten! Was fällt auf?

Literatur

BIDLACK, BEDE BENJAMIN, What child is this? Jesus, Lord Lao, and Divine Identity. In: VOSS ROBERTS (Hg.), Comparing faithfully (siehe Einführung), 195-215 (*Entfaltung der grundlegenden Idee dieses Kapitels*).

KOHN, LIVIA, God of the Dao. Lord Lao in history and myth, Ann Arbour 1998 (*exzellente religionsgeschichtliche Hintergrundinformationen zu diesem Kapitel*).

NEVILLE, ROBERT C., Behind the masks of God. An essay toward comparative theology, Albany/ N.Y. 1991 (*programmatischer*

Versuch hinter die Masken Gottes in den religiösen Traditionen zu schauen, um eine eigenständige religionsphilosophische Synthese zu entwickeln).

DERS., Ritual and deference. Extending Chinese philosophy in a comparative context, Albany/ N.Y. 2008 (*Versuch zu zeigen, wie zeitgenössische Philosophie insbesondere im Blick auf Ritual und Différence, von Daoismus und Konfuzianismus lernen kann*).

WONG, JOSEPH H., Tao – Logos – Jesus. Lao Tzu, Philo and John compared. In: ROMAN MALEK (Hg.), The Chinese face of Jesus Christ, Sankt Augustin 2002, 87-125 (*interessante Anknüpfungspunkte für den Vergleich von Jesus und Lao-Tse*).

Religion/Religiöse Institutionen

10 Frauen und das Amt der Gemeindeleitung

Zur katholischen Debatte um die Zulassung von Frauen zum Priesteramt

Eines der größten Probleme für die katholische Kirche in Europa besteht in ihrer Weigerung, Frauen zum Priesteramt zuzulassen. War diese Haltung lange Zeit für die meisten Menschen einfach nur ein Indiz für die Rückständigkeit der Kirche und ihre Diskriminierung von Frauen, hat das Thema seit der anhaltenden Debatte um den sexuellen Missbrauch in der Kirche an Schärfe gewonnen. Denn die männerbündischen Strukturen und der Klerikalismus wurden in der Forschung eindeutig als Ursache der Vertuschung des sexuellen Missbrauchs in der katholischen Kirche entlarvt.[1] Natürlich ist allgemein bekannt, dass das Problem des sexuellen Missbrauchs auch außerhalb der Kirche existiert. Aber die Hartnäckigkeit, mit der sich in der Kirche Schweigekartelle halten und mit der die strukturellen Ursachen des Problems ignoriert werden, ist nicht nur aus der Sicht von Kirchenkritikern längst nur noch dadurch erklärbar, dass in der Kirche die Macht ausschließlich unter zölibatär lebenden Männern verteilt wird.

Ich will diese Wahrnehmung an dieser Stelle gar nicht bewerten, sondern nur darauf aufmerksam machen, wie sehr die Glaubwürdigkeit der Kirche mittlerweile erschüttert wird und wie sehr selbst konservative Katholikinnen und Katholiken darüber verunsichert sind. War es in der Theologie lange Zeit tabu, das Thema auch nur anzusprechen, weil die theologische Arbeit daran von Rom aus mit solcher Vehemenz bekämpft wird, tun sich in der gegenwärtigen Debatte richtiggehende Gräben innerhalb der Kirche auf, die auch mit theologischer Arbeit kaum noch überbrückt werden können. Der Vorsitzende der Deutschen Bischofskonferenz Georg Bätzing hat völlig Recht, dass die Argumente der Kirche, warum das sakramentale Amt nur Männern zukommen kann, immer weniger Menschen in der Kirche über-

---

1 Vgl. Harald Dressing u.a., Sexueller Missbrauch an Minderjährigen durch katholische Priester, Diakone und männliche Ordensangehörige im Bereich der Deutschen Bischofskonferenz, Mannheim-Heidelberg-Gießen 2018, 3-21, hier 13.

zeugen.[2] Schauen wir uns also diese Argumente an und überlegen wir, ob sich dieses existenziell gefährdende Problem katholischer Theologie mit den Mitteln Komparativer Theologie bearbeiten lässt.

lehramtliche Dokumente gegen die Ordination von Frauen

Die Frage, ob Frauen zum Priestertum zuzulassen sind, wird seit den 1970er Jahren intensiv auch in der katholischen Kirche diskutiert. Auslöser ist einerseits die Ordination von Frauen in immer mehr evangelischen Kirchen und andererseits die fortschreitende Emanzipation von Frauen in den Gesellschaften des Westens. Das katholische Lehramt sah sich deshalb erstmals 1976 genötigt, zu der Frage Stellung zu nehmen und tat das in einer von Papst Paul VI. approbierten Erklärung der Glaubenskongregation mit dem Titel *Inter insigniores.* Die Erklärung führt aus, dass sich die Kirche aufgrund des einhelligen Zeugnisses von Schrift und Tradition nicht für berechtigt hält, Frauen zur Priesterweihe zuzulassen. Bestätigt wird diese Entscheidung 1988 durch die Enzyklika Papst Johannes Pauls II. *Mulieris dignitatem.* Aufgrund der nicht abebbenden theologischen Debatte zu der Frage der Frauenordination macht Papst Johannes Paul II. 1994 in dem Apostolischen Schreiben *De Sacerdotali ordinatione viris tantum reservanda* klar, dass die Ablehnung der Priesterweihe für Frauen als endgültig anzusehen sei. Um die darauf einsetzende Debatte um den Grad der Verbindlichkeit dieser Entscheidung zu beenden, erfolgte 1995 im Auftrag des Papstes eine Antwort der Glaubenskongregation, die die Nichtrevidierbarkeit der Entscheidung feststellt. Seitdem wird in der katholischen Kirche darüber gestritten, ob dieser Aussage ein infallibler Charakter zukommt oder ob sie von einem späteren Papst zurückgenommen werden könnte.

Schauen wir die Argumentation der lehramtlichen Theologie genauer an. Denn die katholische Kirche beharrt ja darauf, dass all ihre verbindlich vorgetragenen Lehren auch mit Mitteln der Vernunft nachvollzogen werden können. D.h., infallibel kann die Entscheidung Johannes Pauls II. nur sein, wenn sie auch argumentativ zu überzeugen vermag.

exegetische Argumente

Im Neuen Testament gibt es das Priesteramt noch nicht in der heutigen Form, sodass katholischerseits das Amt des Priesters auf den Dienst der Apostel zurückgeführt wird. Traditionell wird deswegen dafür argumentiert, dass in der Bibel nur Männer als Apostel vorkommen. Diese Auffassung kann mittlerweile als wi-

---

2 Vgl. Stefan Orth/Volker Resing, Ein Gespräch mit dem DBK-Vositzenden Georg Bätzing „Ich will Veränderung". In: Herder Korrespondenz 1 (2021) 16-20.

derlegt gelten, weil die Apostelin Junia in Röm 16,7 zweifelsfrei eine Frau ist. Konnte Karl-Heinz Menke an dieser Stelle noch 2012 von einer unwichtigen und nicht entscheidbaren Spezialfrage sprechen,[3] ist der Streit inzwischen auch amtlich dadurch entschieden, dass in der neuen Einheitsübersetzung der Bibel Junia wieder eine Frau ist. D.h., die in der alten Kirche allgemein bekannte und auch nicht umstrittene Einsicht in das Frausein mindestens einer Apostelin, die in mittelalterlichen Handschriften nicht mehr für möglich gehalten wurde und Junia zu Junias machte, ist inzwischen auch offiziell als Irrtum anerkannt. Menke sieht darin allerdings deswegen noch keinen belastbaren Beleg für die Zulassung von Frauen zum Priesteramt, weil der Apostelbegriff in Röm 16,7 kein spezifischer Amtstitel sei, sondern einfach nur bedeute, dass hier Junia als Abgesandte einer Gemeinde genannt wird.[4] Aus exegetischer Sicht wird sich hier keine Sicherheit gewinnen lassen. Zwar kann man gegen Menke einwenden, dass Junia und Andronikos angesehene Apostel in der Gemeinde Roms waren. Aber wir erfahren von Paulus nur, dass sie schon vor ihm zum christlichen Glauben übergetreten waren und mit ihm im Gefängnis saßen. All das kann auch zutreffen, wenn Junia einfach als Missionarin gewirkt hat. Ob ihr Apostelamt also wirklich mit dem heutigen Priesteramt vergleichbar war, wissen wir nicht.

Auch die Frage, ob die von Paulus als Diakonin bezeichnete Phöbe (Röm 16,1) wirklich Dienste ausgeübt hat, die einem heutigen Diakon entsprechen, lässt sich nicht mit letzter Sicherheit beantworten. Insgesamt gibt es einige Indizien dafür, dass Frauen in den ersten Jahrzehnten in herausgehobener Weise in den christlichen Gemeinden tätig waren. Ob sie dabei Dienste ausgeübt haben, die heute Männern vorbehalten sind, lässt sich schon deshalb kaum entscheiden, weil es die amtlichen Strukturen und die damit verbundenen kirchenrechtlichen Restriktionen späterer Zeit in den ersten Jahrzehnten der Kirche schlicht nicht gab. Die entscheidende Frage lautet hier, wer an dieser Stelle die Beweislast zu tragen hat. Liberale Katholikinnen und Katholiken beharren darauf, dass die Diskriminierung von Frauen nur dann legitim sei, wenn sie zweifelsfrei durch die Schrift vorgegeben sei. Dagegen meint die konservative Fraktion, dass man das bestehende und über Jahrhunderte gewachsene Recht nur ändern darf, wenn es dafür einen klaren Beleg in der Schrift gibt. Auf

---

3 Vgl. Karl-Heinz Menke, Sakramentalität. Wesen und Wunde des Katholizismus, Regensburg 2012, 76.

4 Vgl. ebd., 77.

diese Weise schieben sich beide Lager die Beweislast zu und widerlegen dann eifrig jeden Versuch der Gegenseite, die eigene Position als exegetisch überlegen auszuweisen.

zum Streit um den Zwölferkreis

Gewissheit erhält man an dieser Stelle auch nicht durch den Verweis auf den Zwölferkreis. Einig sind sich beide Lager darin, dass der historische Jesus keine Frau in den Zwölferkreis berufen hat. Die moderne exegetische Forschung sieht die Auswahl der Zwölf als Zeichenhandlung Jesu zur eschatologischen Sammlung Israels, die keine Rückschlüsse auf die Struktur der Kirche zulasse. Überhaupt habe Jesus aus der Naherwartung gelebt und keine kirchlichen Strukturen entwickeln wollen. Die ausschließliche Wahl von Männern ergebe sich einfach aus dem männlichen Geschlecht der zwölf Söhne Jakobs, die die Stämme Israels repräsentieren und deshalb symbolisch auch von Jesus durch Männer repräsentiert werden. Einen Willen Jesu im Blick auf Amtsstrukturen in der Kirche könne man aus dieser Handlung nicht ableiten.

Konservative Theologen betonen dagegen, dass die zwölf Urapostel nicht nur Repräsentanten des eschatologischen Israels, sondern auch der Kirche seien.[5] Sie bemühen sich, Handlungen des historischen Jesus als Grundlage der apostolischen Sukzession zu sehen und können hier eigentlich nur auf die Wahl des Zwölferkollegiums verweisen, sodass in dieser Denkweise die Wahl von Männern in den Zwölferkreis auffällig ist. Gerade der auch von liberalen Theologinnen und Theologen gerne herausgestellte egalitäre Umgang Jesu mit Frauen verleihe dieser Zeichenhandlung Gewicht.

Allerdings scheinen sie die Brüchigkeit dieser Argumentation auch selber zu sehen, sodass gerade die kirchenamtlichen Dokumente mehr und mehr dazu übergehen, dem Mannsein Jesu eine theologische Bedeutung zuzubilligen. Diese Strategie ist allerdings ausgesprochen riskant, weil die Menschwerdung Gottes ja Kern des christlichen Erlösungsglaubens darstellt. Wenn aus dieser Menschwerdung nun eine Mannwerdung würde, widerspräche das nicht nur der gesamten Tradition, sondern zerstörte auch die Universalität des Erlösungswerkes Christi, weil man sich fragen müsste, wie er als Mann denn Frauen erlösen könne. Von daher will ich diesem offensichtlichen Irrweg neuerer lehramtlicher Theologie hier keinen weiteren Raum geben.

anthropologische Argumente

Wenn man verstehen will, warum die Debatte um das Priesteramt der Frau emotional so stark aufgeladen ist, muss man vor

5 Vgl. ebd. mit Verweis auf Mk 3,13-19.

allem auf die anthropologischen Argumente gegen das Priestertum der Frau schauen. Diese laufen darauf hinaus, eine Komplementarität der Geschlechter zu behaupten, die darauf basiert, Wesensunterschiede zwischen Frauen und Männern anzunehmen. Solche Behauptungen sind angesichts moderner Gendertheorien natürlich angreifbar und aus liberaler und emanzipatorischer Sicht völlig inakzeptabel. Doch da gerade moderne Gendertheorien konservative Menschen verunsichern, ist der Verweis auf die entsprechende Theoriebildung für sich noch kein durchschlagendes Argument für eine Kirche, die aufgrund ihrer Katholizität programmatisch liberale und konservative Positionen versöhnen möchte. Sicher wird auch ein konservativer Mensch zugeben, dass die Geschlechter auch durch soziale Konstruktionen beeinflusst sind und nicht alle Frauen die Wesensmerkmale aufweisen, die man klassischerweise Frauen zuschreibt. Aber er wird dennoch darauf beharren, dass es nicht nur reine Konstruktion sei, dass sich viele Menschen eher heterosexuellen Partnerschaften hingeben. Gerade wenn Homosexualität eine Naturanlage des Menschen ist und deswegen nicht verurteilt und abtrainiert werden darf, scheint es doch naturgegebene geschlechtstypische Eigenschaften zu geben, die über die primären Geschlechtsmerkmale hinausgehen. Etwas hemdsärmelig ausgedrückt könnte man vielleicht argumentieren, dass es doch Unterschiede zwischen Männern und Frauen geben müsse, wenn es zutrifft, dass die meisten Männer sich eher in Frauen verlieben und umgekehrt.

Diese Unterschiede auszubuchstabieren ist allerdings ausgesprochen heikel, weil sie sicherlich niemals auf alle Männer und Frauen zu zutreffen werden und deshalb leicht diskriminierend wirken können. Die lehramtliche Position braucht aber für ihre Plausibilisierung nicht nur Wesensunterschiede zwischen Männern und Frauen, sondern muss diese auch noch mit dem Verhältnis des Priesters zur Gemeinde korrelieren. D.h., es gibt in der konservativen Argumentation gleich zwei Sollbruchstellen, die aus einer liberalen Sicht zu beißender Kritik herausfordern.

zum Wesen der Frau in der Argumentation gegen die Frauenordination

Schauen wir uns die Argumente zu beiden Punkten an. In der konservativen katholischen Anthropologie wird die Frau als diejenige gesehen, die im Rhythmus der Natur lebt und um einen Mittelpunkt gesammelt ist, während Männer exzentrisch über sich und die Natur hinausdrängen.[6] Frauen sind in diesem Den-

[6] Vgl. Manfred Hauke, Die Problematik um das Frauenpriestertum vor dem Hintergrund der Schöpfungs- und Erlösungsordnung, Paderborn ^{3}1991 (Konfessionskundliche und kontroverstheologische Studien; 46), 91f.

ken diejenigen, die sich gerne um den familiären Zusammenhalt kümmern und den Kindern Geborgenheit und Sicherheit vermitteln. Frauen sind einfühlsam und hingebungsvoll und richten ihre Energie zuallererst nach innen. „In der Frau zeigt sich das ‚symbiotische Element', also die Tatsache, dass jeder Mensch aus der Einheit mit der Mutter anhebt und sich ständig nach mütterlicher Einheit zurücksehnt. Im Mann zeigt sich das Element der Differenz bzw. des Andersseins (‚Alterität'), welches den symbiotischen Kreis des Kindes aufbricht und es zum eigenen Weg stimuliert."[7] Männer führen also hinaus ins Weite. Sie bringen ständig alles durcheinander, und es gelingt ihnen nicht, sich ohne weibliche Hilfe in eine häusliche Harmonie einzubringen. Etwas salopp formuliert: Männer leben auch gerne in einem Saustall, solange sie ihr Bier haben und ihre beruflichen Ziele erreichen. Sie vergessen Geburtstage, sind fantasielos bei Geschenken und bekommen 1000 Dinge im eigenen Haus nicht mit. Frauen dagegen sind sensibel und aufmerksam auch für Kleinigkeiten, sorgen sich um andere und schaffen Harmonie.

Natürlich sind derartige Geschlechterstereotype fragwürdig, aber sie sind nicht nur aus Verlautbarungen der Kirche, sondern auch aus der psychologischen Ratgeberliteratur bekannt und vielleicht steckt in dem einen oder anderen Klischee auch ein Körnchen Wahrheit – zumindest ist es diese Intuition, die konservative Menschen misstrauisch gegenüber modernen Gendertheorien macht.

Etwas bizarr wird es, wenn diese ohnehin schon angreifbaren Behauptungen schöpfungstheologisch aufgeladen werden.[8] So behauptet etwa Karl-Heinz Menke im Anschluss an Przywara und von Balthasar – auf die eigene Kappe nehmen will er das offenkundig nicht, weil er vielleicht ahnt, wie wenig solche Gedanken in der Moderne noch verstanden werden –, dass der Auftrag der Namensgebung allein an Adam und nicht an Eva geht. Adam repräsentiere damit das göttliche Schöpfungswort; „in gewisser Weise steht er mit dem Schöpfer der Schöpfung gegenüber …

7 Greshake, Priester sein in dieser Zeit, 160f.

8 Wer eine solche Aufladung nicht mitmacht, kommt dann schnell in den Ruf der gnostischen Eliminierung grundlegender schöpfungstheologischer Gegebenheiten. So ist sich Gerhard Ludwig Müller sicher, dass Frauen in gnostischen Gruppen nur deswegen Leitungsfunktionen innehaben konnten, weil in der Gnosis schöpfungstheologische Differenzen nicht zureichend ernst genommen werden (vgl. Gerhard Ludwig Müller, Kann nur der getaufte Mann gültig das Weihesakrament empfangen? Zur Lehrentscheidung in Ordinatio sacerdotalis. In: ders. (Hg.), Frauen in der Kirche. Eigensein und Mitverantwortung, Würzburg 1999, 313).

auch gegenüber seiner Frau Eva".[9] Doch an dieser Stelle wird der biblische Text überdehnt. Denn die Namensgebung der Tiere erfolgt durch den ersten Menschen noch vor der Erschaffung der Frau (Gen 2,20). Und es ist nicht gesagt, dass dieser erste Mensch vor der Erschaffung der Frau schon ein Mann ist. Die feministische Exegese legt beispielsweise sehr viel Wert darauf, dass der erste Mensch zuerst geschlechtslos ist. Und in der Tat könnte es sein, dass die Erschaffung der Frau aus der Rippe des ersten Menschen allererst Mannsein und Frausein konstituiert. Nach dem ersten Schöpfungsbericht erschafft Gott den Menschen jedenfalls als Mann und Frau, ohne dass der Mann erst einmal der Frau einen Namen gibt. Und auch der zweite Schöpfungsbericht gibt nicht eindeutig Auskunft darüber, woher der Name der Frau kommt. Eindeutig ist nur der Schöpfungsjubel, der Mann und Frau verbindet und klarmacht, dass die Schöpfung erst vollendet ist, wenn Mann und Frau beide da sind (Gen 2,23). Daraus mag man eine Polarität und Komplementarität der Geschlechter ableiten. Aber die Behauptung, der Mann stünde anders als die Frau der Schöpfung gegenüber und gehöre in seiner ordnenden Kraft auf die Seite Gottes,[10] steht nicht im biblischen Text und gehört deutlich in das Reich patriarchaler Fantasien.

Geschlechterhierarchie bei Paulus

Sucht man nach Geschlechterhierarchien in der Bibel, scheint man allerdings bei Paulus fündig zu werden. Besonders auffällig ist beispielsweise seine Bezeichnung des Mannes als Haupt der Frau (1 Kor 11,3). In der Exegese wird zwar gerne behauptet, dass diese Überordnung des Mannes über die Frau nichts an der Gleichrangigkeit der Geschlechter ändere, weil das Hauptsein des Mannes ja Bild des Hauptseins Christi sei und Gott das Haupt Christi. So wie in der Trinität der Vater keinen höheren Rang als der Sohn habe, sei auch der Mann der Frau nicht vorzuziehen. Die Überordnung Jesu Christi zeige sich bei Paulus ja gerade in seinem Sklavendienst, sodass man ihn nicht für die Behauptung von Geschlechterhierarchien heranziehen dürfe. Wenn Frauen sich also ganz in den Dienst des Mannes stellen, der selbst wiederum die kenotische Liebe des Logos zu leben versucht, so ist das Gerhard Ludwig Müller zufolge auch aus der Perspektive der Geschlechtergerechtigkeit unproblematisch.[11]

---

9 Menke, Sakramentalität, 84.

10 Vgl. nochmals ebd.

11 Vgl. Müller, Kann nur der getaufte Mann gültig das Weihesakrament empfangen?, 304f. Und Manfred Hauke sekundiert: „Immer ist die Frau in irgendeiner Weise auf die Führung des Mannes angewiesen, aber auch der Mann ist ohne weibliche Intuition und Mithilfe nur ein ‚halber Mensch'.

Allerdings ist es eben dann doch die Frau, die sich der Führung des Mannes anvertraut und nicht umgekehrt und es kann kein Zweifel daran bestehen, dass Christus einen höheren Rang hat als der Mann und Christus seiner Kirche nicht nur gegenübersteht, sondern auch ihr Grund und Ziel ist. Von daher ist das Bild von Christus als Bräutigam der Kirche, wenn es übertragen wird auf den männlichen Bräutigam, sicherlich keines, dass einen hierarchiefreien Umgang von Mann und Frau ermöglicht. Frauen werden hier in die Rolle der sich hingebenden und unterordnenden Gestalt der Kirche gesehen, die vom Mann herkommend auf ihn hin verweist – ein Bild in dem sich kaum eine moderne Frau wiederfinden wird.

Komplementarität der Geschlechter bei Johannes Paul II.

Immerhin legt die lehramtliche Theologie sehr viel Wert darauf, die Komplementarität der Geschlechter nicht wertend zu verstehen und sollte in diesem Bemühen auch ernst genommen werden. In *Mulieris diginitatem* unterscheidet Papst Johannes Paul II. zwei Dimensionen der weiblichen Berufung, diejenige zur Mutterschaft und diejenige zur Jungfräulichkeit, die er als spirituelle Mutterschaft deutet. Dabei legt er sehr viel Wert darauf, diese Berufungen als gleichwertig gegenüber der Berufung von Männern darzustellen, ja sogar Vorzüge dieser spezifischen Form weiblicher Berufung zu zeugen. So behauptet er u.a., dass Frauen eher dazu in der Lage sind, einer anderen Person Aufmerksamkeit zu schenken und versucht auch noch andere Vorzüge von Frauen hervorzuheben und an der Gestalt Mariens festzumachen. Wie Maria habe die Frau die Aufgabe, Christus bei sich aufzunehmen. Ganz auf dieser Linie spricht Karl-Heinz Menke von der Frau als genuiner „Repräsentantin des Antwortcharakters aller Geschöpfe.“[12] Auf diese Weise meint er dann folgern zu können: „Das ‚Voraus‘ Christi vor seiner Kirche kann nur durch einen Mann und das Sich-von-Christus-Empfangen der Kirche nur von einer Frau dargestellt werden.“[13] Wahrscheinlich sind es derartige Schlussfolgerungen, die Bischof Bätzing vor Augen hat, wenn er sagt, dass die Argumente für den Ausschluss der Frauen vom Priesteramt nicht mehr verstanden werden. Wir werden

... Die Überlegenheiten des Mannes führen, um es pointiert auszudrücken, zur Überordnung, die Überlegenheiten der Frau aber zu ihrer Unterordnung." (HAUKE, Die Problematik um das Frauenpriestertum, 111) Diese Form von Dialektik lässt einen modernen Menschen einfach nur kopfschüttelnd zurück.

12 MENKE, Sakramentalität, 85.

13 Ebd., 86.

dennoch versuchen, sie ernst zu nehmen und weiterzuentwickeln.

sakramententheologische Argumente

Von konservativer Seite wird gerne behauptet, dass die Sakramentalität der Priesterweihe das alles entscheidende Argument dafür ist, dass Frauen nicht zum Priesteramt zugelassen werden können.[14] Sakramente seien immer an der natürlichen Ordnung orientiert und nehmen zugleich Maß an normativen Handlungen Jesu Christi. So wie beispielsweise das Sakrament der Eucharistie mit Brot und Wein gefeiert werden müsse, obwohl prinzipiell auch ein Mahl mit Bier und Pizza gemeinschaftsstiftende Funktion haben könne, sei die Kirche an diese Zeichengestalt gebunden und könne sie nicht verändern. Wein sei deswegen nicht besser als Bier und Brot sei nicht besser als Pizza, aber dennoch sei die Kirche an diese natürlichen Zeichen gebunden. Ähnlich sei es mit dem Mannsein des Priesters, das eben auf den Mann Jesus verweise und nicht verändert werden könne.

Doch an dieser Stelle melden sich wieder die oben bereits genannten Bedenken, dass in der kirchlichen Tradition immer das Menschsein Jesu essentiell war, nie aber sein Mannsein. So wie offen ist, ob man zur Eucharistie Rotwein oder Weißwein nimmt und ob die Hostien hell oder dunkel sind, so könnte der Priester eben auch Mann oder Frau sein. Sakramentales Denken erfordert erst einmal nur, dass die Eucharistie durch einen Menschen geleitet wird, der in persona Christi handelt. Wieso das nur ein Mann sein kann, ist durch den Verweis auf die sakramentale Gestalt der Kirche noch nicht klar.

Will man hier eine Begründung liefern, ist man zwangsläufig auf die bereits diskutierten Argumente zurückverwiesen. Im Kern laufen diese alle auf das komplementäre Verhältnis der Geschlechter hinaus, das eben jetzt mit sakramentalen Weihen versehen wird.[15] Dadurch mag verständlich werden, warum auch Frauen, die von den Geschlechterstereotypen her eher wie ein Mann fühlen und handeln, dennoch nicht zu Priestern geweiht werden können. Denn im sakramentalen Denken geht es um eine symbolische Ordnung, die durch eine natürliche Polarität grundgelegt wird, ohne dass diese in jedem Einzelfall auch wirklich bestehen muss. Wichtig ist nur, dass Familienähnlichkeiten auf natürlicher Ebene allgemein gesehen werden, die sich nun in der sakramentalen Gestalt verdichten können. Doch welche

---

14 Vgl. MÜLLER, Kann nur der getaufte Mann gültig das Weihesakrament empfangen?, 296.

15 Vgl. MENKE, Sakramentalität, 80: „Das Zueinander der Geschlechter ist deshalb kein austauschbares, sondern ein sakramentales Symbol."

Familienähnlichkeiten sollten das sein? Welche Wesensmerkmale des Mannes führen dazu, dass nur Männer und nicht auch Frauen Priester werden können?

der Mann als Repräsentant des Kommens von außen

Gisbert Greshake macht an dieser Stelle folgenden Vorschlag: „Im Mannsein des Gottessohnes kommt zum Ausdruck, dass die Menschheit Heil und Vollendung nur durch die ‚Alterität' Gottes, sozusagen ‚ab extra' – ‚von außen' her, durch das göttliche ‚Ganz-anders-Sein' findet. Im Frausein der Schöpfung (genauer: der Kirche) hingegen stellt sich dar, dass diese – vermählt mit Christus und erfüllt mit seinem Geist – zum ‚Zusammenleben' (‚Symbiose'), zum Einssein mit Gott berufen ist, ja dazu, dass sie zusammen mit dem Sohn Gottes den ‚einen Leib Christi' bildet."[16] Greshake wiederholt hier also seine oben bereits referierten anthropologischen Ideen und verbindet sie mit seiner Amtstheologie.[17] Auch Menkes Zuordnung von Christusrepräsentanz und der Repräsentanz des „Sich-von-Christus-Empfangens" geht in diese Richtung. Liberale Theologen bekommen an dieser Stelle gerne Schnappatmung. So spricht Michael Seewald von „geschlechtsspezifischen Repräsentationsspielchen …, von denen man nicht weiß, ob sie eher der frommen oder eher der sexuellen Fantasie entsprungen sind."[18]

Doch stellen wir diese Bedenken erst einmal zurück und versuchen, Greshakes Gedanken zu Ende zu denken. Offenbar meinen Greshake, Menke und Müller, dass Priester das Voraus Jesu Christi verkörpern und der Kirche gegenüberstehen. Doch trifft das wirklich den Kern der priesterlichen Identität? Die anglikanische Theologin Sarah Coakley fragt an dieser Stelle irritiert zurück, ob Priester wirklich nur für Christus stehen und nicht doch auch für die Kirche.[19] Landläufig werden Bischöfe und Priester jedenfalls als Repräsentanten der Kirche gesehen, und es wäre zumindest überraschend, wenn man das theologisch als

---

16 Vgl. Greshake, Priester sein in dieser Zeit, 161.

17 Noch deftiger drückt sich an dieser Stelle Gerhard Ludwig Müller aus, wenn er schreibt: „Das Mannsein Jesu gehört zur Selbstaussage des Logos im Fleisch und bildet die Grundlage für die Ursprungsrelation Christi zur Kirche und seine sakramentale Einheit mit ihr als *sein* Leib und *seine* Braut." (Müller, Kann nur der getaufte Mann gültig das Weihesakrament empfangen?, 309) Der Mann sei Diener seiner Frau wie Christus Diener am Heil der Menschen ist (ebd., 311).

18 Michael Seewald, Zur Debatte um die Zulassungsbedingungen zum Priesteramt: Zölibatäre Frauen weihen. In: Herder Korrespondenz 71 (2017) 49-51, hier 50.

19 Vgl. Sarah Coakley, ‚In persona Christi': Gender, priesthood and the nuptial metaphor. In: Svensk Teologisk Kvartalskrift 82 (2006) 145-154.

Fehler ansehen wollte. Müsste man also nicht deswegen sagen, dass Priester nicht nur in persona Christi, sondern auch in persona ecclesiae handeln? Und müsste dieser Aspekt dann nicht durch Frauen repräsentiert werden? Frauen verkörpern jedenfalls auch nach Greshake das „eigentliche Wesen der Kirche",[20] und es ist eine offene Frage, wie dieses Wesen der Kirche, das aus katholischer Sicht ja nur sakramental bestimmt werden kann, symbolisch zum Ausdruck kommt. Im Mannsein des Priesters kann das sicherlich nicht geschehen.

Impuls aus dem Jaininismus bzw. der tamilischen Mythologie[21]

Das im 5. oder 6. Jahrhundert entstandene Silappatikaram ist das älteste südindische tamilische Epos und wird in der hier rezipierten Überlieferungsgestalt der altindischen Religion des Jainismus zugeschrieben, einer der ältesten noch existierenden Religionen überhaupt. Der Jainismus ist eng mit dem Hinduismus und Buddhismus verwandt, beharrt gegen diese Religionen aber auf dem Dualismus zwischen der Seele des Menschen und seiner Nicht-Seele. Er hat – vorwiegend in Indien – immer noch gut 5 Millionen Anhänger, ist aber auch außerhalb Indiens gut vernetzt und einflussreich. Es soll in diesem Impuls weniger um den Jainismus als Religion als vielmehr um das tamilische Epos für sich gehen, das ich nur eben mit der Gestalt der Kavunti rezipieren will, die als jainistischen Nonne wohl erst in der jainistischen Rezeption des Epos in die vielschichtige Überlieferung integriert wird.

Liebesepos Silappatikaram

Das Epos Silappatikaram beschreibt bereits in seiner wohl vorjainistischen Urform die tragische Liebesgeschichte der Kaṇṇaki und ihres Ehemanns Kovalan. Zu Beginn des Epos erscheint Kaṇṇaki als die ideale Ehefrau. Sie ist wunderschön, tugendhaft und keusch, eine hingebungsvoll Liebende, die ihren Mann verehrt und berühmt ist für ihre hausfraulichen Fähigkeiten. Gerhard Ludwig Müller hätte seine helle Freude an ihr. Und ihr gemeinsames Leben mit Kovalan wird als leidenschaftlich und glücklich beschrieben.

Doch Kovalan verliebt sich in eine Tänzerin und betrügt Kaṇṇaki. Er bringt all sein Geld mit seiner Geliebten durch und

[20] Greshake, Priester sein in dieser Zeit, 162.

[21] Der nachfolgende Impuls verdankt sich der Idee von Tiemeier, Women's virtue, church leadership, and the problem of gender complementarity, 171-184. Einige Präzisierungen im Blick auf meine Referenzen zum Jaininismus verdanke ich Melanie Barbato.

lässt seine Frau im Stich. Dadurch bricht er seiner Frau Kaṇṇaki das Herz, die aber dennoch keusch und ihm verbunden bleibt. Bei einem Fest für die höchste jainistische Gottheit Indra besingt Kaṇṇaki gemeinsam mit der Tänzerin die Treulosigkeit ihres Ehemanns, was Kovalan seiner Geliebten übel nimmt und zum Bruch mit ihr führt. Er kehrt zu Kaṇṇaki zurück, und seine Frau verzeiht ihm ohne jeden Vorwurf. Beide kommen wieder zusammen und beginnen in einer neuen Stadt ein neues Leben. Bis zu diesem Zeitpunkt erscheint Kaṇṇaki als Prototyp aller nur denkbaren klassischen weiblichen Rollenklischees.

Verhaftung und Tod Kovalans

Doch ihre Liebe wird durch ein neues Ereignis auf die Probe gestellt. Um ein neues Leben starten zu können, schenkt Kaṇṇaki ihrem Mann eine Juwele aus ihrer Fußspange. Auftragsgemäß verkauft er die Juwele an einen Händler, der aber zu Unrecht den Eindruck gewinnt, dass diese von der Königin gestohlen ist. An dieser Stelle sind die Überlieferungen des ursprünglich mündlich überlieferten Epos verschieden. Es könnte auch sein, dass Kovalan ohne den Auftrag Kaṇṇakis handelt und für seine eigenen Leidenschaften ihr Geld durchbringen will. Jedenfalls wird Kovalan vom König verhaftet und ohne Gerichtsprozess und ohne Anhörung seiner Frau enthauptet bzw. wieder nach einer anderen Überlieferung von einem Soldaten des Königs getötet.[22]

Fluch und Rache Kaṇṇakis

Kaṇṇaki stellt Ermittlungen an und findet heraus, dass ihr Mann zu Unrecht vom König verhaftet und getötet wurde. Sie beweist daraufhin nicht nur seine Unschuld, sondern sie verflucht den reumütigen König und sein ganzes Volk. Sie reißt ihre Brust aus und ruft den Feuergott Agni herbei, um die Stadt zu zerstören. Der König und seine Frau sterben schon vorher vor lauter Gewissensbissen und Sorgen. Nun aber wird die ganze Stadt aufgrund ihres Fluches in Schutt und Asche gelegt.

Besondere Brisanz erhält die Geschichte dadurch, dass Kaṇṇaki und ihr Mann eigentlich aufgrund von karmischen Verstrickungen in religiöser Hinsicht zu Recht verurteilt werden. Denn Kovalan ermordete in seinem vorigen Leben einen anderen Menschen, obwohl er vorher Gewaltlosigkeit geschworen hatte. Und Kaṇṇaki wird dafür verantwortlich gemacht, dass sie in ihrem vorigen Leben nicht dazu in der Lage war, ihren Mann dazu zu bringen, seinen Eid einzuhalten. Doch Kaṇṇaki ist nicht bereit, diese Zusammenhänge zu akzeptieren, und sie besteht auf ihrer

---

22 Vgl. ROBERT J. ZYDENBOS, The Jaina nun Kavunti. In: BEI 5 (1987) 387-417, hier 390.

natürlichen Unschuld. Sie begehrt also gewissermaßen gegen die übernatürlichen Mächte des Karmas auf und kämpft für ihr Recht.

Im dritten Teil des Epos geht Kaṇṇaki in den Himmel ein, kommt wieder mit ihrem Mann zusammen und genießt göttliche Verehrung. Ihre Kraft und Verehrungswürdigkeit bestehen auch im Himmel allein in ihrer bedingungslosen Hingabe an ihren Mann. Gerade diese klassische Erfüllung eines weiblichen Rollenprofils macht sie tugendhaft und anbetungswürdig, verleiht ihr aber eben auch rituelle Macht.[23] „Like other chaste wives, Kaṇṇaki has very real power. Kaṇṇaki's absolute devotion to her husband above all is active, discriminative (she decides who is punished), deadly, and liberative for her and her husband."[24]

die Asketin Kavunti

Interessanterweise bietet der tamilische Epos aber in der Person der Kavunti auch noch eine andere Frauengestalt zur Identifikation an. Sie ist Asketin, jainistische Nonne und wird wegen der Reinheit ihres Herzens gepriesen. Sie agiert als geistliche Beraterin der beiden Helden der Geschichte und erklärt ihnen den karmischen Zusammenhang für ihre Schwüre. Auch sie besitzt rituelle Macht und setzt sie erfolgreich zum Schutz des Ehepaares ein. Tracy Sayuki Tiemeier hält fest, dass durch sie klar wird, dass Frauen auch tugendhafte Vorbilder sein können, wenn sie ihre Rolle als Ehefrau nicht annehmen.[25] Tiemeier bezeichnet ihr Leben deshalb als „explicit rejection of gender complementarity and gendered virtue – also powerful and bodily, and beyond male control."[26]

Komparative Zusammenschau: Genderrollen im tamilischen Epos als Lernfeld für Rom?

Wir hatten weiter oben gesehen, dass die lehramtliche Argumentation gegen das Priestertum der Frau zentral auf der Behauptung einer Komplementarität der Geschlechter besteht. Von liberaler Seite wird entweder diese Komplementarität als solche bestritten oder aber die Korrelierbarkeit der Geschlechterrollen mit dem Verhältnis vom Amt und Gemeinde wird zurückgewiesen. In

23 Vgl. Tiemeier, Women's virtue, church leadership, and the problem of gender complementarity, 178.

24 Ebd., 177f.

25 Vgl. ebd., 179.

26 Ebd., 180. Daraus sollte man daraus nicht folgern, dass der Jainismus in Sachen Geschlechtergerechtigkeit emanzipatorischer ist als die katholische Kirche. Vgl. zu den durchaus ähnlichen Problemen für Frauen in dieser Religion Padmanabh S. Jaini, Gender and salvation. Jaina debates on the spiritual liberation of women, Berkeley-Los Angeles-Oxford 1991.

beiden Fällen wird die symbolische Ordnung des traditionellen katholischen Denkens durch typisch moderne Gedankengänge als rückständig und antiemanzipatorisch entlarvt.

Das Silappatikaram bietet hier einen dritten Weg an. Gegen die Moderne bekräftigt er die Komplementarität der Geschlechter und bietet doch zugleich Mittel, um sie mit dem Mythos (und nicht gegen ihn!) subversiv in Frage zu stellen.[27] Kaṇṇaki erfüllt alle an sie gestellten geschlechtsspezifischen Erwartungen und bleibt zeit ihres Lebens die hingebungsvolle Ehefrau, die sich ganz nach ihrem Mann verzehrt. Doch gerade im Akzeptieren der gesellschaftlichen und religiösen Rollenerwartungen ihrer Zeit erhält sie eine eigene rituelle Macht. Das Herausreißen der eigenen Brust im Mythos zeigt zudem, dass Kaṇṇaki ihre rituelle Macht aus ihrem weiblichen Körper bezieht. Daraus könnte man ableiten, dass sich aus der Erfüllung der spezifischen weiblichen Rolle eine eigene rituelle Macht von Frauen herleitet.

Leitungsamt für Frauen

Es wäre interessant, diesen Weg auch für die Katholische Kirche zu erproben, in der rituelle Macht ja immer amtlich eingehegt wird. Das tamilische Epos könnte helfen, dass man die konservative Argumentationsform zu Ende denkt. Wenn es stimmt, dass alle katholischen Ordnungsstrukturen sakramental verankert und versinnbildlicht werden müssen, fragt sich, wieso das Gegenübersein des Priesters zur Kirche im (nur Männern vorbehaltenen) sakramentalen Priestertum versinnbildlicht wird, zugleich aber nicht nach einem Amt gesucht wird, in dem sich die spezifische Form des Kircheseins zur Geltung bringt und eine verdichtete rituelle Gestalt erhält. Wieso darf die Kirche und das „Sich-von-Christus-Empfangen“ namenlos und ohne rituelle Ausdrucksgestalt bleiben? Müsste nicht auch ihre marianische Gestalt in einem Amt sichtbar werden? Und müsste diese marianische Gestalt dann nicht auch die Kraft der Gottesgebärerin zum Ausdruck bringen, die Christus eben nicht nur empfängt, sondern auch zur Welt bringt?

In dieser Logik erschiene es mir ausgesprochen naheliegend, Kirche von einem demokratisch gewählten Leitungsamt her zu denken, das nur Frauen vorbehalten ist. Denn wenn Frauen tatsächlich das eigentliche Wesen der Kirche darstellen, liegt es von einem demokratischen Verständnis von Institutionen her nahe, dieses Wesen auch von einer Person aus der Institution her zum Ausdruck zu bringen. In einer Monarchie mag es so sein, dass

[27] Vgl. Tiemeier, Women's virtue, church leadership, and the problem of gender complementarity, 181.

Leitung eines Staatswesens von außen geschieht. Aber in einer Demokratie spricht gerade das Gegenübersein des Priesters dagegen, ihm das Amt der Leitung anzuvertrauen. Auch der Aspekt des Hervorbringens und des Empfangens von Christus spricht dafür, Frauen eine ordnende und strukturbildende Kompetenz zuzubilligen, damit sie dafür Sorge tragen können, dass dieses Hervorbringen und Empfangen auch gelingen kann.

Ein solches Leitungsamt für Frauen könnte komplementär auf das weiter für Männer vorgesehene Amt des Priesters verwiesen bleiben, der mit einer Art Vetomacht ausgestattet werden könnte, die es ihm ermöglicht, immer dann zu intervenieren, wenn das Bild Jesu Christi in seiner sakramentalen Gestalt verdunkelt wird. Aber ein solches Veto wäre begründungspflichtig und könnte ähnlich wie ein Veto des amerikanischen Präsidenten von einer Zwei-Drittel-Mehrheit des Pfarrgemeinderates überstimmt werden. Auch die Gemeindeleiterin bliebe in ihrem Tun an die demokratisch gewählten Gremien rückgebunden. Die Tatsache, dass der Priester nicht gewählt, sondern vom Bischof entsandt würde, könnte weiterhin zeigen, dass das Gegenüber- und Voraussein Christi nicht aus der Gemeinde heraus entwickelt werden und nicht Funktion der Kirche sein kann. Es spricht aber nichts dafür, dass der Priester deswegen wie ein Monarch alleine in seiner Gemeinde regieren kann.

Wenn Papst Franziskus mit seiner Diagnose Recht hat, dass Frauen die Macht haben, die Kirche vor dem Zusammenbruch zu bewahren,[28] so ist es in der derzeitigen existenzbedrohenden Krise der Kirche allerhöchste Zeit, Frauen diese Macht auch institutionell sichtbar zu geben. Wenn es Papst Franziskus ernst damit meint, dass Frauen „einen echten und effektiven Einfluss … bei der Leitung von Gemeinschaften haben“ sollen,[29] dann wäre es jetzt Zeit, diesen Einfluss institutionell darzustellen. Franziskus selbst hat angeregt, zu diesem Zweck, „das Entstehen anderer spezifisch weiblicher Dienste und Charismen“ anzuregen.[30] Und er hat angedeutet, dass Frauen in diesem Kontext auch durchaus in die Sakramentenspendung einbezogen werden könnten.[31] Von daher könnte die Schaffung eines neuen Leitungs-

28 Vgl. Franziskus, Nachsynodales apostolisches Schreiben Querida Amazonia. An das Volk Gottes und an alle Menschen guten Willens, Vatikan 2020, Nr. 101.

29 Ebd., 103.

30 Ebd., 102.

31 Dazu passt auch der Hinweis des allzu revolutionärer oder feministischer Ideen unverdächtigen Bonner Theologen Karl-Heinz Menke, der ausdrücklich deutlich macht, dass Frauen „das Sakrament der Taufe und der

amtes für Frauen hier auch ganz auf der Linie entwickelt werden, die Papst Franziskus vorgedacht hat.

Kreierung eines neuen Amtes für Frauen

Nun gibt es innerhalb der katholischen Kirche aber natürlich erhebliche Widerstände dagegen, ausgerechnet die Leitungsdimension vom Priesteramt zu entkoppeln. Von daher kann man die Anregungen von Papst Franziskus und aus dem Silappatikaram auch noch einmal anders aufgreifen und tatsächlich ein neues Amt kreieren, das einen ganz neuen Aufgabenbereich erhält.

Es würde sich anbieten, hier an Maria Magdalena zu denken, die ja von Papst Franziskus offiziell zur Apostelin der Apostel erhoben wurde, weil sie zu den ersten Zeuginnen der Auferstehung gehört und den Aposteln die Botschaft der Auferstehung überbringt (vgl. Mk 16,9f; Joh 20,14-18). Ohne sie gäbe es kein apostolisches Amt und keine Christusbeziehung. Entsprechend betont auch die anglikanische Theologin Sarah Coakley, dass es Frauen sind, die zuerst den Auferstandenen entdecken. Ganz auf der Linie der in Rom so beliebten Komplementarität der Geschlechter argumentiert sie, dass ihnen dies deshalb gelingt, weil es Frauen leichter fällt, die Welt mit den Augen der Liebe zu betrachten.[32] Auf diese Weise bemerken Frauen einfach mehr als Männer, gerade da wo Neues entdeckt und ausgetretene Pfade verlassen werden müssen.

Genau dieses Charisma braucht die Kirche aber heute so sehr wie wohl noch nie zuvor. Sie muss wieder fähig werden, den Auferstandenen auch da zu sehen, wo er nicht schon amtlich festgestellt ist. Daraus ließe sich ein neues Amt ableiten, das der Wahrnehmungsschule und Bezeugung des Auferstandenen dient, im Sinne einer sinnlichen Deutung der Zeichen der Zeit. Auf diese Weise würde man weiterhin in der Komplementarität der Geschlechter denken, die ja offenbar auch Papst Franziskus noch starkmacht,[33] aber eben zugleich nach Wegen suchen, Frauen und ihre rituelle Macht sichtbarer in der sakramentalen Gestalt der Kirche zu verankern.

Ehe spenden und also ‚in persona Christi' handeln" können (Menke, Sakramentalität, 78). Im selben Atemzug sagt er dann aber auch, dass Frauen die Kirche nicht leiten und richten können, weil dies beides von außen geschehen müsse. Im Blick auf die Leitung verrät er nicht, warum diese von außen erfolgen soll. Beim Richten weiß ich nicht genau, was er meint, weil ich immer dachte, dass aus katholischer Sicht auch das Amt nicht über den Menschen zu richten hat.

32 Vgl. Coakley, Macht und Unterwerfung, 192-197.

33 Vgl. die entsprechende berechtigte Diagnose bei Tiemeier, Women's virtue, church leadership, and the problem of gender complementarity, 181.

Blickt man noch einmal auf unser tamilisches Epos zurück, so ist die rituelle Macht, die Kaṇṇaki ausübt, so umfassend, dass sie nur schwer in die Reservierung eines neuen Sonderbereichs für weibliche Macht passt. Ja, ihre Machtausübung stellt sich derart subversiv gegen alle gesellschaftliche Ordnung, dass sie nur schwer in religiöse Ordnungsvorstellungen integriert werden kann. Kaṇṇaki deutet in der Diagnose Tiemeiers an, wie sehr es gerade den spezifisch weiblichen Anteil an rituellen Handlungen braucht, um Gottes Willen erfahrbare Wirklichkeit werden zu lassen, sodass man auch von diesem Impuls her darüber nachdenken muss, ob die Komplementarität der Geschlechter nicht doch auch sakramental dargestellt werden müsste. „Both men and women may be actually necessary for symbolizing the mystery of salvation."[34]

Kavunti als Durchbrechung der Geschlechterstereotypen

Zugleich bietet sich in Kavunti in unserem Epos ein *role model* an, dass die klassische Geschlechterkomplementarität aufbricht. Ihre Zurückweisung der typisch weiblichen Rollenerwartungen bestreitet die Heteronormativität, die von der katholischen lehramtlichen Theologie so sehr betont wird. Während die zölibatäre Lebensform in der katholischen Theologie gerne durch geistliche Vater- oder Mutterschaft gedeutet wird und dadurch klassische Geschlechterrollen auf geistlicher Ebene wiederkehren, weist Kavunti in der Deutung Tiemeiers jede Form der Genderzuweisung zurück und übt ihre rituelle Macht dennoch durch ihren weiblichen Körper aus.[35]

Es wäre interessant, der Frage nachzugehen, ob nicht auch Maria eine solche Rolle spielen könnte. Nicht umsonst wird sie in neueren Publikationen ja immer wieder als *Queer of Heaven* gepriesen.[36] Statt Maria als diejenige zu sehen, die die beiden Berufungen von Frauen in sich harmonisch vereint, könnte man die Spannung der mit ihr verbundenen Überlieferungen wiederentdecken. „Mary could be the one who confirms the significance of gender (in her motherhood) and *undoes it at the same time*

34 Ebd. Im traditionellen Jainismus ist es umstritten, ob Frauen überhaupt erlöst werden können. Darüber hinaus kann man in Zweifel ziehen, ob es aus jainistischer Sicht in unserem Epos überhaupt um das Thema Erlösung geht. Von daher sind Tiemeiers Schlussfolgerungen hier sehr deutlich katholische Überlegungen, die sich von dem tamilischen Epos zu denken geben lassen, dabei aber über seine eigentliche Intention hinausgehen.

35 Vgl. ebd., 182.

36 Vgl. Tatari/ von Stosch, Prophetin – Jungfrau – Mutter, 329f, u.a. mit Verweis auf Marcella Althaus-Reid.

(in her virginity).“[37] Gerade diese Widersprüchlichkeit mache Maria auch als *role model* für heute attraktiv. „Mary embodies precisely what people can achieve through their messy, complicated, and sometimes contradictory lives.“[38]

Man könnte daraus lernen, dass Praxisformen und Rituale, die komplementäre Genderzuordnungen verarbeiten, nur dann legitim und hilfreich sind, wenn sie von liturgischen Formen begleitet werden, die diese Zuordnungen aufsprengen.[39] Eingebettet in ein solches Setting können rituelle Verarbeitungen komplementärer Genderzuordnungen eine heilsame Rolle spielen und müssen nicht als rigide, unflexibel und unheilbar sexistisch bekämpft werden.[40] Vielleicht ist ja die gegenwärtige Kirchenkrise eine Chance, das subversive und kreative Potenzial der marianischen Tradition neu zu entdecken.[41]

Tracy Sayuki Tiemeier

Tiemeiers japanisch-amerikanische Mutter konvertierte zum römisch-katholischen Glauben, als sie ihrer deutsch-amerikanischen Vater heiratete. Tiemeier wurde katholisch erzogen, war aber immer auch interessiert an ihrer buddhistisch-japanisch-amerikanischen Familie. Ihre japanisch-amerikanische Großmutter hatte in ihrem Haus einen buddistisch-shintoistischen Hausaltar und Tiemeier liebte es, ihn zu besuchen. Ihre Großmutter brachte ihr bei, wie sie durch die Opfer am Altar mit ihren Ahnen in Verbindung treten konnte und wie unsere Ahnen für uns da sind und für uns sorgen. Sie empfand dabei keinen Gegensatz zu ihrem katholischen Glauben, sondern empfand die Rolle Mariens und der Heiligen als sehr ähnlich zu dem, was sie bei ihrer Großmutter kennenlernte. So baute sie einen

37 Tiemeier, Women's virtue, church leadership, and the problem of gender complementarity, 182.

38 Ebd.

39 Vgl. ebd.

40 Vgl. ebd., 183.

41 Vgl. einstweilen Jerusha Tanner Lamptey, Divine words, female voices. Muslima explorations in comparative feminist theology, Oxford 2018, 121-155, die zumindest andeutet, dass an dieser Stelle eine Auseinandersetzung mit dem koranischen Marienbild ausgesprochen vielversprechend ist.

kleinen Altar bei sich zu Hause auf und brachte dort Spielzeuge und Süßigkeiten als Opfer dar, um mit ihren Ahnen und Heiligen in Verbindung zu treten. Auf diese Weise integrierte sie schon sehr früh ihre buddhistisch-shintoistischen Wurzeln in einen katholischen Weltzugang, der sich ganz wörtlich als allumfassend verstand.

Allerdings passte diese Spiritualität nicht gut zu dem Katholizismus ihrer Gemeinde. Viele Menschen in dem Vorort von St. Louis, in dem Tiemeier aufwuchs, erzählten ihr, dass Nicht-Christen in die Hölle kommen würden. Zugleich behaupteten sie, dass nicht-weiße Menschen keine wirklichen Christen sein können und dass Beziehungen zwischen weißen und schwarzen Menschen unnatürlich seien. Tiemeier fühlt sich so in ihrer eigenen Identität angegriffen und betet zur wunderschönen weißen Jungfrau Maria, dass auch sie weiß und blond werde – ohne Erfolg. Ihre Kirche nahm sie in ihren Bedürfnissen nicht wahr – eine Erfahrung, die anhielt. Als sie sich noch als Kind zum Priesteramt berufen fühlt, war auch dieser Gedanke für ihre Umgebung nicht nachvollziehbar.

Als sie sexuell belästigt wird, spricht sie mit ihren Eltern und den Verantwortlichen der Kirche darüber. Während die kirchlichen Autoritäten sie ignorieren, will ihr Vater für sie kämpfen und dafür sorgen, dass der Täter aus seiner Funktion in der Gemeinde entfernt wird. Doch Tiemeier ist eingeschüchtert und sucht die Schuld bei sich selbst. Bei der nächsten sexuellen Belästigung spricht sie mit niemandem mehr darüber. Sie erlebt die kirchliche Institution als eine Autorität, die sich hartnäckig für ungeborene Kinder einsetzt, aber nichts gegen den sexuellen Missbrauch von Kindern tut.

Doch diese schmerzhaften Erfahrungen lassen sie nicht die positiven Erfahrungen vergessen, die sie ihrem Glauben verdankt. Ihr Bedürfnis, den eigenen Glauben in multireligiösen, multikulturellen Kontexten verstehen zu wollen, führt sie zur Komparativen Theologie. Sie erlebt so die Ermutigung, die sie braucht, um ihre eigene katholische Identität zu bejahen und zu weiten. Heute lehrt sie an derselben Jesuitenuniversität in Los Angeles wie Fredericks und kämpft in ihrer wissenschaftlichen Arbeit gegen den weißen Nationalismus, den sie in seiner politischen und religiösen Dynamik selbst erleiden musste. Sie ist sich bewusst, dass auch Komparative Theologie diese Dynamik verstärken kann. Zugleich versucht sie Wege aufzuzeigen, wie Komparative Theologie dekolonialisiert werden kann und sich daraus Impulse für eine veränderte Kirche gewinnen lassen.

Aufgaben

1. Wie stellt sich der exegetische Befund zur Frage dar, ob Frauen zu Priesterinnen werden dürfen?
2. Diskutieren Sie die anthropologische und sakramentale Argumentation für die Nichtzulassung von Frauen zum Sakrament der Priesterweihe!

3. Wie verhalten sich Kaṇṇaki und Kavunti zu den traditionellen Geschlechterstereotypen? Woher gewinnen sie ihre rituelle Macht?
4. Diskutieren Sie die Vorschläge zur Neustrukturierung des kirchlichen Amtes in der komparativen Zusammenschau!

Literatur

COAKLEY, SARAH, Macht und Unterwerfung. Spiritualität von Frauen zwischen Hingabe und Unterdrückung, Gütersloh 2007 (*wertvolle Impulse zur Neubetrachtung der Rolle von Frauen in der Kirche*).

FREDERICKS, JAMES L./ TIEMEIER, TRACY SAYUKI (Hg.), Interreligious Friendship after Nostra Aetate. Interreligious Studies in Theory and Practice, New York 2015 (*aufschlussreiche Beschreibungen der Bedeutung der Freundschaft in der Komparativen Theologie*).

GRESHAKE, GISBERT, Priester sein in dieser Zeit. Theologie - Pastorale Praxis – Spiritualität, Würzburg 2005 (*stringente und zugleich problemsensible Entfaltung der gegenwärtigen katholischen Amtstheologie*).

TATARI, MUNA/ VON STOSCH, KLAUS, Prophetin – Jungfrau – Mutter. Maria im Koran, Freiburg 2021 (*Entfaltung der koranischen Mariologie im Dialog mit dem Christentum; Profilierung von Maria als Queer of Heaven im Dialog mit islamischer feministischer Theologie*).

TIEMEIER, TRACY SAYUKI, Women's virtue, church leadership, and the problem of gender complementarity. In: VOSS ROBERTS (ed.), Comparing faithfully (siehe Einführung), 171-184 *(Grundlage des vorliegenden Kapitels)*.

11 Religion und Recht – Auf der Suche nach einem positiven und lernbereiten Zugang zum islamischen Recht

Problemexposition: Zum Ausfall des Rechts in der christlichen Theologie und zur Polemik gegen die Scharia

→←

Wie bereits in der Einführung deutlich gemacht sollten komparativ theologische Untersuchungen nach meiner Überzeugung immer mit einem konkreten Problem der eigenen Theologie beginnen oder auch ein gesellschaftliches Problem zu lösen versuchen.[1] Joshua Ralstons Fallbeispiel, das ich hier zu referieren versuche, leistet beides. Das konkrete Problem der christlichen Theologie, das er zu bearbeiten versucht, besteht im Ausfall der rechtlichen Dimension in der christlichen Theologie. Das gesellschaftliche Problem besteht spiegelverkehrt darin, dass die rechtliche Dimension des muslimischen Glaubens im Westen als bedrohlich abgelehnt und zurückgewiesen wird. Ich will diese beiden Probleme zunächst einmal kurz explizieren, bevor ich überlegen will, ob Karl Barths Theologie an dieser Stelle einen Ausweg eröffnen kann.

Ausfall der rechtlichen Dimension in der christlichen Theologie

Beginnen wir also mit dem innerchristlichen Problem. Von muslimischer Seite wird dem Christentum seit Jahrhunderten vorgeworfen,[2] dass die Trennung von Glaube und Recht zu einer Entpolitisierung des Christentums geführt habe, die es sprachlos gegenüber der politischen Dimension von gesellschaftlichem Unrecht mache. Was dem Christentum im Unterschied zum Islam fehle, sei – so schon Ibn Taimiyya – eine Vision des göttlichen Rechts, die moralische Orientierung und öffentliche Gerechtigkeit für Könige und Arme biete.[3] In der Moderne wird diese

---

1 Die folgenden Ausführungen orientieren sich eng an einem noch nicht erschienenen Artikel von mir zu Karl Barths Verhältnis zum Islam.

2 Vgl. die entsprechende Kritik von Ibn Taymiyya, die beispielsweise RALSTON, Law and the rule of God, 108-115, referiert.

3 Vgl. ebd., 114: „Under a Christian vision of the world, humans must either compromise with power or retreat from it. What Christianity ulti-

Kritik islamischerseits oft aufgegriffen, um das Scheitern christlicher Kolonialisierungsbestrebungen in der islamischen Welt zu erklären und gegenwärtige imperiale Übergriffe durch die USA und mit ihr verbündeter Mächte zu kritisieren. Denker wie Sayyid Qutb werfen dem Christentum eine Privatisierung von Religion und eine Flucht vor gesellschaftlicher Verantwortung vor.[4] Zwar gebe es auch im Christentum das *ius divinum* sowie das Naturrecht. Aber dieses beziehe sich auf abstrakte Prinzipien und habe faktisch keine Orientierungswirkung für das öffentliche Recht.[5]

Natürlich kann man derartige Formen von Kritik schnell als überzogen und apologetisch zurückweisen. Aber wenn wir ehrlich sind, treffen die muslimischen Kritiker des Christentums hier dennoch einen wunden Punkt, der zumindest einen Anhaltspunkt im Mainstream christlicher Theologien hat. Wenn wir uns etwa an die Politik Donald Trumps erinnern und seine dreisten Anleihen beim Christentum, so würden sich bestimmt nicht Wenige wünschen, dass klarer wäre, dass seine Vorstellungen öffentlichen Rechts und sozialer Gerechtigkeit eben nicht christlich gedeckt sind. Gerade die himmelschreiende weltweite Ungerechtigkeit unseres politischen Systems, das die Armen immer ärmer und die Reichen immer reicher macht und zugleich die Grundlagen des Überlebens zukünftiger Generationen in Frage stellt, lassen sicherlich bei Vielen den Wunsch nach rechtlichen Regelungen und Lösungen aufkommen. Christlich sind wir aber gewohnt, auf derartige Probleme immer moralisierend zu reagieren und merken gerade in der Gegenwart, wie wir damit an Grenzen kommen. Das Recht kann an dieser Stelle die Chance bieten, Probleme zu lösen und Verhalten zu regulieren, ohne es moralisch aufladen zu müssen. Statt den Menschen ein schlechtes Gewissen zu machen, wenn sie in den Urlaub fliegen wollen, kann eine rechtliche Regelung etwa durch eine Besteuerung des Flugverkehrs genau die Lenkungswirkung hervorrufen, die wir für das Überleben künftiger Generationen benötigen. Oder statt die Gemeinwohlverpflichtung des Eigentums durch Moralisierung in Erinnerung zu rufen, kann sie auch einfach wie im Grundgesetz rechtlich festgeschrieben werden und so dem schrankenlosen Kapitalismus Grenzen setzen. Es ist dabei ja keine neue Erkenntnis, dass die soziale Dimension der Markt-

Chancen einer rechtlichen Verankerung religiöser Normvorstellungen

mately lacks, and what Ibn Taymiyya claims Islam provides, is a vision of divine law that can give moral guidance and public justice for both kings and paupers."

4 Vgl. ebd., 118-124.

5 Vgl. ebd., 134.

wirtschaft in Deutschland und das im Vergleich zu angelsächsischen Ländern ausgeprägte Sozialsystem sich christlichen Orientierungsvorstellungen verdankt, die durch christlich geprägte Politikerinnen und Politiker in öffentliches Recht umgesetzt wurden.

Von daher ist die derzeitige öffentliche Debatte, die dem politischen Islam vorwirft, religiöse Überzeugungen über das staatliche Recht zu stellen,[6] mindestens einseitig. Denn auch Christinnen und Christen können sich im freiheitlich demokratischen Rechtsstaat ja nur deshalb mit den grundlegenden Normen einverstanden erklären, weil diese eben nicht mit ihren religiösen Überzeugungen in Spannung stehen. In einem anderen politischen System, das etwa die Grundrechte von religiösen Minderheiten mit Füßen tritt, müssten sie sich einmischen und aus religiösen Gründen eine Änderung des öffentlichen Rechts fordern. Mindestens in einer solchen Gesellschaft dürfte Religion eben keine Privatsache mehr sein und müsste sich öffentlich einmischen.

Religion und öffentliches Recht

Man wird also auch aus christlicher Sicht zugeben, dass religiöse Überzeugungen legitimerweise Einfluss auf den Bereich des öffentlichen Rechts nehmen können. Auf diese Weise können christlich-theologische Einsichten auch dazu beitragen, die gegenwärtigen Debatten um das Thema Scharia zu versachlichen. Sicher wird man es als unaufgebbare Errungenschaft der europäischen Neuzeit ansehen, dass das Recht säkular entwickelt wird und eben nicht mehr als religiöses Recht in Geltung ist. Das bedeutet selbstverständlich, dass man christlich auf der religionsunabhängigen Geltung des Rechts bestehen wird. Aber dennoch wird man wohl auch als Christin bedauern, wenn sich die Religionen ganz aus dem Bereich öffentlichen Rechts zurückziehen. Zumindest ist die später noch genauer zu referierende Theologie Karl Barths und insbesondere seine Auseinandersetzung mit dem Nationalsozialismus ein gutes Beispiel dafür, wie wichtig es ist, dass sich das Christentum nicht aus dem Bereich des öffentlichen Rechts zurückzieht und dass sich eine bleibende Präsenz der Religion im Raum des Rechts auch christlich legitimieren lässt, ja diese Präsenz vielleicht sogar legitimiert werden muss. Während Thomas von Aquin und Martin Luther in der Gefahr stehen, eine wichtige Dimension des Christentums unterzubestimmen,[7] ist

6 Vgl. etwa Carsten Linnemann/Winfried Bausback (Hg.), Der politische Islam gehört nicht zu Deutschland, Freiburg 2019.

7 Vgl. Ralston, Law and the rule of God, 159-198.

Barths Zugang zum öffentlichen Recht geeignet, die christliche Verantwortung auch für diesen Bereich im Blick zu behalten.

Barths Zugang zum öffentlichen Recht

Karl Barths politische Theologie lässt sich laut Joshua Ralston so rekonstruieren,[8] dass öffentliches Recht deshalb theologisch bedeutsam wird, weil aus christlicher Sicht alle Bereiche des Lebens von Jesus Christus regiert werden sollen. Gerade die Barmer Thesen bestehen darauf, dass in allem Jesus Christus der entscheidende Maßstab ist – auch in den Zusammenhängen von Politik und öffentlicher Ordnung. Und angesichts des Zusammenhangs von Barths Überlegungen mit der Auseinandersetzung mit dem Unrechtsregime der Nationalsozialisten wird ihm an dieser Stelle wohl niemand in der christlichen Theologie widersprechen.

In seinem während des Nationalsozialismus entstandenen Essay zum Verhältnis von Evangelium und Gesetz mache Barth klar, dass das Gesetz nicht vor dem Evangelium da sei und unabhängig von ihm gelte, wie es die traditionelle Theologie denke. Stattdessen müsse auch das Recht vom Evangelium her gedacht werden – beide seien gewissermaßen dialektisch miteinander verklammert.[9] Recht bekomme so die Aufgabe zum Zeugen bzw. zur Gestalt des Evangeliums zu werden. Beide, Gesetz und Evangelium, funktionieren im größeren Zusammenhang von Gottes Bund mit den Menschen. Beide seien Ausdruck desselben Gnadenaktes Gottes – nur dass das Gesetz dann eben die Gestalt des Evangeliums sei (so wie umgekehrt das Evangelium den Gehalt des Gesetzes bestimme). Auch Gottes Gesetz sei Gnade, weil allein schon die Tatsache des Sprechens Gottes zum Menschen Gnade sei. Das Gesetz ist für Barth notwendig im Evangelium enthalten. Das eine Wort Gottes ist also beides: Gesetz und Evangelium, also Anspruch und Zuspruch.

dialektisches Verhältnis von Anspruch und Zuspruch

Dieser Zusammenhang scheint mir auch ganz unabhängig von Barth für die christliche Theologie zentral zu sein. Gottes unbedingte Zusage im Logos Jesus Christus, die jedem Menschen vorbehaltlos geschenkt ist, führt in den Ruf zur Nachfolge und damit in den Anspruch nach Erfüllung seiner denkbar radikalen Forderungen. Und umgekehrt liegt auf der Erfüllung der Forderungen Jesu die Verheißung, dass sie ins Leben führen und uns die Zusage Gottes erfahrbare Wirklichkeit werden lassen. Auch im Blick auf den Dekalog gilt ja, dass alle Gebote unterfasst und

---

8 Ralston stützt sich in seiner Rekonstruktion auf drei Essays Barths, die zwischen 1935 und 1946 entstanden sind und auf KD § 36. Vgl. Ralston, Law and the rule of God, 210.

9 Vgl. hierzu und zum Folgenden ebd., 213f.

begründet sind in der Zusage Gottes an sein Volk, das er aus der Knechtschaft Ägyptens befreit hat. Und zugleich gilt die Verheißung des guten Lebens für alle, die die Gebote des Dekalogs erfüllen, wie es exemplarisch am vierten Gebot deutlich wird. Mit Barth kann man zudem darauf aufmerksam machen, dass allein schon die Anrede Gottes als solche, auch wenn es die mahnende Anrede des Gesetzes ist, als Akt der Gnade zu gelten hat, weil sie in die Gegenwart Gottes führt.

Entsprechend soll bei Barth das Gesetz zunächst einmal nicht anklagen, sondern das Evangelium bezeugen. So kann das Gesetz als Freiheit verstanden werden wie auch das Evangelium Gehorsam ist.[10] Wenn ich mich – wie Barths Theologie zu implizieren scheint – erst im Licht der Botschaft Jesu Christi als Sünder erkenne, kann ich auch das Gesetz erst richtig verstehen, wenn ich es vom Evangelium her ansehe.[11] Damit wird Jesus Christus auch zum hermeneutischen Zugang und zum Kriterium des öffentlichen Rechts.[12] Und es wird unmöglich, Religion und Recht so fein säuberlich zu trennen, wie es derzeit landläufig vom Islam gefordert wird.

Jesus Christus als Kriterium des öffentlichen Rechts

Trotzdem bleibt es natürlich der Staat, der die öffentliche Ordnung sicherstellt, nicht die Kirche. Die Kirche kann sein Handeln nicht ersetzen. Sie kann und muss ihn aber ermutigen, seiner Aufgabe nachzukommen,[13] z.B. grundlegende Freiheitsrechte zu verteidigen und sich für Gerechtigkeit und das Wohlergehen all seiner Bürgerinnen und Bürger einzusetzen – unabhängig davon, welcher Religion oder Weltanschauung sie angehören. Man kann sich vorstellen, dass derartige Überlegungen in der Zeit der nationalsozialistischen Diktatur als Sprengstoff wirken konnten, und wer wünschte sich nicht, dass sie diese Funktion tatsächlich übernommen hätten.

In seinem Aufsatz *Recht und Rechtfertigung* führt Barth die soeben referierten Gedanken fort. Wiederum in der Rekonstruktion Ralstons wird deutlich, dass Barth überzeugend darlegt, wie sehr das Recht die Aufgabe hat, die Verkündigung der Rechtfertigung zu ermöglichen. Wie darüber hinaus Recht die Gestalt der Freiheit sein kann, wird an dieser Stelle nicht mehr reflektiert. Im Vordergrund stehe vielmehr die Aufgabe des Staates für die Einhaltung von Recht und Ordnung zu sorgen.[14] Zugleich mache

10 Vgl. ebd., 215.
11 Vgl. ebd., 216.
12 Vgl. ebd., 219.
13 Vgl. ebd., 232f.
14 Vgl. ebd., 236.

Barth unmissverständlich deutlich, dass nicht nur die Kirche, sondern auch der Staat in Jesus Christus gründe. Der Staat müsse zwar nicht ausdrücklich von Jesus Christus Zeugnis ablegen, wohl aber von der Sache her am Reich Gottes bauen, indem er sich einsetze für Gleichheit, Freiheit und Gerechtigkeit.[15]

Schwächen von Barths Ansatz

Barths Theologie kann also schon einmal helfen, die immer geringer werdende Aufmerksamkeit für das öffentliche Recht in der christlich-theologischen Reflexion zu kompensieren. Allerdings kann man mindestens zwei Punkte festhalten, die die Stärke seines Ansatzes in Frage stellen. Zunächst einmal wurde Barths Ansatz immer wieder, nicht zuletzt von katholischer Seite, wegen seiner fehlenden philosophischen Begründung kritisiert.[16] Zweitens redet Barth weniger über das Gesetz oder das Recht als vielmehr über Gottes Gebote, sodass auch er moralisierend gelesen werden kann. Zu Recht betont Ralston gegen diese moralisierende Verkürzung: „The great advantage of law, and what many Jews and Muslims worry is lost in Christianity, is that it makes concrete and explicit the implications of our theological and doxological claims."[17] Das Recht kann in sehr anschaulicher und alltäglich lebbarer Weise den Anspruch des Wortes Gottes konkret machen und ihm Raum im eigenen Leben geben. Ich will diese Funktion des Rechts, die ja bereits im Kapitel 5 aufgeschienen ist, noch etwas genauer beleuchten.

Funktion und Reichweite des Islamischen Rechts

Der Islam ist eine Religion, die dem Recht in für Christen irritierend starkem Maße Geltung verschafft. Es regelt nicht nur gottesdienstliche, sondern auch zwischenmenschliche Handlungen und erhebt den Anspruch, das menschliche Leben insgesamt auf Gott hin zu orientieren. Es gibt Muslimen die Möglichkeit, auch bei kleinen alltäglichen Dingen ihre Hingabe an Gott zu zeigen und ihren Alltag zu heiligen. Zugleich eröffnet es durch seine Unterscheidung zwischen gebotenen und empfohlenen Handlungen und die Einsicht in die Neutralität vieler Handlungen Spielräume für göttlich gewährte menschliche Autonomie und für unterschiedliche Grade menschlicher Hingabe. Während moralische Unterscheidungen binär angelegt sind und leicht zu einer Opposition zu Andersartigkeit führen kann, eröffnen die fünf

15 Vgl. ebd., 241.
16 Vgl. ebd., 243f.
17 Ebd., 244f.

Kategorien der Einordnungen von Handlungen im islamischen Recht (geboten, empfohlen, neutral, nicht empfohlen, verboten) eine große Flexibilität in der Bewertung und Orientierung menschlicher Handlungen. Das Recht ist an dieser Stelle beweglicher als moralische Bewertungssysteme und es schafft bewusst Raum für menschliche Autonomie.

Gerade der lutherische Einfluss hat im Christentum dazu geführt, dass Gottes Zuwendung kaum noch in Kategorien des Rechts reflektiert wird.[18] Die Bindung von Religiosität an bestimmte Riten und Pflichten kann deswegen nur schwer auf Resonanz im Christentum hoffen. Doch gerade aus katholischer Sicht ist klar, dass Gottes zuvorkommende Barmherzigkeit den Menschen in die Pflicht nimmt und erst in seiner antwortenden Praxis Wirklichkeit wird. Im Blick auf den Islam könnte man deshalb aus einer katholischen Hermeneutik formulieren: Gottes Barmherzigkeit wartet auf die Antwort des Menschen, seine Gerechtigkeit verlangt es, dass sich der Mensch ihm in seiner Praxis annähert. Dies hat Folgen für das gesamte Leben, sodass der Glaube im Islam eben immer auch eine bestimmte Praxis formt und nicht ohne diese Praxis gedacht werden kann.

die fünf Säulen des Islams und die Praxis Jesu

Besonders augenfällig wird dies an den fünf Säulen des Islams, die alle mit einer bestimmten Praxis des Glaubens zu tun haben und die über alle Schulgrenzen hinweg als Kern muslimischen Glaubenslebens gelten. Sie zeigen besonders deutlich, wie Rechtsbestimmungen religiöse Identität stabilisieren können. Aber sie beziehen sich nicht auf die Dimension des öffentlichen Rechts, sodass sie leichter akzeptiert werden können, als religiös geprägte Rechtsvorstellungen, die diesen Bereich betreffen. Gerade diese Dimension öffentlichen Rechts wird von christlicher Seite oft mit Verweis auf die gesetzeskritische Praxis Jesu zurückgewiesen.

Gerne wird an dieser Stelle dann darauf verwiesen, dass Jesus darauf verzichtet hat, die Religion mit rechtlichen Bestimmungen zu belasten und dass das Christentum mit guten Gründen das Recht durch das Evangelium ersetzt hat. An dieser Stelle muss man allerdings vorsichtig sein. Jesus lebte in einer Gesellschaft mit einem funktionierenden Rechtssystem, und zwar sowohl in einem weitgehend säkularen Sinne im römischen Recht als auch im religiösen Sinne im Blick auf das jüdische Recht. Die neuere Exegese hält uns klar vor Augen, dass Jesus zeit seines Lebens

---

[18] Ab hier übernehme ich einige Formulierungen aus Klaus von Stosch, Herausforderung Islam. Christliche Annäherungen, Paderborn ^{3}2019, 104-106.

Jude war und entsprechend auch das jüdische religiöse Recht eingehalten hat. Wenn er etwa am Sabbat Heilungen vollzogen und damit scheinbar das religiöse Recht gebrochen hat, wissen wir aus der modernen Exegese, dass er durchaus im Einklang mit den Rechtsauslegungen seiner Zeit stand, weil die ärztliche Tätigkeit von vielen Juden gar nicht als eine der von der Tora verbotenen Tätigkeiten für den Sabbat verstanden wurde. Sein Streit mit den Pharisäern (vgl. beispielsweise Mk 3,1-6) war also ein Streit um die richtige Gesetzesauslegung, und eben deshalb kann er in der Bergpredigt auch sagen, er sei nicht gekommen, um auch nur den kleinsten Buchstaben am religiösen Gesetz der Juden zu verändern (vgl. Mt 5,18). Jesus stellte sich also nicht gegen das Gesetz, sondern achtete einfach nur auf seine humane Anwendung und Auslegung. Denn das Gesetz ist aus seiner Sicht für den Menschen da und nicht der Mensch für das Gesetz (Mk 2,27).

Rechtsordnung in der Zeit Muhammads

Muhammad hätte an dieser Stelle sicherlich nicht widersprochen. Doch er lebte zu einer Zeit, in der es kein einheitliches, verlässliches Rechtssystem gab. Das Recht seiner Zeit war im wesentlichen Gewohnheitsrecht und verlangte einfach nur bedingungslose Loyalität mit dem eigenen Stamm. „Doch wo sich das Soziale einzig um Blutsverwandtschaft dreht, gibt es im eigentlichen Sinn gar keine Gesellschaft.“[19] Anders als Jesus stand Muhammad damit vor der Aufgabe, ein funktionierendes und gerechtes Gemeinwesen zuallererst zu begründen. Die einzelnen von ihm eingeführten rechtlichen Regelungen sind natürlich erst einmal nur im Kontext seiner Zeit gültig. Nasr Hamid Abu Zaid hat völlig Recht, wenn er sagt, dass es einfach nur absurd wäre, diese insgesamt wörtlich auf heute zu übertragen.[20] Zudem darf man aus dieser besonderen historischen Konstellation nicht ableiten, dass in muslimisch geprägten Gesellschaften kein säkulares Recht eingeführt werden kann.

Der Islamwissenschaftler Thomas Bauer macht völlig zu Recht darauf aufmerksam, dass „das Rechtssystem in der islamischen Welt kein Teilsystem eines übergeordneten Systems ‚Religion‘ ist. Daran ändert auch die Tatsache nichts, daß das islamische Recht, ebenso wie das Römische, zugleich den Ritus regelt.“[21] Denn in Rechtsdogmatik und –findung ist das islamische Recht nach Aus-

---

19 Abu Zaid/ Sezgin, Mohammed und die Zeichen Gottes, 50.

20 Vgl. ebd., 51.

21 Bauer, Die Kultur der Ambiguität, 206.

kunft von Juristen und Islamwissenschaftlern kaum von westlichen Rechtstraditionen zu unterscheiden.[22]

Rechtsquellen des islamischen Rechts

Natürlich unterscheidet sich das islamische Recht durch seine Rechtsquellen vom römischen Recht und säkularen Rechtstraditionen. Denn die primären Grundlagen des Rechts sind der Koran und die Sunna, also die Lebenspraxis des Propheten Muhammad. Allerdings ist deren Deutung ausgesprochen flexibel und vielfältig. Zunächst einmal gibt es je nach Rechtsschule sehr unterschiedliche Auffassungen darüber, welche weiteren Rechtsquellen heranzuziehen sind. Formal ist man sich zwar weitgehend einig, dass der Analogieschluss (*qiyās*) und der Konsens der Gelehrten (*idschma'*) noch als weitere Quellen heranzuziehen sind. Aber was darunter genau zu verstehen ist, ist umstritten. Im schiitischen Islam ist zudem auch die Vernunft als Rechtsquelle vorgesehen und auch im sunnitischen Islam ist selbstverständlich, dass Vernunft im gesamten Rechtsverständnis unverzichtbar ist. Denn in allen Schulrichtungen spielt in der Rechtsfindung auch das persönliche Urteil des Richters (*ra'ī*) bzw. die eigene Urteilsbildung (*idschtihād*) und damit faktisch die Rechtsfortbildung im Sinne des römischen Rechts eine große Rolle.

Zwar ist in der westlichen Literatur immer wieder zu lesen, dass im Islam die Tore des *Idschtihād* seit dem Hochmittelalter geschlossen seien, so dass seitdem nur noch die Entscheidungen des Mittelalters exekutiert werden. In Wahrheit gibt es aber in allen Rechtsschulen weiterhin eine lebendige Tradition der eigenen Urteilsbildung bzw. es gab sie zumindest bis weit in die Neuzeit hinein[23] – nicht nur, weil sich in Neuzeit und Moderne Rechtsfragen stellen, auf die die Tradition noch keine Antworten geben konnte, sondern auch weil in neuen Gesellschafts- und säkularen Rechtsordnungen traditionelle Bestimmungen neu auf den Prüfstand gehören.

Pluralität im islamischen Recht

Die große Vielfalt eigener Urteilsfindungen ist keine Fantasie liberaler Theologen, sondern offensichtliche Wirklichkeit in der islamischen Welt und manifestiert sich darin, dass unterschiedliche Rechtsgelehrte und die nach wie vor existierenden unterschiedlichen Rechtsschulen auch zu voneinander abweichenden Resultaten kommen. Diese Heterogenität der Auffassungen birgt natürlich – gerade in einer Zeit abnehmender Bindekraft der

---

[22] Vgl. ebd., 211.

[23] Entsprechend hält auch Thomas Bauer fest, dass das Tor des *idjtihād* definitiv nicht bereits vor der Osmanenzeit geschlossen war (ebd., 180). Vgl. als instruktive Übersicht Wael B. Hallaq, Was the Gate of Ijtihad Closed? In: *International Journal of Middle East Studies* 16 (1984) 3-41.

Rechtsschulen – die Gefahr in sich, dass man als Gläubiger faktisch für fast jede gewünschte Rechtsauslegung auch einen Gelehrten findet, der diese bestätigt. Zwar ist es so, dass die Gläubigen eigentlich nicht den Gelehrten wählen dürfen, der die angenehmsten Resultate für sie bringt, sondern den, der den besten Ruf hat. Aber gerade in Zeiten des Internets gibt es leider eine gewisse Tendenz, auf diejenigen Meinungen zu hören, die man sowieso für richtig hält.

Man könnte deswegen versucht sein, die Vielfalt der Auslegungstraditionen zu begrenzen und etwa auch die Unterschiede zwischen den Rechtsschulen auszumerzen. Interessanterweise hat man in der islamischen Tradition jedoch nie versucht, die Rechtsschulen zu vereinigen. Vielmehr gilt einem Hadith entsprechend die Meinungsverschiedenheit innerhalb der Gemeinde als „ein Zeichen göttlicher Barmherzigkeit."[24] Und auch Gelehrte der Tradition wie etwa der ägyptische Großgelehrte as-Suyūṭī (1445-1505) sahen in den Meinungsverschiedenheiten der Rechtsschulen ein Geschenk Gottes.[25] Die Meinungsverschiedenheiten sind deshalb nach klassischer Interpretation „ein unabdingbarer Bestandteil eines Rechts, das einerseits auf einer göttlichen Rechtsordnung beruht und sich andererseits als menschengemachtes Gesetz entfaltet."[26] Erst in der Moderne entwickelt sich mit der Salafiyya eine fundamentalistische Strömung, die diese Meinungsvielfalt nicht mehr aushält. Und zugleich wird von den westlichen Regierungen ein starker Druck auf Muslime ausgeübt, endlich alles als unislamisch auszuschließen, was den westlichen Grundwerten widerspricht. Dabei ist es in der klassischen Sichtweise des Islams ein völlig unislamischer Gedanke, etwas als unislamisch auszuschließen.

Natürlich ist diese Haltung in einer Zeit zunehmenden Terrorismus' durch angebliche Muslime ein großes Problem. Allerdings ist die katholische Lösung der Exkommunikation der Gegner eigentlich keine genuin islamische Vorgehensweise. Und es wäre weise, wenn wir im Westen erkennen könnten, dass die musli-

---

24 ANNEMARIE SCHIMMEL, Der Islam. Eine Einführung, Stuttgart 1990, 53. Das bedeutet nicht, dass man aus diesem überlieferungskritisch gesehen eigentlich schwachen Hadith bereits in der Tradition demokratieaffine Folgerungen gezogen hätte. Zumindest ist in Teilen der islamischen Tradition der Gedanke verankert, dass sich Differenzen auch durch immer tieferes Nachdenken überwinden lässt. Aber es gibt es auch schon traditionell unter Berufung auf Q 3:7 die Idee einer unüberwindbaren Ambiguität normativer Texte.

25 Vgl. BAUER, Die Kultur der Ambiguität, 184.

26 Ebd.

mische Diskurssteuerung durch den Streit der Gelehrten vielleicht manchmal nachhaltiger wirken kann als die Verurteilung der Extremisten durch regierungsnahe muslimische Dachverbände. Denn die Gefahr besteht hier immer, den Extremisten dadurch in die Hände zu spielen, dass man genauso wie sie nicht durch Argumente, sondern durch Exklusionsmechanismen Macht ausübt. Damit übernimmt man zwar ein typisch modernes und durchaus erfolgreiches Machtmittel, gibt aber zugleich eine große Stärke der eigenen Tradition auf. Denn in ihr gibt es „nie eine definitive Lösung, und alle Fragen müssen immer wieder neu gestellt und beantwortet werden“[27] – mit allen Risiken und Nebenwirkungen, die ein solches eigenen Denken mit sich bringt.

Grundlegung des islamischen Rechts im *usūl al-fiqh*

Besonders interessant für das Gespräch mit Karl Barth ist die Tatsache, dass das islamische Recht in einer eigenen Grundlegungsdisziplin philosophisch begründet und hermeneutisch fortentwickelt wird, nämlich im *usūl al-fiqh*. Diese Disziplin hat seit jeher die Aufgabe im islamischen Wissenschaftssystem die Quellen und methodischen Grundlagen der Normenfindung zu analysieren und leistet damit eine Art fundamentaltheologische bzw. religionsphilosophische Grundlagenreflexion für die islamische Normenlehre. *Ähnlich wie die Fundamentaltheologie ist auch das usūl al-fiqh* genauso wenig autonome Philosophie wie einfach nur innere Durchdringung der Offenbarung.

Wechselseitige Hilfestellungen

In der Islamischen Theologie gibt es also eine lange Tradition philosophischer Begründung des öffentlichen Rechts ohne Begründung im Naturrecht oder anderen menschlich allzu menschlichen Instanzen, denen Barth misstraut. Von daher kann die islamische Tradition vorexerzieren, wie man theozentrisch und im Rahmen religiösen Denkens nach allgemein verständlichen und nachvollziehbaren Begründungswegen suchen kann. Dadurch bietet sich aus der islamischen Tradition heraus eine Möglichkeit zwischen der Skylla einer Divine-Command-Theory und der Charybdis einer Ableitung der Ethik aus dem Naturrecht hindurchzumanövrieren.[28] Denn klassisch ist es so, dass gerade katholische Morallehre dem Naturrecht vielleicht doch etwas zu viel zutraut. Dagegen zerstört evangelikales Denken jede Form autonom philosophischen Denkens und will alles nur noch direkt aus dem Willen Gottes ableiten. Hier ist das islamische Recht deshalb

[27] Ebd., 177.

[28] Vgl. RALSTON, Law and the rule of God, 236.

was eine barthianische Theologie vom islamischen Recht lernen kann

so interessant, weil es den göttlichen Willen zwar als Quelle des Rechts anerkennt und nutzt, aber ihn zugleich einbettet in ein eigenes Netz der Rechtsfindung, das auch Wegen menschlicher Urteilsfindung den ihnen gebührenden Raum gibt.

Rein methodisch gibt es an dieser Stelle gerade für eine an Barth orientierte Theologie spannende Denkanstöße, da sie ja traditionell sowohl dem autonom rechtsbegründenden als auch dem fundamentaltheologischen Diskurs mit Vorsicht begegnet. So hält Joshua Ralston völlig zu Recht fest: „The long legal debates within Islamic jurisprudence about how to move from God's revelation in scripture to the legal demands of new situations offer Barth the possibilities of a mode of legal reasoning that is not marked by general revelation or natural theology."[29]

Aber nicht nur methodisch, sondern auch inhaltlich können die islamischen Rechtsdiskurse stimulierend sein, um auch im Denken Barths konkreter auf rechtliche Fragen einzugehen und die Orientierungsleistung des Christentums nicht nur auf die ethische Dimension zu reduzieren. Durch diesen Impuls kann eine an Barth orientierte Theologie konkreter werden in ihren sozialen Forderungen und der Vagheit mancher Formulierungen Barths abhelfen.[30] Vor allem aber könnte eine neue Sensibilität für die wohltuend entlastende Funktion entstehen, die in der Erfüllung des religiösen Rechts liegen kann und die in der christlichen Tradition weitgehend in Vergessenheit geraten ist.

Durch diese Öffnung christlicher Theologie für Impulse aus dem islamischen Rechtsdenken kann aber nicht nur Barths Theologie bereichert werden, sondern es kann auch ganz grundsätzlich ein neuer Zugang zum Islamischen Recht geschaffen werden. Es kann auf diese Weise aus der Schmuddelecke befreit und auf seine emanzipatorischen Potenziale hin befragt werden. Gerade bei diesem Anspruch ist es natürlich wichtig, dass die Kommunikation einer von Barth inspirierten christlichen Theologie und dem islamischen Recht keine Einbahnstraße ist. Auch umgekehrt gibt es Aspekte, die das islamische Recht von Barth lernen kann. Wenigstens zwei davon seien abschließend genannt. Auch hier orientiere ich mich wieder an den Anregungen Ralstons.

was der islamische Rechtsdiskurs von Barth lernen kann

Für die traditionelle islamische Theologie ist völlig klar, dass die Scharia als ius divinum dem Menschen letztlich unzugänglich bleibt und sie niemals zu konkretem Recht werden kann. In der Gegenwart droht dieses grundsätzliche Insistieren auf dem Unterschied

29 Ebd., 248.
30 Vgl. ebd., 252.

zwischen göttlichem und religiösem Recht verloren zu gehen. Manchmal kann man nicht nur bei Islamkritikern, sondern auch in islamisch geprägten Diskursen den Eindruck bekommen, als ob die Scharia rechtliche Ordnungen konkret prägen könne. Gegen diese Verquickung gilt es innerislamisch wieder das islamische Recht als eigene Kategorie starkzumachen und vom göttlichen Recht zu unterscheiden. Vor allem aber gilt es, die Gerechtigkeit Gottes und das göttliche Recht vom konkreten öffentlichen Recht zu unterscheiden. Barth kann die islamische Theologie also daran erinnern, dass man die Scharia niemals mit dem öffentlichen Recht verwechseln darf. Recht kann – so lässt sich bei Barth lernen – nur ein indirekter Zeuge der göttlichen Gerechtigkeit sein, sodass es nur plural und fallibel Zeugnis vom göttlichen Recht geben kann.[31]

Durch die Unterscheidung der theologischen Rechtsdiskurse vom göttlichen Recht wird zudem deutlich, wie wichtig es ist, das religiöse Recht, also das *fiqh,* durch theologische Reflexionen zu begründen. Barth kann hier dazu inspirieren, die Verknüpfung von systematischer Theologie und Recht islamisch wiederzuentdecken, die in den gegenwärtigen Diskursen zur Rechtsbegründung kaum mehr erkennbar ist. Dadurch kann auch die traditionell gegebene Pluralität islamischen Rechts wieder gestärkt werden. Es kann so insgesamt deutlich werden, dass religiöses Recht niemals Gottes Recht abbilden kann, sondern immer nur Wege auszuschließen hilft, die der allumfassenden Durchsetzung von Gottes Gerechtigkeit entgegenstehen. Zudem kann religiöses Recht eine Verweis- und Zeichenfunktion übernehmen, die es dem Menschen erlaubt, für die göttliche Gerechtigkeit offen und aufmerksam zu bleiben.

wechselseitige Bereicherung

Sicherlich kann man auch noch mehr Aspekte wechselseitiger Bereicherung entdecken, wenn diese wichtigen Impulse Ralstons erst einmal fruchtbar gemacht werden und für einen intensivierten Diskurs zwischen islamischen Rechtsgelehrten und von Barth geprägten christlichen Theologinnen und Theologen. Von daher kann Barth nicht nur auf dem Gebiet der Gotteslehre und Offenbarungstheologie, sondern auch im Kontext des öffentlichen und religiösen Rechts inspirierend für komparativ theologische Neuaneignungen sein, und ich kann nur hoffen, dass sich in den nächsten Jahrzehnten auf beiden Seiten genügend lernbereite Theologinnen und Theologen finden, die mithelfen, Barths Theologie durch derartige neue Kontextualisierungen für das Gespräch von Islam und Christentum in ihrer Produktivität zu erweisen.

---

31 Vgl. ebd., 269.

Joshua Ralston

Der amerikanische evangelische Theologe Joshua Ralston hat erst nach seinem Studium der evangelischen Theologie seine Leidenschaft für die Komparative Theologie entdeckt. Er war Doktorand und besuchte Kurse zu Schleiermacher, Thomas und der philosophischen Hermeneutik von Kant bis Habermas. Zur selben Zeit arbeitete er halbtags mit Geflüchteten zusammen, die nach Atlanta/ Georgia umgesiedelt wurden. Viele von ihnen waren Muslime. Drei junge Männer aus dem Sudan, Ibrahim, 'Amr und Tamer, wurden seine Freunde und sie feierten Ostern und das Fest des Fastenbrechens zusammen. Seine muslimischen Freunde begannen Ralston Fragen zu stellen über die Inkarnation, die Trinität und die Bibel. Es waren sehr grundlegende Fragen: Warum starb Jesus? Was verstehst Du unter Rettung oder Erlösung? Wie kann Gott einer und drei zugleich sein?

Ralston erinnert sich daran, wie er die Antworten mit Bezug auf Thomas oder die frühchristlichen Konzilien zu beantworten versuchte. Er kannte klassische Ansätze zur Soteriologie und zur Trinitätstheologie und konnte sie der Schultheologie entsprechend erklären. Auch Kants Kritik an der Schultheologie hatte er verarbeitet. Aber klare und verständliche Antworten auf die Fragen seiner muslimischen Freunde hatte er dadurch nicht gewonnen. Er spürte, dass sie tiefer fragten, als die Religionskritiker, mit denen er sich auseinanderzusetzen gewohnt war. Zugleich fragten sie radikaler, als er es selbst aus dem Christentum heraus gewohnt war.

Diese Gespräche überzeugten ihn, dass christliche Systematische Theologie in den Dialog mit islamischem Denken treten muss, um auf die spezifischen Fragen dieser Religion zu antworten. Wenn schon drei junge Männer im späten Teenageralter bzw. in den frühen Zwanzigern so tief in das Herz seines Glaubens schneiden konnten, was vermochten dann erst die großen Denker der islamischen Tradition zu bewirken? Ralston lernte Arabisch, lebte längere Zeit in der islamischen Welt und vertiefte sich in das Studium großer arabischer Philosophen und Theologen.

Heute lehrt er an der Universität Edinburgh und hat sich als profilierter Brückenbauer zwischen der eigenen reformierten und der islamischen Tradition einen Namen gemacht. Dabei konzentriert er sich der Methodik Komparativer Theologie entsprechend auf einflussreiche Figuren beider Religionen und arbeitet sich an zentralen theologischen Themen ab, wie beispielsweise den Eigenschaften Gottes, der Offenbarungstheologie oder der Eschatologie. Nicht zuletzt durch sein Engagement ist die Universität Edinburgh zu einem der wichtigsten Orte akademischer Erforschung und Belebung islamisch-christlicher Beziehungen in Europa geworden.

Aufgaben

1. Wie wird in unserer Gesellschaft normalerweise das Verhältnis von öffentlichem Recht und Religion angesehen? Wie sehen Sie selbst dieses Verhältnis?
2. Wie interpretiert Barth dieses Verhältnis? Wie unterscheidet er sich damit von der christlichen Tradition?
3. Was versteht man unter islamischem Recht? Erklären Sie in diesem Kontext auch das Wort Scharia!
4. Nennen Sie jeweils zwei Punkte, die Barth vom islamischen Recht und die das islamische Recht von Barth lernen kann!

Literatur

ABU ZAID, NASR HAMID/ SEZGIN, HILAL, Mohammed und die Zeichen Gottes. Der Koran und die Zukunft des Islam, Freiburg-Basel-Wien [2]2008 *(inspirierende und einflussreiche Neuinterpretation des Korans, die diesen auch mit Mitteln der Literaturwissenschaft erschließt).*

BAUER, THOMAS, Die Kultur der Ambiguität. Eine andere Geschichte des Islams, Berlin 2011 *(bahnbrechende Verteidigung der Ambiguität vormoderner normativer Texte im Islam als zivilisatorische Errungenschaft).*

RALSTON, JOSHUA, Analogies across faiths. Barth and Ghazali on speaking after revelation. In: MARTHA L. MOORE-KEISH/ CHRISTIAN T. COLLINS WINN (Hg.), Karl Barth and Comparative Theology, New York 115-136 *(spannender Vergleich der Offenbarungstheologie Barths mit der von al Ghazali).*

Ders., Law and the rule of God. A Christian engagement with Sharīʻa, Cambridge 2020 *(brillante Hinführung zur Bedeutung des islamischen Rechts für das Christentum; Grundlage des vorliegenden Kapitels).*

12 Ringen in verwundeter Identität

Hybride Identitäten als Herausforderung der Theologie der Gegenwart

Der Begründer der neueren Komparativen Theologie, Francis X. Clooney, betont immer wieder, dass er seine Beiträge aus konfessionell katholischer Sicht verfasst und sie wie Anselm von Canterbury aus dem Geist eines Glaubens heraus schreibt, der nach Verstehen sucht.[1] Immer wieder macht er deutlich, wie ihm Impulse aus dem Hinduismus helfen, den eigenen Glauben besser zu verstehen und tiefer zu begründen, ohne dass er aus den Fugen geriete. Je tiefer er in die Komparative Theologie einsteige, desto näher komme er Jesus Christus, der als Ziel all seiner interreligiösen Gesprächsbemühungen fungiere.

Zugleich gibt Clooney aber zu, dass seine Lernbemühungen auch zu Momenten der Verunsicherung führen. So schreibt er: „Wenn wir aufrichtig lernen, können sich äußerliche oder allzu einfache Gründe für das Verbleiben bei der eigenen Religion verflüchtigen."[2] Gerade wenn wir uns – wie in der Komparativen Theologie gefordert – voller Empathie, Verletzlichkeit und liebevoller Aufmerksamkeit einer anderen Religion zuwenden, kann diese Religion eine so große Faszination auf uns ausüben, dass uns die eigene Spiritualität arm oder fragwürdig vorkommt. Es kann die Lust in uns entstehen, Praktiken der fremden Religion zu integrieren, sodass sich unsere religiöse Identität zu einer hybriden Identität hin verändert. Die erst einmal nur methodisch eingeübte Achtung vor der anderen religiösen Tradition kann uns nach Clooneys Analyse der eigenen religiösen Tradition entfremden, sodass wir „in gewisser Weise beiden und keiner ganz" angehören.[3] Auf diese Weise könne die Komparative Theologin zu einer marginalen Person werden, die in eine „unbehagliche Grenzsituation"[4] gerate, „eine Art von gepflegter Hybridität ...,

---

[1] Vgl. Clooney, Komparative Theologie (siehe Einführung), 20f. Im Hintergrund dieser Bestimmung liegt Anselms berühmter Leitsatz *fides quaerens intellectum*.

[2] Ebd., 152.

[3] Vgl. ebd., 153.

[4] Ebd., 155.

eine durch ernsthaftes Studium erworbene multiple religiöse Zugehörigkeit."[5]

multiple religiöse Zugehörigkeit

Das Thema der multiplen religiösen Identität ist in den letzten Jahrzehnten ein besonders intensiv diskutiertes Thema der Komparativen Theologie geworden.[6] Der in Georgetown lehrende und in Vietnam geborene amerikanische Theologe Peter C. Phan macht an dieser Stelle zu Recht auf die Gefahr eines konsumorientierten New-Age-Synkretismus aufmerksam, in dem man sich einfach nach Belieben die eigene Religion zusammenstrickt.[7] Zugleich unterscheidet er hiervon aber das in den letzten Jahren heiß diskutierte, sehr ernste Problem des Erlebens der Zugehörigkeit zu mehr als einer religiösen Tradition, wobei dieses Problem eher für die westlichen als für die asiatischen Religionen bestehe. Denn in den asiatischen Religionen ist eine multiple religiöse Identität völlig normal und widerspricht vielfach auch nicht dem Selbstverständnis der jeweiligen Religionen. Sich als Japanerin dem Shintoismus und Buddhismus zugleich angehörig zu fühlen, ist eher die Regel als die Ausnahme. Dagegen wird eine Europäerin, die sich zugleich als Muslima und Christin versteht, erst einmal Irritationen wecken, weil beide Religionen nicht vereinbar zu sein scheinen.

Doch an dieser Stelle ändern sich gerade die Koordinaten – weniger wegen der Komparativen Theologie als wegen religionsverbindender Ehen und Freundschaften. Kinder aus einer religionsverschiedenen Ehe entwickeln nicht selten den Wunsch, die Religionen ihrer Eltern in Ausgleich zu bringen und fangen daher an, unsere üblichen Wahrnehmungen an dieser Stelle zu verschieben. Phan versteht eine durchdachte und ernsthaft gelebte multiple religiöse Identität als besondere Gnade und Berufung Gottes, die man nicht suchen solle, sondern zu der man erwählt werde – wie auch zum Martyrium.[8] Er sieht in ihr ein prophetisches Hoffnungszeichen für den interreligiösen Dialog, weil sie scheinbar unversöhnbare Gegensätze in sich vereint. Von einer Komparativen Theologie aus könne man einer derartigen Identität insofern etwas Positives abgewinnen, als man hier sensibel dafür ist, die eigene Theologie und den eigenen Glauben besser

---

5 Ebd., 156.

6 Vgl. Reinhold Bernhardt/ Perry Schmidt-Leukel (Hg.), Multiple religiöse Identität. Aus verschiedenen religiösen Traditionen schöpfen, Zürich 2008 (Beiträge zu einer Theologie der Religionen; 5); Catherine Cornille, Many mansions? Multiple religious belonging and Christian identity, Maryknoll 2002.

7 Vgl. Phan, Being religious interreligiously, 62.

8 Vgl. ebd., 81.

zu verstehen, indem man sich der anderen in ihrer Andersheit aussetzt.[9]

Komparative Theologie als Motor hybrider Identität?

Clooney sieht die Komparative Theologie dagegen nicht nur als sensible Beobachterin des Phänomens multipler religiöser Identität, sondern will darauf aufmerksam machen, dass ihre ernsthaft betriebene Praxis selbst zu einer hybriden Identität führen kann. Im Endeffekt könne das in der Komparativen Theologie selbst „zur Bildung einer religiösen Schwellengemeinschaft führen, die einen Glauben zu verstehen sucht, der durch komparatives Lernen an Komplexität gewonnen hat.“[10] Das Bild der religiösen Schwellengemeinschaft hat Clooney viel Kritik eingebracht und passt soziologisch auch sehr schlecht zur faktischen Situation Komparativer Theologie, die ich wenigstens ganz anders erlebe. Doch Clooney hat bei dieser Vision ein Problem vor Augen, das zu diagnostizieren durchaus naheliegend ist: Tatsächlich kann es bei der komparativen Arbeit passieren, dass wir mehr lernen als wir zu meistern imstande sind; es mag auch sein, dass wir theologische Einsichten gewinnen, ohne sie zu einer Synthese verdichten können und ohne zu verstehen, wie wir sie in die eigene Tradition integrieren können.[11] Wenn wir darüber hinaus erkennen, dass die Liebe, die wir aus einer religiösen Tradition gewinnen, nicht an Intensität abnimmt, wenn wir uns liebevoll einer anderen religiösen Tradition zuwenden, dann bewegen wir uns auf unerschlossenem Terrain.[12]

In seiner Einführung in die Komparative Theologie erzählt Clooney ein eindrückliches Beispiel für dieses unerschlossene Terrain. Er erzählt, wie er einen Hindu-Tempel besucht und sich der Betrachtung der Göttin Lakshmi hingibt. Wörtlich schildert er sein Erlebnis so:

> Ich stand von Angesicht zu Angesicht mit einer Realität – einer Art von Realpräsenz – aus einer anderen religiösen Tradition als meiner eigenen. Ich wusste, dass der hinduistischen Tradition zufolge ich auch von ihr gesehen wurde. Ich hatte und habe keine einfachen Worte, um diesen konkreten und in bestimmter Hinsicht sehr fremdartigen Moment der Begegnung zu erklären. In der christlichen Theologie gibt es für Lakshmi keinen Platz und keine einfache Theorie, die ihrer Gegenwart Sinn verleiht. Sehen und reflektieren sollte zu einer angemessenen Reaktion führen. Ich vermute, ich

9 Vgl. ebd., 79.
10 Vgl. Clooney, Komparative Theologie (siehe Einführung), 157f.
11 Vgl. Clooney, Beyond compare, 209.
12 Vgl. Francis X. Clooney, His hiding place is darkness. A Hindu-Catholic theopoetics of divine absence, Stanford 2014, 121.

> hätte sie auch anbeten können, denn ich war ohnehin schon da, sehend und gesehen werdend, sozusagen. Aber Christen beten keine Göttinnen an, und so ließ ich es sein. Ich stand nur da und schaute.[13]

Clooney beschreibt hier ein Phänomen, das ich ganz ähnlich auch einmal in einem Hindu-Tempel erlebt habe. Anders als Clooney habe ich allerdings nicht nur geschaut, sondern im Sinne der teilnehmenden Beobachtung auch einige Rituale der mich umgebenden Hindus mitvollzogen, um auf diese Weise ihre spirituellen Erfahrungen besser zu verstehen. War mir die ganze Tempelatmosphäre zuerst völlig fremd, spürte ich auf einmal, wie ich mit allen Sinnen in die Gegenwart der Göttin hineingezogen wurde. Vieles erinnerte mich an meine eigene Tradition – der Geruch, die Bedeutung der Musik, aber eben auch visuelle Vermittlung des Glaubens. Mein inneres Erleben glich meinem Erleben eines Moments der Anbetung des Allerheiligsten. Auch ich war nach der Erfahrung verwirrt und habe sie dadurch von meiner eigenen religiösen Identität distanziert, dass ich mir klarmachte, ja nur eine teilnehmende Beobachtung im Sinne von einer ethonologischen Feldstudie gemacht zu haben. Aber was, wenn diese teilnehmende Beobachtung mir einen spirituellen Reichtum erschließt, den ich nicht mehr missen möchte? Eine derartige Erfahrung habe ich bisher im Hinduismus nicht gemacht. Ich kann meine Erlebnisse im Hindu-Tempel gut dort lassen und muss sie nicht in meine religiöse Identität integrieren. Aber ich kann gut verstehen, dass Clooney, der ja jeden Tag intensiv hinduistische Texte studiert und sich gerade auch spirituelle Texte theologisch aneignet, theologisch herausgefordert fühlt, derartige Erfahrung in seine eigene katholische Identität zu integrieren. Dass sich die eigene Identität dadurch verflüssigen und sie hybrid werden kann, leuchtet mir durchaus ein.

suchende Spiritualität als Kennzeichen der Spätmoderne

Interessant finde ich an diesem Phänomen, dass er die Komparative Theologie sehr nah an das Lebensgefühl suchender Menschen unserer Zeit heranrückt. Denn wie ich bereits in der Einleitung diagnostiziert habe, gibt es ja gerade unter jüngeren Menschen immer mehr, die ihre religiöse Identität jenseits der großen religiösen Traditionen suchen müssen. Sie haben sich zu sehr von der eigenen religiösen Herkunft entfremdet, als dass sie sich hier bruchlos einfügen könnten. Oft begegnen sie verschiedenen religiösen Traditionen oder auch nur ihren spirituellen Praktiken voller Neugierde, aber ohne ein klares Commitment

---

[13] Vgl. Clooney, Komparative Theologie (siehe Einführung), 92.

für eine bestimmte Tradition eingehen zu wollen. Sie erleben sich angesichts der vielfältigen Herausforderungen unserer Zeit gerade auf spiritueller Ebene als hilfsbedürftig und spüren, dass es auf der Ebene, die einmal mit dem Thema Religion verbunden war, stabilisierende Kraft für die eigene Identität zu gewinnen gibt. Aber sie wollen sich diese Kraft eigenständig aneignen und sich nicht blindlings auf eine Tradition verlassen. Auf diese Weise rücken sie in ihrer erprobenden, neugierigen und erfahrungsbereiten Herangehensweise an die Welt der Religionen in die Nähe Komparativer Theologie. Das hier im Blick auf die Komparative Theologie entwickelte Problem dürfte also weit über die von Clooney diagnostizierte Schwellengemeinschaft hinausgehen. Es besteht darin, wie wir die heterogenen Sinn- und Kraftressourcen, die uns Halt und Identität geben, zu einer zusammenhängenden Erzählung verdichten können, wenn sich Menschen ihrer eigenen Herkunft entfremdet haben und die Zeit großer Erzählungen vorbei ist.[14]

Impuls aus dem Advaita Vedanta des Hinduismus

Saraswati Albano-Müller ist eine ausgesprochen eindrucksvolle Dame, deren Vater Schüler Gandhis war und die ich immer wieder in meine Seminare eingeladen habe, wenn es darum ging, den Studierenden einen ersten Zugang zum Hinduismus zu ermöglichen. Sie kam dann immer mit einem Koffer voller kleiner Statuen ihres Götterpantheons, die sie vor Beginn der ersten Sitzung auf dem Pult aufbaute. Auch eine kleine Christusstatue hatte sie dabei und eine leere Ikone für diejenigen, die sich lieber kein Bildnis von Gott machen und apophatische Zugänge zur Theologie präferieren. Voller Begeisterung erzählte sie dann von der lebendigen Vielfalt ihrer Göttinnen und Götter und fragte uns ratlos, warum wir unseren Zugang zur letzten Wirklichkeit nur durch das Nadelöhr Christi wählen wollten. Wie Gandhi war sie fasziniert von der Geduld, Freundlichkeit und Vergebungsbereitschaft Jesu. Bei allem Respekt vor diesem göttlichen Menschen, den sie gerne in seiner Göttlichkeit verehrte, wusste sie nicht, wieso dieser jede andere Gottesverehrung ausschließen sollte.

---

[14] Zur typisch postmodernen Skepsis gegenüber großen Erzählungen vgl. Jean-François Lyotard, Das postmoderne Wissen. Ein Bericht. Hrsg. v. P. Engelmann. Aus d. Franz. v. O. Pfersmann. 3., unveränderte Neuaufl., Wien 1994 (Edition Passagen; 7).

Ihre Haltung spiegelt sich gut in dem viel zitierten Antwortbrief wieder, den Gandhi an die indische Christin Satyavati Chidambar schrieb, um auf ihre Missionsbemühungen zu reagieren:

Gandhi

> Liebe Schwester: Warum meinen Sie, die Wahrheit liege nur darin, an Jesus zu glauben wie Sie? Und warum meinen Sie, ein orthodoxer Hindu könne nicht den Geboten der Bergpredigt folgen? Sind Sie sicher, daß Sie wissen, was ein orthodoxer Hindu ist? Und sind Sie sicher, daß Sie Jesus und seine Lehre wirklich kennen? Ich bewundere Ihren Eifer, kann Sie aber nicht zu Ihrer Klugheit beglückwünschen ... Ich lade Sie ein, von Ihrer Bergspitze, wo Sie für keinen anderen als sich selber Raum gelassen haben, herabzusteigen.

Gandhi selbst dagegen lebte genauso wie Albano-Müller einen inklusiven Zugang zu anderen Religionen. Diese typisch hinduistische Haltung wollen wir in diesem Impuls ein wenig zu verstehen versuchen, weil sie wenigstens auf den ersten Blick sehr gut zum Phänomen hybrider Identität passt. Der typisch hinduistische Inklusivismus besteht zentral darin, positive Elemente fremder Religionen in die eigene Religion zu integrieren statt sie zu bekämpfen. Entsprechend kann dann Jesus Christus in den Götterpantheon einbezogen und auch Muhammad als Prophet akzeptiert werden. Wichtig ist es nur, diese heterogenen Gestalten dadurch zu zähmen, dass sie in eine neue Gesamtsicht integriert werden.

Advaita Vedanta

Diese neue Gesamtsicht war bei Gandhi der *Advaita Vedanta* in der Interpretation Shankaras. Als Vedanta bezeichnet man das philosophische System einer der sechs philosophischen Hauptschulen Indiens, in dessen Mittelpunkt das Studium der vedischen Texte über das höchste Sein stand. Der Vedanta bezeichnet also die Texte, die sich um die Interpretation der Veden, der Heiligen Schriften Indiens, bemühen. Im engeren Sinne bezeichnet es die Upanishaden;[15] im weiteren Sinne alle Schriften, die sich auf die Veden berufen. Advaita meint „Nicht-Zweiheit" und charakterisiert damit die grundlegende Einsicht der hinduistischen Schriften so, dass ihnen die Erfahrung der Nicht-Dualität mit Gott bzw. dem Göttlichen zugrunde liegt.

[15] Die *Veden* und *Upanishaden* bilden die Schruti-Literatur, von der es heißt, dass sie göttlich geoffenbart wurde – im Gegensatz zu den Epen wie z.B. der Bhagavadgita (vgl. Kim Knott, Der Hinduismus. Eine kurze Einführung, Stuttgart 2000, 29). Die Veden sind aus hinduistischer Sicht ewig, ungeschaffen und unveränderlich (vgl. Keith Ward, Images of eternity, Oxford 1986, 5) und enthalten also infallible, im Sinne einer Verbalinspiration geoffenbarte Wahrheit (vgl. ebd., 6).

Der *Advaita Vedanta* wird in den gegenwärtigen Aneignungsversuchen innerhalb der Religionsphilosophie und Theologie gewöhnlich in der Interpretation Shankaras rezipiert. *Shankara* (788-820) ist innerhalb der Schule des Vedanta ein Interpret neben anderen, wird aber gerade von bekannten Neohindus des 19. und 20. Jahrhunderts wie Vivekananda, Radhakrishnan oder eben auch Gandhi als authentische Auslegung des Hinduismus angesehen. In der Interpretation Shankaras bezeichnet Advaita einen Mittelweg zwischen Monismus und Dualismus. Die hier begrifflich behauptete „Nicht-Zweiheit" oder „Nicht-Dualität" muss also durch die Einsicht in die Nicht-Einsheit der Wirklichkeit ergänzt werden. Das Verhältnis von Unbedingtem und Bedingtem darf also weder so gedacht werden, dass beide voneinander getrennt werden, noch so, dass beide miteinander vermischt werden. Das Unbedingte bzw. Unbegrenzte steht dem Bedingten bzw. dem Begrenzten nicht einfach gegenüber, weil es sonst selber durch das Begrenzte begrenzt würde – diese Einsicht auch des abendländischen Denkens hatte uns ja bereits im ersten Kapitel beschäftigt. Das Absolute ist also nicht im Sinne einer Dualität dem Relativen gegenübergesetzt, weil es sonst gar nicht absolut sein könnte. Es ist aber auch nicht mit ihm identisch, weil sonst die eigene Wirklichkeit des Relativen negiert würde. Das Wirkliche ist also weder eine Zweiheit noch eine Einsheit. Absolutes und Relatives sind weder im Sinne einer Dualität voneinander getrennt (weil dies selbstwidersprüchlich wäre) noch sind sie identisch (weil dies die Realität des Endlichen aufheben würde).

So weit könnte man in abendländischer Terminologie die Grundidee des Advaita bei Shankara beschreiben. In der Terminologie Shankaras müsste man allerdings die Rede vom Absoluten oder Unbedingten in den Begriff des *Brahman* übersetzen. Das Brahman ist im indischen Denken „Prinzip alles Göttlichen, voranfänglicher Anfang und Ur-Grund sowie urzeitlicher Äther".[16]

nirguna brahman

Innerhalb dieses Brahman müssen nach Shankara zwei Betrachtungsweisen bzw. Aspekte seiner Wirklichkeit unterschieden werden. Zunächst einmal ist das *nirguna brahman* zu nennen, das für das qualitäts- und beziehungslose Absolute, die vollkommene Einfachheit, die prinzipielle Transzendenz des Göttlichen steht. Es wird als unveränderbar und autark und als alleinige letzte Wirklichkeit gedacht. Durch diese Bestimmung

[16] BERNHARD NITSCHE, Gott – Welt – Mensch. Raimon Panikkars Gottesdenken – Paradigma für eine Theologie in interreligiöser Perspektive?, Zürich 2008 (Beiträge zu einer Theologie der Religionen; 6), 496.

als vollkommen transzendent, entsteht das epistemologische Problem, wie ich von diesem Transzendenten im Immanenten etwas sagen kann. Wie kann ich auch nur die Transzendenz des Transzendenten sagen, wenn es gänzlich vom Immanenten getrennt ist? Und vor allem: Wie kann ich inhaltliche Bestimmungen jedweder Art vom Absoluten aussagen, wenn es als derart verschieden vom Endlichen gedacht wird?

Dieses Problem verschärft sich dadurch, dass die vedische Tradition ganz selbstverständlich davon ausgeht, dass das Brahman reines Sein, Bewusstheit und Seligkeit ist.[17] Diese Bestimmungen sind zwar nicht unumstritten. So betont etwa Michael von Brück, dass das Brahman seiner Natur nach bar jeder Unterscheidung ist und deshalb als ontologisches Prinzip der Welt und Grund des Seins, nicht aber als das Sein selbst, sondern eher als sunya, Leere, anzusprechen sei.[18] Dennoch fragt sich unabhängig davon, welche Position man an dieser Stelle vertritt, wie man von etwas sprechen kann, das ganz und gar qualitäts- und beziehungslos ist.[19] Hält man die Bestimmung des Brahman als Seligkeit aufrecht, muss darüber hinaus gefragt werden, wie diese Seligkeit als vollkommen gedacht werden kann, wenn sie sich von den Sorgen dieser Welt abwendet.[20] Selbst wenn man diese letzte Frage als zu christlich tönend verwirft, stellt sich also durch die Rede vom Absoluten in jedem Fall das spekulative Problem, wie dieses in Beziehung zur Welt gedacht werden kann.

Shankara versucht dieses Problem dadurch zu lösen, dass er nicht nur vom nirguna brahman, also dem Absoluten an sich, sondern auch vom *saguna brahman* spricht. Das *saguna brahman* meint das Absolute in Beziehung zur Welt, also das Brahman als erste Ursache und als Urgrund der Welt; denn genau genommen kann das *nirguna brahman* nicht als Ursache der Welt gedacht werden, da es sonst verendlicht würde, so dass erst das *saguna brahman* bzw. *isvara* als Urgrund der Welt angesehen wird.[21] Es ist von seinem Wesen her ewige Reinheit, Wissen und

saguna brahman

[17] Vgl. Ward, Images of eternity, 19.

[18] Vgl. Michael von Brück, Einheit der Wirklichkeit. Gott, Gotteserfahrung und Meditation im hinduistisch-christlichen Dialog, München 1986, 22f.

[19] Vgl. Ward, Images of eternity, 24.

[20] Vgl. ebd., 21.

[21] Vgl. Raimon Panikkar, Der unbekannte Christus im Hinduismus, Mainz [2]1990, 111: „Nur im Herrn (Isvara) kann die Welt ihren Ursprung finden." Etwas weiter führt Panikkar aus: „Es ist allgemein bekannt, daß Shankaras Schüler, um die Absolutheit Brahmans zu verteidigen, zur Erklärung gezwungen waren, daß genau genommen nicht Brahman Ursache die-

Freiheit.[22] Das Brahman ist nur in dieser Weise aussagbar, weil „es als bestimmtes, qualifiziertes und damit begreifbares Absolutes (*saguna brahman*) erscheint".[23] Der Aspekt des *saguna brahman* scheint also zu betonen, dass das Absolute als Absolutes im Bedingten allein deshalb aussagbar wird, weil es sich selbst im *saguna*-Aspekt dazu bestimmt, aussagbar zu sein.

Dabei ist es von höchster Wichtigkeit, immer im Auge zu behalten, dass das Brahman bzw. Gott nicht ein Anderes zur Welt ist. Er steht ihr nicht als der ganz und gar andere gegenüber, da sonst ein letzter Dualismus die Wirklichkeit durchziehen würde. Er ist aber auch nicht einfachhin identisch mit dem Sein der Welt, da sonst jede Differenz im Monismus verschwinden würde. „Gott ist *als Welt* und er ist *gleichzeitig transzendent* und verschieden von der Welt."[24] *Saguna brahman* ist dem *nirguna brahman* also nicht etwa ontologisch unterlegen, sondern von ihm unterschieden, ohne dass beide geschieden werden.[25] Letztlich geht es bei der Differenz von *saguna brahman* und *nirguna brahman* nicht um ontologisch zu unterscheidende Wirklichkeiten, sondern um das eine Brahman, das unter zwei Betrachtungsweisen bzw. von zwei Standpunkten aus wahrgenommen wird: „dem absoluten Standpunkt (*paramarthika*) und dem relativen Standpunkt (*vyavaharika*). Der absolute Standpunkt erschließt die Wirklichkeit als unterschiedslos Eins und lässt dieses Eine in qualitätsloser und damit apersonaler Gestalt erkennen (*nirguna brahman*). ... Der relative Standpunkt (*vyavaharika*) lässt ein bedingtes, d.h. mit Qualitäten versehenes, Eins erkennen (*saguna brahman*)".[26] In der absoluten oder ganzheitlichen Betrachtungsweise erscheint die Wirklichkeit also als Einheit, die wie ein Kreis unendlich differenziert sein kann, ohne ihren Charakter als Einheit zu verlieren. Aus dieser in ihr selbst angelegten Differenzierungsmöglichkeit ergibt sich die Berechtigung der relativen oder relationalen Betrachtungsweise, die die Wirklichkeit unter dem Gesichtspunkt unendlicher Vielfalt als Beziehungsgeflecht wahrnimmt.

Innerhalb der relativen Betrachtungsweise ist eine große Vielfalt an Annäherungsweisen an das Brahman möglich und legitim.

---

ser Welt sei, sondern Isvara, weil Brahman völlig jenseits jeglicher Beziehung zu dieser Welt sei." (ebd., 112)

22 Vgl. Ward, Images of eternity, 8.

23 Brück, Einheit der Wirklichkeit, 18.

24 Ebd., 214.

25 Vgl. Nitsche, Gott – Welt – Mensch, 499.

26 Brück, Einheit der Wirklichkeit, 14.

Entsprechend einfach ist es für den Hinduismus in der Interpretation des Advaita Vedanta, unterschiedliche Gottesbilder und Zugänge zur letzten Wirklichkeit zu akzeptieren. Sie können deswegen alle in den großen Götterkoffer Saraswati Albano-Müllers integriert werden, weil sie die Wirklichkeit ohnehin nur in ihrem relativen bzw. relationalen Aspekt erfassen und hier eben Relationen zur ganzen Vielfalt menschlicher Religiosität möglich werden. Entsprechend unverständlich muss dann auch Gandhi erscheinen, wenn Christus auf der Ebene des saguna brahman gegenüber anderen Manifestationen des Brahman bevorzugt wird, das in seiner Absolutheit ja bereits per definitionem nicht auf ihn reduziert werden kann.

Es lassen sich also gewissermaßen zwei Betrachtungsweisen der Wirklichkeit und entsprechend zwei Stufen ihrer Erkenntnis unterscheiden. Auf der ersten Erkenntnisstufe erscheint Gott als personales Gegenüber und Herr (*isvara*). Auf ihr bewegen sich aus hinduistischer Sicht Entwürfe des personalen Theismus und hier haben sie ihr berechtigtes Moment. Erst auf der zweiten Stufe, der ganzheitlichen Betrachtungsweise, wird diese Betrachtungsweise als Schein durchschaut, und es erschließt sich die eigentliche Wirklichkeit in ihrem transpersonalen Charakter.[27] Um in der Meditation anschaulich zu sein, hat „das *brahman* Form und Gestalt als *saguna brahman* angenommen. Dies ist aber nur Mittel zum Zweck der alles Gegenständliche transzendierenden advaitischen Erkenntnis."[28]

advaitische Erkenntnis

Damit ist der entscheidende Begriff genannt, der ins Feld geführt werden muss, wenn verständlich werden soll, wie die ganzheitliche Betrachtungsweise eigentlich erreicht werden kann bzw. wieso sie als adäquat anerkannt werden sollte. Das Brahman kann in seiner eigentlichen Struktur nicht induktiv erschlossen, sondern nur in advaitischer Erkenntnis intuitiv erfasst werden. Die advaitische Erkenntnis ist nichts, für dessen Wahrheit man argumentativ zwingende Gründe nennen könnte.[29] Sie ist überhaupt nichts, das durch unser unterscheidendes Denken erreicht werden kann, sondern muss durch Intuition und Medi-

27 Vgl. ebd., 41.

28 Ebd., 64.

29 Vgl. zur Begründung PANIKKAR, Der unbekannte Christus im Hinduismus, 115: „Wenn wir dazu fähig wären, das Wesen des Brahman durch unseren Geist oder unsere Sinne zu erkennen, wäre Brahman nicht mehr Brahman, sondern es würde zu unserer menschlichen Sphäre gehören, er wäre Teil dieser Welt und nicht ihr Prinzip."

tation[30] als wahr erkannt werden. Absolute Wahrheit wäre demnach nur erreichbar „durch eine die Rationalität transzendierende meditative Einheitserfahrung".[31]

Doch wie kann eine Einheitserfahrung oder Intuition gedacht werden, die es dem Subjekt erlaubt, das Brahman in seiner Transzendenz und Einheit zu erkennen? Möglich ist dies offensichtlich nur, wenn das Subjekt selbst Teil des Absoluten ist, das es zu erkennen sucht. Dieses Sein im Absoluten, das nicht nur für das erkennende Subjekt, sondern die gesamte Wirklichkeit gilt, ist etwas, das nur verständlich wird, wenn das Subjekt und die Welt Teil des Brahman sind. Das Ich muss also Teil des Brahman sein. Oder in indische Terminologie gewendet: Es muss im *Atman* sein. Denn das Atman ist für den Vedanta „das einzige ‚Organ', das wirklich in der Lage ist, Brahman zu erkennen, *atman* ist – weil es letzten Endes mit Brahman identisch ist."[32]

Wir hatten bereits im vierten Kapitel gelernt, dass ein Kerngedanke jeder hinduistischen Spiritualität in der Einheit von Atman und Brahman besteht. Albano-Müller lud meine Studierenden immer ein, die Verwandtschaft des Begriffs Atman mit dem Atmen zu beachten und sie lud zu Atemübungen ein, um dem Atman auf die Spur zu kommen. Und in der Tat meint der Begriff

Atman

des Atman im indischen Denken so viel wie Atem, Hauch, Seele oder Selbst des Menschen, wobei Atem wohl die ursprüngliche Bedeutung ist. Es steht für das Wesentliche im Menschen, für „die tiefste Tiefe menschlicher Existenz".[33] „Er ist das eigentliche Subjekt unseres Erkennens, das nicht zum Objekt der Erkenntnis werden kann, das letztlich – intellektuell – unerkennbar bleibt."[34] Der *Atman* ist das wahre Selbst, das eine Subjekt, der ruhende Grund von mir und allem in mir. In seiner einzigartigen Erfahrung erlebe ich ihn als nicht vom *Brahman* verschieden.[35] Oder in den Worten von Michael von Brück: „Der *atman* ist letztlich nichts anderes als die eine und universale Wirklichkeit (*brahman*)."[36]

---

30 Zu mystischen Erfahrungen als Beleg für die advaitische Intuition vgl. Arvind Sharma, Advaita Vedanta. Erfahrung der absoluten Einheit. Aus dem Engl. übers. v. S. Schumacher, München 2006, 133f.

31 Brück, Einheit der Wirklichkeit, 221; vgl. Panikkar, Der unbekannte Christus im Hinduismus, 113, der mehr auf den Begriff der Intuition abhebt.

32 Panikkar, Der unbekannte Christus im Hinduismus, 122.

33 Stephan Schlensog, Hinduismus. Glaube, Geschichte, Ethos. Eine interkulturell-hermeneutische Untersuchung. Diss., Tübingen 2006, 143.

34 Ebd.

35 Vgl. Brück, Einheit der Wirklichkeit, 13.

36 Ebd., 15. Zur Identität von Atman und Brahman vgl. auch Schlensog, Hinduismus, 151 sowie die Belehrung des Svetaketu durch seinen Vater Uddalaka, die wir bereits im vierten Kapitel zitiert hatten.

Der Begriff des *Atman* bezeichnet also das Zentrum authentischer Existenz, die absolute Dimension in jeder Erfahrung und die Erfahrung des wahren Selbst durch Partizipation am Absoluten.[37] Die Erfahrung dieses wahren Ichs macht deutlich, dass die Selbstwahrnehmung als einzelnes empirisches Ich eine Täuschung ist und dass ich im eigentlichen Sinne gar kein Ich bin, sondern das Du des eigentlichen Ich, nämlich des Brahman, d.h. das wirkliche und wirkende Ich ist Gott und ich bin sein Du.[38]

Damit stellt sich aber die Frage, ob in dieser Konzeption die Wirklichkeit des Endlichen ernst genug genommen wird. In advaitischer Sicht ist offensichtlich die eigentliche Wirklichkeit allein das eine Sein des Brahman. Relationalität für wirklich zu halten ist Unwissenheit (*avidya*) und gründet in der Illusion der Vielheit (*maya*). Nur durch diese maya komme ich dazu, meine Einzelseele für wirklich zu halten und mich in den Kreislauf der Wiedergeburten (*samsara*) zu verstricken. Die relationale Betrachtungsweise scheint also darauf angelegt zu sein, in der ganzheitlichen Betrachtungsweise aufzugehen, so dass Differenz in der Einheit zu verschwinden droht. Ist diese Interpretation zutreffend, läuft der *Advaita Vedanta*, entgegen den oben zitierten anderslautenden Beteuerungen, doch auf einen Monismus hinaus. Eben deshalb wurde Shankara auch in der Auslegungsgeschichte des Vedanta immer wieder kritisiert und es wurde auch innerhalb des Hinduismus versucht, dieser monistischen Interpretation entgegenzutreten. Clooney beispielsweise verweist darauf, dass Ramanuja aus dem 11./12. Jahrhundert mit seinem differenzierten Nicht-Dualismus deutlich einflussreicher für den heutigen Hinduismus ist als Shankara und zugleich deutlich anschlussfähiger an personale Gottesvorstellungen im Christentum. Und an dem Vedanta des Madhva aus dem 13. Jahrhundert kann man sehen, dass auf dem Boden der normativen Schriften des Hinduismus auch für einen personalen Theismus argumentiert werden kann.

differenzierter Vedanta

Doch soll uns hier nicht noch einmal der Streit zwischen personalem und klassischem Theismus beschäftigen. Vielmehr geht es um die Leistungsstärke der typisch inklusiven Denkstruktur,

37 Vgl. das Beispiel des Salzkorns aus den Upanishaden bei Knott, Der Hinduismus, 44f.

38 Vgl. Francis X. D'Sa, Der trinitarische Ansatz von Raimon Panikkar. In: Bernhard Nitsche (Hg.), Gottesdenken in interreligiöser Perspektive. Raimon Panikkars Trinitätstheologie in der Diskussion, Frankfurt a.M. 2005, 230-248, hier 240.

die am *Advaita Vedanta* lediglich exemplarisch verdeutlicht werden sollte.

Komparativ theologische Synthese

Wir hatten schon gesehen, dass der Advaita Vedanta seine Leistungsstärke dadurch gewinnt, dass er Entwürfe des personalen Theismus in seine monistische Gesamtintuition zu integrieren vermag. Allerdings billigt er damit anderen Religionen bei aller Toleranz und Freundlichkeit doch nur einen vorläufigen Platz in seiner Wirklichkeitserkenntnis an, sofern sie nicht seine Intuition übernehmen. Etwas Neues kann er in der Welt der Religionen nicht lernen, weil alles Neue immer schon durch die advaitische Intuition aufgehoben ist. Vom absoluten Standpunkt müssen sich legitime Religionen übersetzen lassen in eine Reflexion des Advaita Vedanta. Von daher ist es nur konsequent, wenn Michael von Brück versucht, auch die Trinitätslehre als Spielart der advaitischen Intuition zu deuten und damit dann auch das Christentum monistisch zu deuten.[39]

advaitische und katholische Intuition

Der Kniff der advaitischen Intuition besteht also darin, Impulse aus fremden Religionen nicht etwa abzuwehren, sondern sie in das eigene Weltbild zu integrieren. Es geht ihr also darum, Identität nicht durch (Differenz setzende) Abgrenzung zu bilden, sondern durch Inklusion. Ich hatte schon darauf hingewiesen, dass auch die katholische Theologie gerne so vorgeht, scheinbare Widersprüche im Sinne eines „Sowohl als auch" zu integrieren und Impulse aus anderen Religionen einzugemeinden. Allerdings will sie – wenigstens in meiner eigenen Interpretation[40] – nicht alles in eine All-Einheit übersetzen und vermag vielleicht etwas leichter auch bleibende Differenz auszuhalten. Denn sie verfügt nicht über eine All-Einheitserfahrung, die auf mystischer Ebene bereits die Einheit aller Spiritualität aufscheinen

---

39 Vgl. zur Verhältnisbestimmung von Trinität und Advaita Vedanta auch meine eigenen stark durch von Brück inspirierten Überlegungen KLAUS VON STOSCH, Selbst, Welt und Gott im Spannungsfeld von Einheit, Verschiedenheit und Nicht-Dualität. Ein Gespräch zwischen Advaita Vedanta und christlicher Trinitätstheologie vor dem Horizont modernen Freiheitsdenkens. In: CLAUDIA BICKMANN/ MARKUS WIRTZ (Hg.), Selbstverhältnis im Weltbezug. Teil 1, Nordhausen 2010 (Weltphilosophien im Gespräch; 4), 49-69. Aus diesem Aufsatz sind auch einige Formulierungen in die Ausführungen des vorherigen Abschnitts eingegangen.

40 Vgl. als monistische Spielart katholischer Theologie MÜLLER, In der Endlosschleife von Vernunft und Glaube (s. Kap. 1), 89-148. Auch Raimon Panikkar wird man selbstverständlich als eine katholische Form eines solchen All-Einheitsdenkens ansehen müssen.

lässt, sondern sie hat nur die Hoffnung auf einen Gott anzubieten, der immer wieder Gegensätze versöhnt und zusammenführt. Punktuell bezeugt sie solche Zusammenführungen und arbeitet an ihnen. Aber sie vollzieht sich im Modus der Hoffnung und lebt nicht aus der mystischen Schau. Mit der advaitischen Intuition gemeinsam ist ihr aber, dass sie Identität nicht durch Abgrenzung, sondern durch Inklusion erreichen will – eben eine Inklusion bei bleibender Differenz.

Von daher kann es nicht verwundern, dass Clooney genau diesen inkludierenden und zugleich differenzierenden Weg auch in seiner Auseinandersetzung mit dem Hinduismus verfolgt. Sein Denken ist an dieser Stelle allerdings deswegen dynamischer, verletzlicher, differenzsensibler und deutungsoffener als der Advaita Vedanta, weil er erkennt, dass die monistische Tendenz dieses Denkens nicht gut zum Christentum passt und er deswegen den differenzierten Vedanta des Ramanuja als Gesprächspartner wählt und in sein eigenes Denken zu integrieren versucht. An dieser Stelle arbeitet er in einem wechselseitig inklusiven Sinne,[41] bei dem sich beide Traditionen gegenseitig zu erhellen versuchen und nach einer noch nicht festgeschriebenen gemeinsamen Wirklichkeitssicht suchen.

Clooneys wechselseitige Inklusion

Von daher kann Clooney einerseits sagen, dass es ihm immer um ein noch tieferes Verstehen Jesu Christi geht.[42] Und er betont, wie sehr er Christus auch in heilbringender Weise näher kommt, wenn er hinduistische Texte meditiert.[43] Andererseits betont er aber immer wieder, wie dieses vertiefte Verstehen auch ein differenziertes und verändertes Verstehen ist. So schreibt er im Blick auf die Mariologie: „Wenn man nach dem Lernen über die Göttinnen zu Maria zurückkehrt, wird die Marienverehrung eine andere sein, reicher und fesselnder für den Geist wie für das

---

41 Vgl. zum mutualen Inklusivismus Reinhold Bernhardt, Ende des Dialogs? Die Begegnung der Religionen und ihre theologische Reflexion, Zürich 2005 (Beiträge zu einer Theologie der Religionen; 2), 209-219. Dass Bernhardt von Clooneys Ansatz trotz dieser offenkundigen Parallele nichts hält, hat er immer wieder deutlich gemacht. Vgl. bereits Reinhold Bernhardt, Komparative Theologie. In: ThR 78 (2013) 187-200. Wieso sich Bernhardt immer wieder so scharf von der Komparativen Theologie abgrenzt, weiß ich nicht.

42 Clooney, Komparative Theologie (siehe Einführung), 161.

43 Vgl. ebd., 145: „Liest ein Christ einen Hindu-Text und sinnt über ihn gemäß den Traditionen hinduistischen Lernens nach, hat das allmählich eine – wie ich meine, heilbringende – Wirkung darauf, wie man denkt und liest, meditiert und Jesus von Nazareth begegnet, der uns auch heute noch begegnen möchte."

Herz."[44] Clooney verzichtet – anders als etwa Mark Heim oder Raimon Panikkar[45] – auf eine trinitätstheologische Metatheorie, um seine Lernerfahrungen zu strukturieren. Stattdessen hält er Differenzerfahrung und den Wunsch nach ihrer Synthese in dem einen Grund Gottes zusammen, ohne selbst eine spekulative Gesamtsicht zu entwickeln. So hält er fest: „Die Traditionen bleiben in bedeutenden Hinsichten unterschiedlich, in manchen scheinen sie unvereinbar, aber diese Differenzen schließen eine gemeinsame spirituelle Erwartung nicht aus: Gott ist überall, und man findet Gott überall und in allen Dingen."[46]

Mir scheint diese offene, verwundbare, suchende und differenzsensible Haltung, gerade auch in ihrem Interesse an einer verbindenden Spiritualität, ausgesprochen hilfreich für unsere Zeit zu sein. Sie hofft auf eine Kompatibilität und Konvergenz der großen Vielfalt religiöser Erfahrungen, ohne sie spekulativ sicherstellen zu können. Sie setzt sich Intuitionen anderer Religionen aus und lässt sich von Ihnen bereichern, verunsichern und herausfordern. Sie sucht nach theologischen Brücken und Verstehenshilfen, aber sie erkennt ihre Vorläufigkeit an und gesteht die eigene Begrenztheit ein. Sie leistet auf mikrologischer Ebene wertvolle theologische Vermittlungsarbeit, ohne diese durch eine gemeinsame Vision oder auch nur eine hypothetische Metatheorie abzusichern. Auf diese Weise entsteht eine Vulnerabilität, die die Komparative Theologie in eine intensive Zeitgenossenschaft zum spätmodernen Menschen bringt.

Bindung an die Lebenserfahrung Jesu

Zugleich ergibt sich auf diese Weise aber auch eine enge Bindung an die Lebenserfahrungen Jesu von Nazaret. Wenn man so will, macht ja auch Jesus Gotteserfahrungen, die er mit seiner eigenen Religion nicht so recht zu vermitteln weiß. Sein Verlassenheitsschrei am Kreuz, aber auch schon sein Ringen im Garten Gethsemane zeigen, dass seine erlernte Theologie nicht ausreicht, um die Erfahrungen zu deuten, die ihm zugemutet werden. Sicher bleibt Jesus bis zu seinem Tod Jude und diese jüdische Identität prägt seine Spiritualität. Aber es ist eine verwundete Spiritualität, die nach Deutungsmöglichkeiten für Erfahrungen sucht, die so eigentlich nicht vorgesehen sind. Auch die Intensität der eigenen Gottesbeziehung dürfte etwas gewesen sein, das Jesus nicht so recht deuten konnte. Vielleicht kollabie-

44 Ebd., 125.

45 Vgl. S. Mark Heim, The depth of the riches. A Trinitarian theology of religious ends, Grand Rapids/ Mich.-Cambridge 2001; Raimon Panikkar, Trinität. Über das Zentrum menschlicher Erfahrung, München 1993.

46 Clooney, Komparative Theologie (siehe Einführung), 147.

ren seine eigenen Verstehensmöglichkeiten ja gerade, weil er diese Intimität der Gottesbeziehung nicht mit den Verlusterfahrungen seiner Todesfolter zusammenzubringen vermag. Vielleicht erfährt er aber ja auch durch seine große Empathie so stark die Trennung von Gott, dass er seine Gottesbeziehung nicht mehr zu kultivieren vermag – so wie wir das im achten Kapitel überlegt haben.

Vielleicht geht es zu weit, deswegen bei Jesus von einer multiplen religiösen Identität zu sprechen. Aber mindestens ist sie gebrochen und verwundet und zeigt sich deutungsoffen für Anknüpfungen einer neuen Religion. Auch Jesus macht also Erfahrungen, die seine Identität herausfordern und weiten. Und von daher sind die Suchbewegungen, zu denen uns Clooney einlädt, nicht hilfreich, um ganz in unserer Zeit anzukommen, sondern auch Christus näherzukommen.

Francis X. Clooney

Clooney wurde 1950 als irisch-amerikanischer römischer Katholik in Brooklyn geboren und ging nach dem Eintritt in den Jesuitenorden 1973 nach Kathmandu in Nepal, um englische Sprache, Literatur und Ethik zu unterrichten. Auf diese Weise wurde seine Faszination für die östlichen Religionen geweckt und seine intensiven Studien zum Hinduismus nahmen ihren Anfang. Nach dem Aufenthalt in Nepal und dem Master in Theologie promovierte er in Indologie in Chicago und ging immer wieder zu Studienaufenthalten nach Indien.

Als er 1984 am Boston College seine akademische Karriere begann, waren Theologie und vergleichende Religionswissenschaft als verschiedene Disziplinen angesehen, die einander wenig zu sagen haben. Theologie erschien vielen dabei als die eigentliche Königsdisziplin religionsbezogener Forschung und es war Clooney ein Anliegen, seine komparativen Einsichten in die theologische Forschung einzuspeisen. Er verstand sich eben nicht nur als Indologe, sondern auch als Theologe, der von seinen indologischen Studien theologische Impulse gewann und auch Rückwirkungen in die Theologie erreichen wollte. Eben deshalb bezeichnete er seine Arbeit als Komparative Theologie. Mit diesem Label wurde Clooney weltbekannt und zum Inspirator der neuen Art des Theologietreibens, die in diesem Buch vorgestellt wird. 2005 wurde er an der *Harvard Divinity*

School zum Professor für Komparative Theologie berufen. Auch in Harvard blieb er spezialisiert auf den Dialog mit dem Hinduismus. Lange Zeit war er dort Direktor des von Wilfred Cantwell Smith gegründeten *Centers for the Study of World Religions*.

Blickt man auf die bisherigen Bemühungen Komparativer Theologie im Werk Clooneys wird schnell deutlich, dass hier religiöse Texte den Mittelpunkt seiner Arbeit darstellen. Clooney hält etwa gerade die religiöse Praxis des Kommentierens für absolut zentral und betont, wie kreativ und innovativ das gemeinsame Lesen religiöser Texte über Religionsgrenzen hinweg sein kann. Dennoch sieht natürlich auch er, wie vielfältige andere Möglichkeiten komparatistischer Arbeit es noch gibt und wird nicht müde, eine Vielzahl komparativ theologischer Projekte anzustoßen. Religionstheologisch fühlt er sich dem Inklusivismus verbunden, fordert aber ein Moratorium für religionstheologische Metadebatten, weil es endlich an der Zeit sei, von anderen Religionen zu lernen, statt über sie zu reden.

Aufgaben

1. Wenn Sie auf die Erfahrungen mit diesem Lehrbuch zurückschauen: Würden Sie Ihre eigene Spiritualität eher als Suchbewegung beschreiben und haben Sie durch das Buch Neues für Ihren Glauben bzw. Ihre Suche gelernt?
2. Wie haben Sie die Auswirkung des Studiums der Komparativen Theologie auf Ihren Glauben erlebt? Gab es Impulse in Richtung einer hybriden Identität oder hat sich Ihre religiöse Identität eher verfestigt?
3. Beschreiben Sie die inklusive Denkstruktur des Advaita Vedanta!
4. Wie verhält sich eine Inklusion im Geiste der advaitischen Intuition zu einer typisch katholischen Inklusion im Sinne Clooneys?

Literatur

Brecht, Mara/ Reid B. Locklin (Hg.), Comparative Theology in the Millennial Classroom. Hybrid Identities, Negotiated Boundaries, New York 2016 *(interessante Impulse zur Vermittlung Komparativer Theologie an die religiös frei suchenden Millenials).*

Clooney, Francis X., Hindu God, Christian God. How reason helps to break down the boundaries between religions, Oxford 2001 *(zentrale Theologen beider Religionen werden jeweils in ihrer Gotteslehre vorgestellt und miteinander ins Gespräch gebracht).*

DERS., Comparative theology. Deep learning across religious borders, Malden/MA-Oxford 2010 *(englische Originalversion des bereits in der Einleitung vorgestellten EInführungsbuches Clooneys).*

DERS., Beyond compare. St. Francis de Sales and Śrī Vedānta Deśika on loving surrender to God, Washington 2008 *(Identifizierung liebender Hingabe an Gott bzw. die letzte Wirklichkeit als Herzstück der vorgestellten Traditionen aus Christentum und Hinduismus; Komparative Theologie als Einladung zu spirituellem Wachstum).*

DERS., The truth, the way, the life. Christian commentary on the three holy mantras of the śrı-vaisnava Hindus, Leuven-Grand Rapids 2008 (*Kommentierung eines nichtchristlichen heiligen Textes aus christlicher Perspektive*).

PHAN, PETER C., Being religious interreligiously. Asian perspectives on interfaith dialogue, Maryknoll/ N.Y. 2004 *(kreative Neuperspektivierung zum interreligiösen Dialog und zum Phänomen multipler religiöser Identitäten).*

Anhang

Personenregister

Sachregister